DELPHI
bei Droemer Knaur

Tulku Thondup

Die heilende Kraft des Geistes

Vorwort von
Daniel Goleman

Einfache buddhistische Übungen für Gesundheit, Wohlbefinden und Erleuchtung

Aus dem Amerikanischen
von Peter Kobbe

Delphi bei Droemer Knaur

Herausgegeben von
Gerhard Riemann

Originaltitel:
The Healing Power of Mind: Simple
Meditation Exercises for Health,
Well-being, and Enlightment
Originalverlag: Shambala, Boston
Lektorat: Michael Wallossek
Umschlaggestaltung:
Vision Creativ, München
Umschlagillustration:
Peter Schaden, Stuttgart
Satz: Ventura Publisher im Verlag
Druck und Bindung: Ebner Ulm
Printed in Germany
ISBN 3-426-29007-3

2 4 5 3 1

Inhalt

Teil II: Die Heilübungen

Teil III: Buddhistische Meditationen: Der Weg zur Offenheit

Anhang

Vorwort

von Daniel Goleman

Eine vergleichsweise tiefgreifende Errungenschaft moderner Wissenschaft ist die Entdeckung, daß Geist und Körper nicht getrennt und unabhängig voneinander existieren, vielmehr als eine Ganzheit, die wir lediglich aus zwei verschiedenen Blickwinkeln erfassen. Descartes irrte sich, als er Körper und Geist auseinanderdividierte. Und die westliche Medizin, die ihm darin folgte, befindet sich ebenso im Irrtum, wenn sie die Bedeutsamkeit des Geisteszustands von Patienten für deren körperliche Verfassung unberücksichtigt läßt.

Wie stark die Verbindung zwischen Geist und Körper ist, läßt sich beispielsweise am Ergebnis einer Feldstudie ablesen, die in über hundert Einzelstudien das Verhältnis von Emotionen und Gesundheitszustand untersuchte: Menschen, die chronisch unter innerlichem Druck stehen – sei es, daß sie ängstlich und beunruhigt, deprimiert und pessimistisch oder verärgert und feindselig sind –, tragen ein durchschnittlich doppelt so hohes Risiko, in den folgenden Jahren an einem schwereren Leiden zu erkranken. Rauchen erhöht das Risiko einer ernsten Erkrankung um 60 Prozent; chronischer emotionaler Druck erhöht es um 100 Prozent. Bei einer bedrückenden Gefühlslage ist also die Gesundheit doppelt so stark gefährdet wie beim Rauchen.

Forscher in dem neuen Wissenschaftszweig der Psychoneuroimmunologie, die die biologischen Zusammenhänge zwischen Geist, Gehirn und dem Immunsystem untersuchen, liefern heute in rascher Folge noch fehlende Einsichten in funktionale Wechselbeziehungen zwischen Geist und Körper nach. Die Gefühlszentren des Gehirns, so entdecken sie, sind nicht nur mit dem Immunsystem, sondern auch mit dem kardiovaskulären System eng verknüpft. Wenn wir unter chronischem Streß stehen – wenn der Körper, bei starker Ausschüttung von Streßhormonen fortwährend in das Reaktionsschema »Kämpfen-oder-Fliehen« katapultiert wird –, dann schwächt dies die Fähigkeit des Immunsystems, die unterschiedlichsten Viren abzuwehren und Krebswachstum im Keim zu ersticken; ebenso wird dadurch das Herz veranlaßt, den Blutdruck zu erhöhen und heftiger zu pumpen, um den Körper auf die kritische Lage vorzubereiten. Das hat schließlich zur Folge, daß unsere Anfälligkeit für Krankheiten zunimmt.

Im Gegensatz dazu schützt ein friedvoll in sich ruhender Geist die körperliche Gesundheit. Dies ist ein fundamentales Prinzip der traditionellen tibetischen Heilkunde, einem altüberlieferten therapeutischen System, das den entscheidenden Zusammenhang zwischen Geist und Körper nie aus dem Blick verloren hat.

Tulku Thondup, ein Meister der Nyingma-Übertragungslinie des tibetischen Buddhismus, hat für Menschen aus dem Westen die Quintessenz der Einstellung seiner Kultur zur Gesundheit – zur körperlichen, psychisch-mentalen und geistigen Gesundheit – herausdestilliert. Wie er verdeutlicht, sind die drei Bereiche unauflöslich miteinander verknüpft. In dem Maße, in dem wir die »Festigkeit des Ergreifens lockern« können – das heißt, die kleinen und großen Fixierungen fallenlassen können, die unsere Sicht begrenzen und einengen –, um uns statt dessen entspannt einem weiteren, umfassenderen Empfinden unserer selbst und unserer Stellung im Universum zu öffnen, in ebendiesem Maße können wir die Heilkraft des Geistes aktivieren.

Tulku Thondup bietet uns mehr als nur einen theoretischen Zugang zu Gesundheit: Er gibt uns konkrete Methoden an die Hand, deren heilsame Wirkung seit Jahrhunderten bewährt ist. Darin werden für uns die Umrisse eines Heilungsprozesses sichtbar, der sich nicht auf körperliche, psychisch-mentale und geistige Gesundheit beschränkt, sondern auch die des Herzens umfaßt. So gesehen ist dieser Heilpfad eine spirituelle Praxis, eine Möglichkeit, unser Leben von Grund auf umzuwandeln.

Einleitung

Ich wurde in eine einfache Nomadenfamilie hineingeboren, in einem Zelt auf den von wilder, karger Vegetation und Gras bewachsenen Hochebenen Osttibets, inmitten der höchsten Berge und größten Flüsse der Welt. Das Land war fast acht Monate im Jahr schneebedeckt. Meine Familie gehörte zu einer Stammesgruppe, die in Zelten lebte und viele Haustiere hielt, darunter Jaks, Pferde und Schafe. Jährlich wechselten wir viele Male den Lagerplatz und schlugen unsere Zelte in verschiedenen Tälern auf, damit für die Tiere immer genug frisches Gras da war, von dem sie leben konnten.

Als ich fünf Jahre alt war, erschütterte eine gravierende Veränderung mein Leben. Man erkannte in mir die Reinkarnation eines berühmten religiösen Meisters aus dem Kloster Dodrupchen, einer bedeutenden Stätte der Gelehrsamkeit in Osttibet. Buddhisten akzeptieren das Prinzip von Wiedergeburt und Karma; darum glauben Tibeter, ein großer Meister werde nach seinem Ableben mit einer großen Befähigung wiedergeboren, den Menschen zu nützen. Meine Eltern waren sehr traurig, mich hergeben zu müssen, da ich ihr einziges Kind war, doch gaben sie mich ohne Zögern in die Obhut des Klosters. Meine Eltern waren stolz und fühlten sich äußerst privilegiert, daß ihr Kind über Nacht eine der hochgeachteten Personen in ihrem Tal geworden war.

Schlagartig veränderte sich jeder Aspekt meines Lebens. Ich hatte keine sogenannte normale Kindheit, in der man mit anderen Kindern spielt. Vielmehr kümmerten sich würdevolle Erzieher um mich und dienten mir voller Hochachtung, denn man hatte mich als die Reinkarnation ihres Lehrers anerkannt. Ich fühlte mich zu Hause in meinem neuen Leben – Kindern fällt es ja immer leichter als Erwachsenen, sich an neue Situationen anzupassen. Ich liebte meine Eltern, besonders meine Großmutter, aber ich sagte ihnen, daß sie das Kloster nicht betreten sollten, obwohl man ihnen eine zeitlich begrenzte Ausnahmegenehmigung erteilt hatte. Dies betrachtete man als weiteres Zeichen dafür, daß ich in meinem früheren Leben in dem Kloster gelebt hatte.

Die Tage waren vom Morgengrauen bis zur Abenddämmerung mit Lernen und Beten ausgefüllt. Mich erfüllten in dieser Umgebung fast immer innige Freude und Frieden. Meine Erzieher waren sehr mitfühlende, verständnisvolle und praktisch denkende Menschen und nicht, wie man sich das womöglich vorstellt, rigoros auf Disziplin pochende Mönche – wenngleich auch das gelegentlich vorkam. Vielmehr waren sie sanfte, bescheidene und fürsorgliche Menschen voller Freude und stets zum Lächeln aufgelegt. Bald verspürte ich keinen Drang mehr, zu spielen oder ziellos herumzutollen. Ich verspürte nicht einmal das Bedürfnis, den Blick viel umherschweifen zu lassen, und konnte stundenlang still dasitzen. Zuerst legte ich das Gelübde eines Novizen, dann das eines Mönchs ab. Meine Haare wurden etwa einmal im Monat abrasiert, und nach dem Mittag aßen wir bis zum nächsten Morgen nichts mehr. Unsere Tage richteten sich nach dem Kreislauf des Mondes und der Sonne. Bis zum Alter von achtzehn Jahren sah ich nie ein Flugzeug oder ein Auto. Eine Armbanduhr war wohl das anspruchsvollste Produkt moderner Technik, das ich jemals zu sehen bekam, ehe ich das Kloster verließ.

Für uns war Buddhismus nicht bloß Meditation, Studium oder Zeremoniell, sondern eine alltagsbezogene Lebens- und Seinsweise. Der Buddhismus lehrt, daß die eigentliche Identität aller Wesen der Geist ist, der seiner wahren Natur nach rein, friedvoll und vollkommen ist. Er ist der Buddha. Wie wir wissen, wird unser Geist friedvoller, offener, weiser und gewinnt an Weite, wenn er nicht durch äußere Situationen und Emotionen unter Druck gerät.

Im Kloster brachte man mir bei, wie wichtig es ist, sich von der

Einstellung zu lösen, die Buddhisten das »Festhalten an einem Selbst oder Ich« nennen. Sie besteht in der irrigen Auffassung von einer festen, dauerhaften Wesenheit in uns und in anderen Wesen oder Dingen. Das »Selbst«/»Ich« ist eine Vorstellung, die der gewöhnliche Geist fabriziert, nicht der Geist in seiner wahren Natur. Das Festhalten an einem Selbst bewirkt, daß wir mental und emotional durcheinandergeraten, es ist die Ursache unseres Leids. An ebendiesem Punkt können wir uns darüber klarwerden, was den Buddhismus im Innersten ausmacht, seine geistige Grundhaltung und besondere Eigenart. Erkennen Sie, wie radikal der Buddhismus ist? Er besagt nämlich, daß das Leid durch etwas verursacht wird, das unser Geist tut, noch bevor der Punkt erreicht ist, wo wir uns ungeschickt oder problematisch verhalten oder etwas sagen, das Streit auslöst; noch bevor jene Dinge, die den Lebensweg aller Wesen ausmachen – Leid, Krankheit, Altern und Sterben – ihren Lauf nehmen. Im Buddhismus werden all unsere Schwierigkeiten einzig und allein der Tatsache zugeschrieben, daß wir an einem Selbst festhalten. Der große buddhistische Meister Shantideva hat das Selbst, an dem wir festhalten, als das »schlimme Scheusal« bezeichnet:

Alle Gewalt und Angst und alles Leid,
die es auf der Welt gibt,
kommen vom Festhalten an einem Selbst.
Wozu brauchst du dieses große schlimme Scheusal?
Wenn du das Selbst nicht losläßt,
Wird dein Leid nie ein Ende nehmen.
Genauso wie du ein Feuer, wenn du es nicht aus der Hand gibst,
nicht daran hindern kannst, daß es dir die Hand verbrennt.

Aber wie können wir das Selbst loslassen? Mir war eine volle Vergegenwärtigung meines wahren Wesens in solch jungen Jahren und einem so frühen Stadium meiner Schulung nicht möglich.

Doch während ich die verschiedenen Stufen körperlicher und geistiger Schulung durchschritt, wurde ich von Achtsamkeit, Mitgefühl, Hingebung, Kontemplation und reiner Wahrnehmung inspiriert und beflügelt. Das hatte zur Folge, daß ich Stufe um Stufe meinen mentalen und emotionalen Griff lockern konnte, mit dem ich an einem Selbst festhielt, und immer mehr innere Stärke, Gewahrsein und Offenheit hinzugewann. Während mein Geist nach und nach mit seinem friedvollen Wesen vertraut wurde und ich Übung bekam, mich darin zu entspannen, begann der Aufruhr äußerer Umstände sich auf meine Empfindungen zunehmend weniger auszuwirken, und ich konnte leichter mit ihm fertig werden. Durch die Erfahrung von Frieden und Offenheit, der natürlichen Wesenszüge des Geistes, wurde es mir möglich, den Härten des Lebens mit einem Heilmittel zu begegnen und in guten wie in schlechten Lagen Stärke und Frohsinn zu bewahren.
Aufgrund der politischen Veränderungen in Tibet mußte ich im Alter von achtzehn Jahren in Begleitung meiner zwei Lehrer und acht weiterer Freunde viele Monate lang reisen und über sechzehnhundert Kilometer quer durch Tibet ziehen, um nach Indien zu entkommen. Etwa auf halber Strecke, in einer heiligen Höhle in einem leeren Tal, wo hohe graue Berge nach allen Richtungen Wache hielten, tat Kyala Khenpo, mein Lehrer, der sich wie mein alleiniger Elternteil um mich gekümmert hatte, seit ich fünf Jahre alt war, seinen letzten Atemzug. Plötzlich wurde mir bewußt, daß ich Vollwaise war und auf der Flucht, ein heimatloser Flüchtling. Schließlich kamen wir in Indien an, einem Land, das reich an Weisheit und Kultur ist. Zum ersten Mal seit vielen Monaten konnte ich das Gefühl der Kühle im Schatten von Bäumen und die Behaglichkeit wärmender Unterkünfte genießen. Viele der tibetischen Flüchtlinge in Indien, deren Zahl sich auf etwa einhunderttausend belief, fielen den veränderten Lebensbedingungen zum Opfer: der andersartigen Nahrung, dem Trinkwasser und der Witterung; hinzu kam der Höhenunterschied. Und uns, den Überlebenden, ging das beschwerliche Los unserer Lieben, die wir in

Tibet zurückgelassen hatten, Tag und Nacht nicht mehr aus dem Sinn.
In jenen dunklen Tagen war das Weisheitslicht des Buddhismus in meinem Herzen das einzige, was mich leiten und trösten konnte. War ein Problem lösbar und wert, sich damit zu befassen, dann versuchte ich, mich mit friedvollem Geist, offener Einstellung und frohem Mut seiner Lösung zu widmen. War das Problem unlösbar, dann versuchte ich, mich nicht durch sinnlose Vergeudung meiner Zeit und Energie zu verausgaben. In beiden Situationen versuchte ich, die Emotionen, die Fixierungen des Geistes loszulassen: nicht an ihnen festzuhalten, nicht bei ihnen zu verweilen, mich ihretwegen nicht zu beunruhigen; denn das hätte die jeweilige Situation nur verschlechtert. Shantideva sagt:

> Wenn du dein Problem lösen kannst,
> welchen Grund gibt es dann, sich zu beunruhigen?
> Wenn du es nicht lösen kannst,
> welchen Zweck hat es dann, sich zu beunruhigen?

Seit meiner Flucht nach Indien lebe ich nicht mehr in einer klösterlichen Gemeinschaft, noch befolge ich monastische Regeln. Aber die Bilder meiner klösterlichen Zufluchtsstätte in Tibet, voller Frieden und Freude, sehe ich noch immer lebhaft vor meinem geistigen Auge. Den Klang der gütigen, besänftigenden Worte der so überaus weisen und mitfühlenden Lehrer meiner Kindheit habe ich noch genau im Ohr. Doch vor allem ist die Erfahrung der Offenheit, des Friedens und der Stärke, die ich damals entwickelt habe, in meinem Herzen durch die Härten, die mir im Leben widerfuhren, verfeinert worden und hat größeren Glanz erhalten, geradeso wie man Gold verfeinert, indem man es erst zum Schmelzen bringt, um es dann zu schmieden. Jene Bilder, Worte und Erfahrungen waren in allem Kummer, allen Verwirrungen und Schwächen meines Lebens stets erleuchtende Leitvorstellungen und heilende Energien.

Dem Kerzenlicht eines friedvollen Geistes Schutz vor dem stürmischen Wind des Existenzkampfes zu bieten; außerdem Offenheit und eine positive Einstellung auszustrahlen, um damit andere zu erreichen – diese beiden Faktoren ermöglichten es mir, während schwieriger Zeiten weiterzumachen. In vieler Hinsicht erwiesen sich die großen Tragödien meines Lebens im nachhinein als segensreich: Sie veranschaulichten die buddhistische Grundaussage, daß das Leben einem Trugbild gleicht, indem sie den trügerischen Schleier vermeintlicher Sicherheit wegzogen. Nicht der geringste Zweifel blieb mehr an der Heilkraft, die daraus erwächst, daß man sich vom Festhalten an einem Selbst frei macht.
1980 übersiedelte ich in die Vereinigten Staaten, das Land der Freiheit und des Überflusses. Im allgemeinen fällt es dem friedvollen Geist schwerer, die Attacken sinnlicher Freuden und materieller Reize zu überstehen als die von Schmerz und Leid. Aber meine buddhistischen Schulungen haben zur Folge, daß ich zwar am materiellen Wohlstand des Westens Gefallen finde, dabei aber um so mehr das einfache, derbe und natürliche buddhistische Leben meiner Kindheit in seinem vollen Wert schätzen lerne. Und je mehr ich mich an meinem spirituellen Leben im Buddhismus erfreue, desto mehr weiß ich überdies den Glauben, das Mitgefühl und die Freigebigkeit zu schätzen, die auf jüdisch-christlichen, mit dem materiellen Wohlstand des Westens verknüpften Werten basieren; diese haben wiederum meine spirituelle Kraft gesteigert. Im Licht buddhistischer Weisheit lebend, blicke ich durch das Fenster der friedvollen Natur des Geistes unter allen Umständen auf die positiven Qualitäten, statt auf die negativen Eigenschaften einzugehen. Das ist der Kern des Heilungspfades.
1984 konnte ich zum erstenmal nach 27 Jahren meine Heimat Tibet besuchen. Es machte mich sehr froh, ein paar meiner alten Freunde und Verwandten wiederzusehen, die überlebt hatten; und es machte mich sehr traurig, erfahren zu müssen, daß die meisten meiner Lieben, deren Gesichter ich jahrelang in zärtlicher Erinnerung bewahrt hatte, und meine hochgeachteten Lehrer, deren

Worte die Quelle meiner Heilung bildeten, umgekommen waren. Das Kloster, die Stätte der Gelehrsamkeit aus meiner Erinnerung, lag schon jahrzehntelang verlassen da; seine Mauern waren eingestürzt. Vor kurzem sind mehrere Mönche dorthin zurückgekehrt, um mit dem Wiederaufbau des Klosters zu beginnen und ihr klösterliches Leben wiederaufzunehmen.
Die meisten von ihnen konnten das Geschehene akzeptieren und von ihren unglücklichen Erfahrungen genesen, ohne jemand anderem die Schuld geben zu müssen. Freilich kann es einem vorübergehend wohltun, anderen die Schuld an seinem eigenen Mißgeschick zu geben, aber das endet immer damit, daß man noch größeren Schmerz und noch größere Verwirrung auslöst. Geschehenes ohne Beschuldigung zu akzeptieren – das ist der wahre Wendepunkt der Heilung. Es ist die Heilkraft des Geistes. Ebendeshalb schreibt Shantideva:

> Wenn du jenen gegenüber schon kein Mitgefühl entwickeln
> kannst,
> die wegen ihrer emotionalen Gebrechen [aus
> Unwissenheit und Wut]
> gezwungen sind, dir zu schaden,
> solltest du zumindest nicht wütend auf sie werden.

In Tibet suchen die Menschen religiöse Lehrer auf, um spirituelle Unterweisungen und ihren Segen zu erhalten oder um sie zu bitten, für die Lösung ihrer Probleme oder das Erreichen ihrer weltlichen oder spirituellen Ziele zu beten. Selten suchen sie Rat für psychische, soziale oder physische Probleme. In der westlichen Kultur hingegen werden Geistliche in den unterschiedlichsten Lebensfragen konsultiert. Seit meiner Ankunft in den Vereinigten Staaten kamen Freunde zu mir, um sich beraten zu lassen, sobald sie mit irgendwelchen Schwierigkeiten zu kämpfen hatten. Zu meiner Verwunderung konnte ich ihnen für viele ihrer Probleme heilsame Lösungen vorschlagen: nicht etwa deshalb, weil ich mit irgendeiner therapeutischen Begabung, Heilkunst oder mystischen Kraft ausgestattet war, sondern weil ich mich in der Weisheit des Buddhismus geschult und die Geschicklichkeit erlangt habe, die Beschwernisse meines Lebens zu kurieren. Diese Erkenntnis regte mich dazu an, buddhistische Anschauungen und Übungen über das Heilen in Form eines Buches vorzulegen.

Dieses Buch ist ein praktischer Ratgeber für jeden, der Frieden finden und Kummer, Streß und Schmerz kurieren möchte; ein Kompendium von Unterweisungen zur Weisheit des Heilens, die ich den heiligen Schriften des Buddhismus und den sanft vorgetragenen Darlegungen großer Meister entnehmen konnte. Diese Weisheit wurde für mich und viele meiner Freunde die wirkungsvollste Quelle der Heilung. Dies sind überlieferte buddhistische Unterweisungen über das Heilen, und ich bemühe mich lediglich, sie an Sie weiterzugeben, ohne sie mit meiner eigenen Stimme und Meinung zu überschatten.

Das Buch hat drei Teile. Der erste vermittelt einen Überblick über die alltägliche Lebensführung und Meditation, die zur Heilung erforderlichen Voraussetzungen. Der zweite Teil stellt spezielle Übungen vor, mit deren Hilfe sich mentale, emotionale, soziale und spirituelle Probleme kurieren lassen. Physische Probleme sind am schwersten zu heilen. Aber auch bei ihnen können Übungen helfen, die Frieden, Stärke und positive Energie hervorbringen, den letztendlichen Quell unseres physischen Wohlbefindens. Der letzte Abschnitt stellt mehrere buddhistische Meditationen vor, in denen es nicht nur um Alltagsprobleme geht. Hier sollen vielmehr auch die Qualitäten eines Buddha erweckt werden, die in uns allen zu finden sind, und die unbegrenzte Heilkraft des Buddha-Geistes für uns und andere erschlossen werden.

Die Anleitungen und Ratschläge dieses Buches entstammen buddhistischen Unterweisungen, insbesondere einem kurzen, aber einzigartigen Text mit dem Titel *Glück und Leid in den Pfad zur Erleuchtung verwandeln*, von Dodrupchen Jigme Tenpe Nyima (1865–1926), einem der großen Lamas und maßgeblichen Gelehrten der Nyingma-Schule des tibetischen Buddhismus, und aus anderen Texten wie etwa *Eintritt in das Leben zur Erleuchtung* von Shantideva (8. Jahrhundert), einem der größten indischen Meister des Mahayana-Buddhismus.

Insbesondere ist jedes Wort heilender Weisheit, das man auf diesen Seiten findet, durch die gütigste und weiseste Person inspiriert, die mir jemals in Menschengestalt begegnete, meinen herzensguten Lehrer Kyala Khenpo Chöchog (1892–1957). Unter seiner Obhut wurde ich vierzehn Jahre lang umhegt wie ein Sohn von seinem Vater. Sollten sich irgendwelche Fehler in das Buch eingeschlichen haben, dann sind dies Nachlässigkeiten meines unwissenden Geistes, und es ist meine spirituelle Pflicht, ihretwegen alle erleuchteten Meister und mitfühlenden Leser um Vergebung zu bitten.

Wenn Sie die in diesem Buch dargebotenen Übungen befolgen, können sie womöglich Ihren Kummer und Ihre Probleme kurieren und Ihrem Leben Freude und Gesundheit zurückgeben. Zumindest werden Ihnen diese Übungen helfen, das Ausmaß Ihres Kummers und Ihrer Probleme zu verringern, und gleichzeitig bewirken, daß Freude und Gesundheit zunehmen. Außerdem werden der Frieden und die Stärke, die durch die Heilkraft des Geistes hervorgerufen werden, Ihnen das Rüstzeug geben, Kummer und Probleme mit größerer Gemütsruhe hinzunehmen – einfach als Bestandteil des Lebens, beinahe so, wie wir die Dunkelheit der Nacht als Bestandteil des Tageskreislaufs gutheißen.

Ich hoffe, daß dieses Buch Menschen helfen wird zu lernen, wie sie glücklicher und gesünder leben können. Jeder Person, deren Geist für die Heilkraft aufgeschlossen ist, wird es guttun, die Heilübungen in diesem Buch zu befolgen. Dazu braucht man nicht im herkömmlichen Sinn Buddhist zu sein. Allerdings sind die Übungen nicht als Alternativen zur konventionellen Behandlung gedacht. Angemessene Medizin, Lebensführung, Ernährung und Bewegung sind für den Heilerfolg stets unentbehrlich.

Teil I

Der Heilungsweg

1
Grundlagen der Heilung

Unser Geist besitzt die Kraft, Schmerz zu heilen und Freude hervorzurufen. Wenn wir diese Kraft im Zusammenspiel mit einer angemessenen Lebensweise, einer positiven Einstellung und meditativer Praxis nutzen, können wir nicht nur unsere mentalen und emotionalen Gebrechen, sondern sogar unsere physischen Probleme heilen.

Wenn wir uns mit all unserer Energie an unsere Wünsche und Sorgen festklammern, verursachen wir nur Streß und Erschöpfung. Indem wir uns von der Haltung frei machen, die die Buddhisten das »Festhalten an einem Ich« nennen, können wir uns unserem wahren Wesen öffnen, das friedvoll und erleuchtet ist. Dies Buch lädt dazu ein, die Weisheit in uns zu erwecken, eine Quelle der Heilung, die jeder von uns besitzt. Wir öffnen gleichsam die Tür zu dieser Weisheit und können so den Sonnenschein, die Wärme und den linden Luftzug der Heilung hereinlassen. Die Quelle dieser Energie gehört uns: Jederzeit haben wir Zugang zu ihr und können an ihr teilhaben – ein universelles Geburtsrecht, das uns sogar in einer Welt des Leidens und unaufhörlichen Wandels Freude zu bringen vermag.

Im Buddhismus zielt die Weisheit, die uns in den Schriften vermittelt wird, hauptsächlich auf Erleuchtung ab. Spirituelle Übungen können uns jedoch auch helfen, Glück und Gesundheit im Alltag zu erlangen. Es gibt im Buddhismus umfangreiche Abhandlungen darüber, wie es uns gelingt, unser gewöhnliches Leben zu verbessern und hier in dieser Welt ein friedvolles, freudiges und nützliches Dasein zu führen.

Die Vorteile der Heilung

Der Buddhismus tritt dafür ein, daß wir die unnötige und ungesunde Spannung, die wir in unserem Leben erzeugen, lösen, indem wir uns klarmachen, wie die Dinge in Wahrheit beschaffen sind. Ich kenne viele Beispiele für die Wirksamkeit der Heilkraft des Geistes bei mentalen und emotionalen Problemen und auch bei physischer Erkrankung.

Ein Beispiel stammt aus meinem eigenen Leben. Als ich achtzehn war, beschlossen mein lieber Lehrer Kyala Khenpo und ich wegen politischer Unruhen aus Tibet zu fliehen; wir waren uns bewußt, daß wir dadurch Wohnung, Heimat, Freunde und Lebensunterhalt verloren. In einem unbewohnten, aber heiligen Tal starb Kyala Khenpo an Alter und Krankheit. Er war nicht nur mein gütiger und erleuchteter Lehrer, sondern hatte für mich, seit ich fünf war, wie ein Vater gesorgt.

Diese Zeit, für mich ein überaus trauriger Lebensabschnitt, erlebte ich in großer Bestürzung. Mein Verständnis der Vergänglichkeit – der Tatsache, daß alles im Leben sich fortwährend verändert – machte es mir jedoch leichter, das Geschehen hinzunehmen. Spirituelle Erfahrungen ermöglichten es mir, ruhig zu bleiben, und im Weisheitslicht der Lehren zeichnete sich mein vor mir liegender Lebensweg deutlich ab. Mit anderen Worten: Ich erkannte die wahre Natur des Geschehens, öffnete mich ihm und nutzte Kraftquellen, die man mir bereits erschlossen hatte; und ebendies half mir, von dem erlittenen Verlust leichter zu genesen. Wie wir sehen werden, sind diese drei elementaren Schritte – Schwierigkeiten und Leid anerkennen; sich ihnen öffnen; und eine positive Einstellung dazu entwickeln – für den Heilungsprozeß unerläßlich.

Pushul Lama, ebenfalls einer meiner Lehrer, hatte in seiner Jugend ständig mentale Probleme. Er war so destruktiv, daß ihn, als er ein Teenager war, seine Familienangehörigen fesseln oder festbinden

mußten, um andere – und ihn selbst – vor seiner Gewalttätigkeit zu schützen. Durch Heilmeditationen – hauptsächlich durch Meditation über das Mitgefühl – heilte er sich selbst und wurde später ein großer Gelehrter und Lehrer. Ich kenne heute niemanden, der fröhlicher, friedfertiger und gütiger wäre als er.
Als ich in Tibet lebte, war physische Heilung durch Meditation und die rechte Einstellung ein normaler Bestandteil des Alltagslebens. Wenn man mich daher jetzt nach Beispielen für physische Heilung fragt, fällt es mir nicht leicht zu entscheiden, von welchem Fall ich denn berichten soll. Für jemanden aus Tibet ist es ein ganz normales Vorkommnis, daß der Geist den Körper heilen kann. Der Geist lenkt die Energien des Körpers – so ist das nun einmal. Es gab so viele Heilungen; ich habe nie besonders darauf geachtet, als ich jünger war. Ich kenne aber ein Beispiel neueren Datums, das viele wohl für unglaublich halten, auch wenn es aus buddhistischer Sicht nicht so erstaunlich ist.
Vor zwei oder drei Jahren bekam der jetzige Dodrupchen Rinpoche, ein hochspiritueller lebender Lama, eine akute schwere Blinddarmentzündung, während er durch entlegene ländliche Regionen von Bhutan reiste. Ein hochrangiger Minister des Landes sorgte dafür, daß ihn ein Hubschrauber in ein Krankenhaus brachte. Die Ärzte befürchteten, Rinpoches Blinddarm werde durchbrechen, und seine Schmerzen waren sehr groß. Gegen den dringenden Rat seiner Ärzte lehnte er eine Operation ab und heilte sich selbst – durch Meditationen und die Rezitation von Mantras.

Jeder kann Nutzen daraus ziehen

Die Fähigkeit, sich von einer so ernsten Erkrankung durch Meditation zu erholen, hängt vom Grad der Zuversicht und spirituellen Erfahrung der betreffenden Person ab. Selbstverständlich lassen sich die meisten von uns im Falle eines drohenden Blinddarmdurchbruchs lieber operieren! Ich erzähle diese wahre Geschichte nur, um die Kraft des Geistes zu veranschaulichen, und weil den Menschen so sehr daran gelegen ist, körperlich gesund zu bleiben. Wenige von uns sind spirituelle Meister. Aber jeder kann aus Meditation und positiver Einstellung Nutzen ziehen. Indem wir genau von dem Punkt ausgehen, an dem wir uns jetzt befinden, ist es uns möglich, ein glücklicheres und gesünderes Leben zu führen.

Physische Erkrankung ist zwar eines der Themen, über die Sie hier etwas erfahren werden, hauptsächlich aber soll dieses Buch als Leitfaden dienen, mit unseren alltäglichen Emotionen zurechtzukommen. Das ist für die meisten von uns der günstigste Ausgangspunkt. Wenn wir lernen können, in all unser Tun eine größere Zufriedenheit einzubringen, werden uns weitere Segnungen ganz natürlich zufließen.

Die Ansichten und Meditationsübungen in diesem Buch sind hauptsächlich von Unterweisungen des Nyingma-Buddhismus inspiriert, der ältesten, im 9. Jahrhundert entstandenen Schule des tibetischen Buddhismus, einer Schule, die die drei wesentlichen buddhistischen Überlieferungen miteinander verknüpft: das Hinayana, Mahayana und Vajrayana. Dennoch brauchen Sie kein Buddhist zu sein, um dieses Buch zu benutzen. Leider fassen viele Menschen den Buddhismus als eine von einem ganz bestimmten historischen Lehrer, dem Buddha Shakyamuni, verbreitete Religion auf, die dazu da ist, nur den Anhängern ebendieser Überlieferung zu nützen.

Buddhismus ist ein universaler, für jeden gangbarer Weg – mit dem Ziel, zur alles umfassenden Wahrheit, dem voll erleuchteten Zustand, der Buddhaschaft zu gelangen. Buddha Shakyamunis eigenen Worten zufolge hat eine unendliche Anzahl von Wesen die Buddhaschaft verwirklicht, bevor er geboren wurde. Buddhismus, den Weg und Buddhas (jene, die wirklich erwacht oder erleuchtet sind) gibt es, gab es und wird es in dieser Welt und ebenso in anderen Welten geben, in der Vergangenheit, Gegenwart und Zukunft. Es trifft freilich zu, daß Buddha Shakyamuni vor fast 2500 Jahren Lehren verbreitete, die als Buddhismus bekannt wurden. Der von Shakyamuni verkündete Buddhismus ist eine der Erscheinungsformen des Buddhismus, aber er ist nicht die einzige. Menschen, deren Geist aufgeschlossen ist, werden sogar von der Natur den wahren Weg vernehmen, den die Buddhisten Dharma nennen. Im *Dharmasamgiti* heißt es: »Menschen mit heilem, wohlgemutem Geist werden den Dharma vom Himmel, den Mauern und den Bäumen vernehmen, auch wenn der Buddha nicht zur Stelle ist. Für Suchende mit lauterem Geist werden Lehren und Unterweisungen auf ihr bloßes Verlangen hin erscheinen.«

Der Buddhismus erkennt und achtet die Unterschiede, die es in den Kulturen und Bräuchen der Menschen rund um die Welt gibt, und ebenso in der Erziehung und Mentalität der Einzelpersonen. Viele andere Kulturen und Religionen verfügen über Heiltraditionen und bieten zur Bewältigung von Leid spezielle Ratschläge an. Allein in Tibet gibt es schon zahlreiche buddhistische Ansätze. Es ist gut, über unterschiedliche Betrachtungsweisen oder Ansätze zu verfügen – selbst wenn sie einander bisweilen zu widersprechen scheinen –, weil die Menschen verschieden sind. Entscheidend ist doch, daß sie den Erfordernissen des einzelnen entsprechen.

Meditation, Geist und Körper

Heilung durch Meditation ist nicht an einen bestimmten religiösen Glauben gebunden. Heutzutage empfehlen viele in westlicher Schulmedizin ausgebildete Ärzte Meditationsmethoden als Möglichkeit, geistige und physische Gesundheit wiederherzustellen und aufrechtzuerhalten. Diese Anwendungen lassen selten die Erfahrung dessen gelten, was Buddhisten als Natur des Geistes oder als große Offenheit bezeichnen, sie legen vielmehr besonderen Nachdruck auf Visualisierung und die Entwicklung einer positiven Einstellung und positiven Energie. Bluthochdruck, der in vielen Fällen durch mentalen Streß hervorgerufen und verschlimmert wird, spricht besonders auf solche alternativen Behandlungen an. Manche Ärzte empfehlen, den Geist auf einen physischen Punkt zu konzentrieren, an dem die Muskeln zusammengezogen sind, und dann diese Muskeln bewußt loszulassen, so daß sich Erleichterung und Entspannung einstellen. Diese Technik folgt dem gleichen Prinzip wie das buddhistische Vorgehen, ein Problem klar zu erkennen und sich vom Festhalten daran zu lösen.

Die Heilung ist besonders erfolgreich, wenn sie mit Religiosität oder Meditationserfahrung einhergeht. Dr. med. Herbert Benson von der Harvard Medical School, der mit der Entspannungs-Reaktionstechnik den Anfang machte, schreibt: »Wenn Sie wirklich an Ihre persönliche Philosophie oder Religion glauben – wenn Sie sich mit Herz und Verstand auf Ihre Weltanschauung einlassen – dann könnten Sie durchaus imstande sein, auf geistiger und körperlicher Ebene Außerordentliches zu vollbringen, über das wir lediglich Vermutungen anstellen können.«

Dr. med. Bernie Siegel, Professor für Chirurgie an der Yale University, beschreibt einige der Vorzüge von Meditation: »Sie trägt dazu bei, den Blutdruck, die Pulsfrequenz und den Pegel der Streßhormone im Blut zu senken oder zu normalisieren. Sie bewirkt Veränderungen in den Mustern der Hirnwellen; diese zeigen eine geringere Erregbarkeit. ... Meditation hebt auch die Schmerzschwelle an und verringert das biologische Alter des Betreffenden. ... Kurz, sie verringert den Verschleiß, dem Körper und Geist gleichermaßen ausgesetzt sind, und verhilft den Menschen zu einem besseren und längeren Leben.«

Viele Journalisten, wie etwa Bill Moyers, haben schon seit langem die gesundheitliche Wechselbeziehung zwischen Geist und Körper bemerkt. In seiner Einleitung zu dem Buch *Heilung und der*

Geist, das auf der gleichnamigen Fernsehserie des Public Broadcasting System basiert, sagt Moyers folgendes:

> »Ich war wohl schon immer an dem Zusammenhang zwischen Geist und Körper interessiert – dabei bin ich in einer Kultur aufgewachsen, die hier eine säuberliche Trennung vornahm. ... Doch in dieser geteilten Welt aus Geist und Körper verriet unsere Sprache tagtäglich, wie beschränkt diese begriffliche Einteilung doch ist. ›Die Witwe von Brown muß an gebrochenem Herzen gestorben sein – solange ihr Mann noch da war, ist sie nie krank gewesen.‹ Meine Eltern redeten über unseren Freund, den Lebensmittelhändler, der sich ›krank ärgerte‹; und mein Onkel Karl glaubte, Lachen könne unsere Gebrechen lindern. Diese Überzeugung hatte er, lange bevor Norman Cousins seine Geschichte veröffentlichte, wie er mit einer schweren Krankheit dadurch fertig wurde, daß er sich Filme mit den Marx Brothers und Videos von ›Versteckte Kamera‹ ansah.«

In den letzten Jahren hat die westliche Medizin damit begonnen, Geist und Körper eingehender zu betrachten und die Verbindungen zwischen dem Geist, den Emotionen und der Gesundheit zu untersuchen. In den siebziger Jahren konnten Forscher die sogenannten Neurotransmitter nachweisen, für das Gehirn bestimmte und auch von ihm ausgehende chemische Botenstoffe. Einige Neurotransmitter, Endorphine und Enzephaline genannt, fungieren als natürliche Schmerzmittel. Andere sind offenbar mit bestimmten Gemütszuständen verknüpft, wie etwa mit Wut, Zufriedenheit oder Geisteskrankheit.

Die Forschungen gehen weiter; man konzentriert sich jetzt auf die biologischen Bindeglieder zwischen dem Gehirn, dem Nervensystem und dem Immunsystem. Obwohl die westliche Medizin nicht Thema dieses Buches ist, sind Entdeckungen auf diesem Gebiet sehr interessant. Neues Material, das die Wechselbeziehung zwischen Geist und Körper belegt, ist immer zu begrüßen und kann vielen Menschen nützen. Dennoch ist der Grundgedanke, auf dem diese Forschung beruht, eigentlich sehr alt. Der Buddhismus glaubt seit vielen Jahrhunderten an die Bedeutung des Geistes, lange bevor man moderne Theorien der Molekularbiologie vorgebracht hat.

Spirituelle Heilung in der tibetischen Medizin

Im Buddhismus entwickelt der Geist heilende Energien, während der Körper, der kompakt und fest ist, sie verankert, konzentriert und verstärkt. Der wichtigste Text der tibetischen Heilkunde ist die Schrift *Vier Tantras (Gyud zhi)*, die die Tibeter als *Terma* oder mystische Offenbarung ansehen; sie wurde von Trawa Ngonshey im 11. Jahrhundert entdeckt. Diesen alten Traktaten zufolge liegt die Wurzel aller Krankheit von Geist und Körper im Festhalten an einem »Selbst«/»Ich«. Die Geistesgifte, die daraus hervorgehen, sind Unwissenheit, Haß und Begierde.

Physische Krankheiten werden in drei Hauptgruppen eingeteilt. Wind-Disharmonie oder Energie, die sich generell im Unterleib sammelt und ihrem Wesen nach kalt ist, wird durch Begierde verursacht. Gallen-Disharmonie, die sich generell im Oberkörper befindet und heiß ist, wird durch Haß verursacht. Schleim-Disharmonie, die sich generell im Kopf sammelt und ihrem Wesen nach kalt ist, wird durch Unwissenheit verursacht. Diese Kategorien – Begierde, Unwissenheit und Haß – sowie auch die mit ihnen verknüpften Temperaturen kann man noch heute sehr gut verwenden, um zu bestimmen, welche Meditationsübungen, je nach der Gemütsverfassung und Wesensart des einzelnen, wohl am hilfreichsten sind.

In innerem Frieden, ohne emotionale Beschwerden zu leben und uns von unserem Festhalten an einem »Selbst« zu lösen, ist der tibetischen Heilkunde zufolge das ultimative Mittel für geistige und ebenso für körperliche Gesundheit.

Was ist dieses »Selbst«, das nun schon verschiedentlich in diesem Buch angesprochen wurde? Die buddhistische Auffassung davon ist für Menschen außerhalb dieser Überlieferung mitunter schwer zu verstehen. Obwohl Sie meditieren können, ohne zu wissen, was hier unter diesem »Selbst« verstanden wird, werden einige Hintergrundinformationen dazu es Ihnen leichter machen, die später dargelegten Heilübungen durchzuführen.

Die Sprache kann recht unzuverlässig sein, wenn wir über große Wahrheiten reden. Im alltäglichen Sprachgebrauch ist es ganz natürlich und in Ordnung, von »mir selbst« und von »dir selbst« zu sprechen. Ich denke, wir können uns darauf einigen, daß Selbsterkenntnis gut ist und daß Selbstsucht uns unglücklich machen kann. Aber gehen wir ein bißchen weiter: Untersuchen wir die tiefere Wahrheit über das Selbst, so wie die Buddhisten es sehen.

Warum wir leiden

Unser Geist verursacht sowohl die Erfahrung von Glück als auch von Leid, und die Fähigkeit, Frieden zu finden, liegt in uns. Seiner wahren Natur nach ist der Geist friedvoll und erleuchtet. Jeder, dem dies klar wird, befindet sich schon auf dem Weg zur Weisheit.

Im Buddhismus ist das Prinzip der zwei Wahrheiten von zentraler Bedeutung – der absoluten und der relativen Wahrheit. Die absolute Wahrheit besteht darin, daß die wahre Natur unseres Geistes und des Universums erleuchtet, friedvoll und vollkommen ist. Unter der wahren Natur des Geistes versteht der Nyingma-Buddhismus die Vereinigung von Gewahrsein und Offenheit.

Die relative oder konventionelle Wahrheit besteht darin, daß die Welt innerhalb des gesamten Spektrums des gewöhnlichen Lebens – des flüchtigen, vergänglichen irdischen, zwischen Geburt und Tod verlaufenden Lebens, das Buddhisten *Samsara* nennen – als ein Ort des Leids, des unaufhörlichen Wandels und der Verblendung erfahren wird; denn das Antlitz der wahren Natur unseres Geistes und des Universums ist durch unsere geistigen Gewohnheiten und emotionalen Beschwerden verdunkelt, die in unserem Festhalten an einem »Ich« verwurzelt sind.

Im westlichen Denken bezeichnet die Vorstellung von einem »Ich« oder »Selbst« normalerweise unsere »Persönlichkeit« oder das Ichbewußtsein von »ich, mich betreffend und mein«. Der Buddhismus bezieht diese Bedeutung mit ein, versteht aber unter »Selbst« auch jedes Phänomen oder Objekt – schlechthin alles –, sofern wir daran festhalten, als ob es etwas wirklich und wahrhaftig Existierendes wäre. Es könnte das Selbst/Ich einer anderen Person sein, das Selbst eines Tisches, das Selbst von Geld oder das Selbst eines Gedankens.

Halten wir an diesen Dingen fest, dann erfahren wir sie auf dualistische Weise, nämlich so, daß ein Subjekt an einem Objekt festhält. Daraufhin beginnt der Geist, die Dinge zu unterscheiden, voneinander zu trennen und mit Bezeichnungen zu versehen – etwa in Form des Gedankens, daß »ich« »das« mag oder daß »ich« »das« nicht mag. Wir denken möglicherweise, »das« sei schön, und begehrliches Anhaften kommt auf, oder »das« sei nicht so schön, und dann tun wir uns womöglich schwer damit. Wir sehnen uns vielleicht nach etwas, das wir nicht haben, oder befürchten zu verlieren, was wir haben, oder sind deprimiert, wenn wir es verloren haben. Während unser Geist zunehmend angespannter wird, verspüren wir immer mehr Erregung oder Kummer: Das ist der Kreislauf des Leidens.

Mit unserem »relativen« oder gewöhnlichen Geist greifen wir nach einem »Selbst«, als ob es fest und konkret wäre. Das Selbst ist jedoch eine Illusion, weil in der Erfahrung von Samsara alles flüchtig ist, sich wandelt und dem Ende zueilt. Unser gewöhnlicher Geist stellt sich das Ich als ein unabhängiges Gebilde vor, das wahrhaft existiert. Aber nach buddhistischer Anschauung existiert das Selbst nicht wirklich. Es ist kein fest umrissenes oder kompaktes Ding, sondern bloß eine vom Geist bezeichnete Festlegung. Das Selbst ist auch kein unabhängiges Gebilde. Nach buddhistischer Anschauung steht alles in einer Beziehung wechselseitiger Abhängigkeit, so daß es nichts gibt, dem wahre Unabhängigkeit zukäme oder wesensgemäß wäre.

Das Kausalgesetz wird im Buddhismus *Karma* genannt. Jede Handlung hat eine ihr entsprechende Wirkung; alles ist voneinander abhängig. Samen wachsen zu grünen Schößlingen heran, dann zu Bäumen, dann zu Früchten und Blüten, die wiederum Samen produzieren. Das ist ein sehr einfaches Beispiel für das Kausalprinzip. Karmisch bedingt formen wir durch unsere Handlungen unseren Lebenskreis, »unsere« Welt. Vasubandhu, der größte Metaphysiker innerhalb des Mahayana, schrieb: »Aufgrund von Karma [Taten] werden mannigfaltige Welten geboren.«

Festhalten schafft negatives Karma – unsere negativen Neigungen und Gewohnheiten. Aber nicht alles Karma ist negativ, obwohl manche Menschen irrtümlicherweise dieser Meinung sind. Wir können auch positives Karma schaffen, und genau darum geht es bei der Heilung. Das starre Festhalten an einem Selbst oder Ich schafft negatives Karma. Positives Karma führt dazu, daß wir unseren Griff lösen, und während wir innerlich loslassen, finden wir unseren friedvollen Mittelpunkt und werden glücklicher und gesünder.

Wir alle sind Buddha

Buddhisten glauben, daß alle Wesen Buddha-Natur besitzen. Unserer wahren Natur nach sind wir alle Buddhas. Das Antlitz unserer Buddha-Natur wird jedoch vom Karma und den von ihm hinterlassenen Einprägungen verdunkelt, die im Festhalten an einem Selbst wurzeln – geradeso wie die Sonne von Wolken verdeckt wird.

Darin, daß sie ihrer wahren Natur nach vollkommen sind, sind alle Wesen einander völlig gleich und eins. Wir wissen: Wenn unser Geist natürlich, entspannt und von geistigem oder emotionalem Druck und Umständen, die uns aus der Fassung bringen, unbelastet ist, dann erfahren wir Frieden. Dies belegt, daß die nicht verunreinigte Natur des Geistes friedvoll und von allem Unbehagen frei ist. Obwohl diese Weisheit, die uns innewohnende wahre Natur, von geistigen Befleckungen verdeckt ist, bleibt sie vollkommen und klar. Nagarjuna, der Begründer der Schule des Mittleren Weges im Mahayana-Buddhismus, schreibt:

> Wasser in der Erde bleibt makellos.
> Desgleichen bleibt die Weisheit
> in den emotionalen Beschwernissen makellos.

Nagarjuna spricht von Frieden und Freiheit als unserer eigenen »letztendlichen Sphäre«, die immerfort in uns ist; wir müssen sie nur erkennen:

> Obwohl im Schoß einer Schwangeren
> ein Kind ist, können wir es nicht sehen.
> Desgleichen sehen wir unsere »letztendliche Sphäre« nicht,
> die von unseren emotionalen Beschwernissen verdeckt wird.

Der Friede ist in uns; wir brauchen nicht anderswo nach ihm zu suchen. Indem wir anwenden, was Buddhisten »kunstvolle Mittel« nennen – dazu gehören auch Meditationsübungen –, können wir diese letztendliche und höchste Zufluchtsstätte enthüllen. Nagarjuna beschreibt die letztendliche Sphäre – die große Offenheit, die Vereinigung von Geist und Universum – wie folgt:

Wie durch das Buttern der Milch ihre Kernsubstanz,
die Butter, makellos rein zum Vorschein kommt,
Tritt durch das Läutern mentaler Beschwernisse
die »letztendliche Sphäre« makellos rein zutage.
Wie eine Leuchtc in einer Vase nicht offenkundig sichtbar ist,
ist die »letztendliche Sphäre«, die von der Vase
mentaler Beschwernisse umschlossen wird, für uns nicht sichtbar.
Wo immer du in der Wandung der Vase ein Loch machst –
Aus ebender Stelle wird Licht von der Leuchte ausstrahlen.
Wenn die Vase mentaler Beschwerden durch Vajra-gleiche
Meditation zertrümmert wird,
erstrahlt das Licht bis zu den Grenzen des Raums.

Shakyamuni, der historische Buddha, sagt im *Haivajra*:

Lebewesen sind ihrer wahren Natur nach Buddha,
Aber ihre Natur wird durch gelegentliche oder
plötzliche Beschwernisse verdunkelt.
Wenn die Beschwernisse reingewaschen sind, sind
die Lebewesen selbst der wirkliche Buddha.

Buddhaschaft oder Erleuchtung ist »Nicht-Selbst«. Sie ist totaler, immerwährender, allumfassender Frieden, Offenheit, Selbst-losigkeit, Einheit und Freude. Für die meisten Menschen ist die Aussicht auf die völlige Verwirklichung von Erleuchtung sehr befremdlich und schwer zu verstehen. Mit diesem Buch bezwecken wir nicht, über das Selbst hinauszugehen, auch nicht, völlig erleuchtet zu werden, sondern nur, unser Festhalten an einem Selbst oder Ich ein wenig zu lockern, glücklicher und gesünder zu werden. Trotzdem mag es hilfreich sein, wenn man eine Vorstellung davon hat, was mit vollkommener Offenheit und völligem Einssein gemeint ist.

Die Berichte über die sogenannten »Nahtoderfahrungen«, darüber, daß Personen beinah gestorben, aber aus dem Todeszustand zurückgekehrt sind, können uns diesbezüglich einen Einblick gewähren. Viele Menschen, die den Sterbeprozeß überlebt haben, schildern in ihren Berichten, wie sie sich durch einen Tunnel bewegen und von einem weißen Licht empfangen werden, das sie berührt und ihnen ein Gefühl großer Wonne und großen Friedens vermittelt. Doch das Licht ist nichts von dieser Erfahrung Getrenntes. Das Licht *ist* Frieden. Und sie sind das Licht. Sie erleben das Licht nicht auf die übliche dualistische Weise, in der ein wahrnehmendes Subjekt sich auf ein von ihm wahrgenommenes Objekt, das Licht, bezieht. Vielmehr sind das Licht, der Friede und die Person eins.

In seinem Nahtodbericht erzählt ein Mann, daß er alles überblickte, was in seinem Leben, von der Geburt bis zum Tod, geschah – nicht als bloße Abfolge der einzelnen Ereignisse, sondern simultan, als sein Leben im Gesamtzusammenhang. Und er sah nicht einfach mit seinen Augen oder hörte mit seinen Ohren und wußte auch nicht einfach mit seinem Geist: Er hatte ein lebhaftes und reines Gewahrsein des Sehens, Wissens und Empfindens, ohne daß Unterschiede zwischen ihnen bestanden. In einem solchen Fall, wenn Grenzen und Beschränkungen verschwunden sind, ist das Einssein erlangt. Mit dem Einssein gibt es kein Leiden, keinen Konflikt, denn ein Konflikt kommt nur da zum Tragen, wo es mehr als *eins* gibt.

Für Buddhisten sind solche Erfahrungen besonders interessant, weil sie ein flüchtiger Einblick in den »leuchtenden *Bardo* der letztendlichen Natur des Geistes« sein könnten – ein Übergangsstadium nach dem Tode, das, für Menschen, die eine gewisse Realisierung der Wahrheit erreicht haben, den Bereich des gewöhnlichen Raumes, der Zeit und Begriffe transzendiert. Aber solche Berichte handeln nicht nur von der Todeserfahrung; sie teilen uns auch etwas über die Erleuchtung mit, die möglich ist, während wir leben.

Der erleuchtete Geist ist uns wirklich nicht so fremd. Die Offenheit ist hier in uns vorhanden, obwohl wir sie möglicherweise nicht immer erkennen. Wir alle können sie zu irgendeinem wichtigen Zeitpunkt in unserem Leben oder sogar als flüchtigen Eindruck mitten in unserem alltäglichen Dasein erfahren. Wir müssen nicht dem Tode nahe sein. Obwohl die Nahtodberichte inspirierend und interessant sein können, ist Erleuchtung nicht einfach gleichbedeutend mit dem einen oder anderen Bericht. Sie ist nicht »diese« Erfahrung oder »jene« Sicht- oder Seinsweise. Völlige Offenheit ist frei von den Extremen des »Existierens« und »Nicht-Existierens«; auch trifft nicht zu, daß sie *sowohl* »existiert« *als auch* »nicht existiert« – und ebensowenig, daß sie *weder* »existiert« *noch* »nicht existiert«. Mit anderen Worten: Völlige Offenheit entzieht sich jeglicher Beschreibung und Begrifflichkeit.

Der Weg der Heilung

Erleuchtung ist Einssein – jenseits des Festhaltens an einem Selbst, jenseits von Dualität, jenseits von glücklich oder traurig, jenseits von positivem oder negativem Karma. Wenn wir jedoch über Heilung reden, wie wir es in diesem Buch tun, dann müssen wir uns nicht notwendigerweise besonders eingehend mit Erleuchtung befassen. Die letztendliche Heilung besteht in der Verwirklichung der wahren Natur unseres Geistes; aber auch der gewöhnliche Geist hat heilende Kräfte. Wir können unseren dualistischen Alltagsgeist einsetzen, um uns selbst zu helfen. Bei den meisten Übungen in diesem Buch geht es, diesem Alltagsansatz entsprechend, darum, entspannter und glücklicher zu werden.
So liegt unser Ziel einfach darin, den Schritt vom Negativen zum Positiven, von Krankheit zu Gesundung zu machen. Sind wir derzeit bereits in einem positiven Zustand, dann können wir lernen, wie man ihn aufrechterhält und genießt. Je mehr wir uns

von unserem Festhalten lösen, um so besser werden wir uns fühlen.
Auf einer langen Reise wollen wir sicher das endgültige Reiseziel nicht aus dem Sinn verlieren, aber wir tun gut daran, jeweils eine Tagesetappe hinter uns zu bringen und unterwegs zu rasten. Wenn wir unser Festhalten an einem Selbst lockern wollen, sollten wir uns nicht gar zu intensiv bemühen. Es ist besser, behutsam vorzugehen. Welche Schritte wir auch unternehmen – selbst bei kleinen Schritten ist es das wichtigste, daß wir uns über jeden von ihnen aufrichtig freuen; dann werden sie wirkungsvoll. Wir sollten immer dankbar sein für das, was wir tun können, und uns niemals minderwertig vorkommen, wenn wir etwas nicht ausführen konnten.
Ein bißchen offener sein, ein bißchen positiver, ein bißchen entspannter sein. Diesen Zielen widmet sich das vorliegende Buch. Sind wir auf dem Gebiet der Meditation und spirituellen Schulung Neulinge, dann ist es wichtig, ganz praktisch vorzugehen: also das, was wir von uns wissen, einzusetzen, um den für uns richtigen Weg zu erkennen. Wenn wir eine offene Einstellung beibehalten, können uns Anregungen zu speziellen Heilmeditationen rasch auf dem Weg weiterhelfen. Die allerbeste Führerin ist die uns innewohnende Weisheit. Wir sind nicht auf ein paar Meditationsmethoden eingeschränkt. Vielmehr kann alles zum Leben Gehörende – Denken, Fühlen, alltägliche Verrichtungen und Erfahrungen – ein Heilungs-Mittel sein.

2
Die heilende Kraft des Geistes

Als ich sechs oder sieben Jahre alt war, spielte ich hin und wieder mit Freunden auf den endlosen grasbedeckten Flächen, wo die tibetischen Nomaden leben. Es war an einem jener schönen sonnigen Sommertage auf der nördlichen tibetischen Hochebene. So weit das Auge reichte, war der Boden von einem einzigen grünen Grasteppich bedeckt. Überall blendeten den Blick imposante Formen farbenprächtiger Blumen. Die Luft war klar und still, aber Vögel flogen umher und sangen ihre süßen Melodien. Schmetterlinge tanzten im Wind auf und ab. Honigbienen sammelten eifrig Nektar aus den Blüten. Am herrlich tiefblauen Himmel versuchten hie und da ein paar Wolken, Mutter Erdes bezaubernde Schönheit zu trüben. Die Berührung der Luft war so sanft und leicht, daß sich keine andere Empfindung je mit ihr vergleichen läßt. Die Atmosphäre war völlig rein und friedvoll, ohne eine Spur der Verschmutzung oder Disharmonie. Das einzige Geräusch war die süße, besänftigende Musik der Natur. Die Ereignisse erfolgten ganz natürlich, ohne die Hetze eines letzten Termins. Keine Uhr tickte, um uns einzuschränken; nur die Kreisbewegungen von Sonne und Mond gaben unserem Leben Rhythmus und Maß.

Die gesamte Atmosphäre war gänzlich frei, weit offen und überwältigend friedvoll. Ich dachte nicht im mindesten an den eisigen und grausamen Winter, der darauf wartete, auf uns herabzustoßen. Ich tollte im alles gutheißenden, nachsichtigen Schoß der mütterlichen Heimaterde herum und lief barfuß rings über die Fläche und genoß dabei die sinnlichen Küsse des feuchten Grases. Mein ganzes Dasein, mit dem Körper wie mit dem Geist, ging völlig in der einen, einzigen Erfahrung auf – der Freude.

Plötzlich durchschoß meinen rechten Fuß ein Schmerz, und mein ganzer Körper zog sich vor unerträglicher Pein zusammen. Jetzt war alles, was ich fühlte und sah, in diese einzige Erfahrung umgewandelt – den Schmerz. Zuerst hatte ich keine Ahnung, was geschehen war. Dann hörte ich ein summendes Geräusch, das von meinem Fuß kam. Eine Hummel hatte sich zwischen meinen Zehen verfangen, aber ich konnte die Zehen nicht spreizen, um sie freizulassen. Je heftiger sie mich stach, desto heftiger krampften sich meine Zehen zusammen. Während meine Zehen sich zunehmend anspannten, stach meine Peinigerin immer wieder zu, und mein Schmerz wurde größer. Schließlich eilte einer meiner Freunde herbei und drückte meine Zehen auseinander, um die Hummel freizulassen. Erst dann hörte der Schmerz auf.

Wenn wir dies nur klar erkennen könnten, wie mentales Ergreifen unsere Schwierigkeiten hervorruft! Wenn wir unser Festhalten an einem Selbst verstärken, wächst unser physischer, mentaler und spiritueller Schmerz. In unserer Verwirrung greifen wir immer fester und fester zu und setzen so den Leidenskreislauf in Bewegung, der die Welt von Samsara kennzeichnet. Selbst wenn wir uns voller Freude vergnügen, kann sich jeden Moment Schmerz einstellen, und darum klammern wir uns oft fest an das, was wir haben, aus Angst vor der Möglichkeit des Verlusts.

Der buddhistischen Mahayana-Philosophie zufolge durchirren wir ziellos diese Welt, blind gegenüber der inneren Kraft, die uns befreien kann. Unser Geist fabriziert Begierden und Abneigungen, und wie ein Betrunkener tanzen wir wild zu der von Unwissenheit, begehrlichem Anhaften und Haß vertonten Melodie. Das Glück ist flüchtig; die Unzufriedenheit verfolgt uns. Es ist alles wie ein Alptraum. Solange wir davon überzeugt sind, daß der Traum real ist, sind wir seine Sklaven.

Um zu erwachen, müssen wir die trübenden Schleier vor der wahren Natur unseres Geistes entfernen. Vor vielen Jahrhunderten gab ein indischer Prinz namens Siddharta Gautama seinen Anspruch auf den Fürstenthron auf und realisierte nach langer und tiefer Meditation die Wahrheit über die wirkliche Beschaffenheit des Lebens. Eben dadurch wurde er als der Buddha bekannt. Im Sanskrit bedeutet das Wort *buddha* »erwacht«. Auch wir können erwachen. Der Heilungsprozeß ist ein Erwachen zur Kraft unseres eigenen Geistes.

Der Geist ist der Hauptfaktor

Wie ein Arzt müssen wir die Krankheit diagnostizieren, die Ursache des Problems ausräumen und die Medizin anwenden, die zu guter Gesundheit führt. Asanga, der Begründer der Nur-Geist-Schule des Buddhismus, schreibt:

> Da es erforderlich ist, die Krankheit zu diagnostizieren,
> ihre Ursache auszuräumen,
> das Glück guter Gesundheit zu erlangen und eine Medizin
> dafür anzuwenden,
> Sollte man das Leiden klar erkennen, die Ursache
> ausräumen,
> das Mittel, das ihm ein Ende bereiten soll, anwenden und
> erreichen, daß es aufhört.

Im Buddhismus sind die Diagnose und das Mittel in den Vier Edlen Wahrheiten enthalten: der Wahrheit, daß wir leiden, der Wahrheit darüber, weshalb wir leiden, der Wahrheit, daß wir unser Leid beenden können, und der Wahrheit über den Weg, der zur Freiheit führt. Wir können uns dazu entscheiden, diesem Weg zu folgen. Sogar während wir mit alltäglichen Schwierigkeiten kämpfen, können wir unser Leben verbessern. Der Geist ist der Schlüssel dazu. Indem wir unseren Geist angemessen lenken und schulen, können wir die Kraft der Heilung erfahren. Im *Dharmapada* heißt es:

Der Geist führt die Phänomene an.
Der Geist ist der Hauptfaktor und Vorläufer aller Handlungen.
Spricht oder handelt man mit gefühllosem Geist,
folgt Elend nach, wie der Karren dem Zugpferd folgt.
Die Phänomene werden vom Geist angeführt.
Der Geist ist der Hauptfaktor und Vorläufer aller
Handlungen.
Spricht oder handelt man mit reinem Geist,
folgt Glück nach, wie der Schatten seinem Ursprung folgt.

Wirkliches und lange währendes Glück rührt nicht von materiellen oder äußeren Umständen her, sondern erwächst aus Zufriedenheit und Geistesstärke. Dodrupchen schreibt:

> Erfahrene Menschen erkennen klar, daß Glück und Leid vom Geist abhängen, und sind daher bestrebt, vom Geist selbst Glück zu erlangen. Weil sie einsehen, daß die Glücksursachen zur Gänze in uns liegen, verlassen sie sich nicht auf äußere Quellen. Haben wir diese klare Erkenntnis, dann werden uns Probleme, mit denen wir konfrontiert sind – seien sie nun von Wesen oder von physischer Materie verursacht –, nichts anhaben können. Außerdem sollte uns ebendiese Geistesstärke auch durchdringen, um Frieden und Glück zum Zeitpunkt unseres Todes zu gewährleisten.

Das wahre Wesen unseres Geistes ist friedvoll. Indem wir lernen, wie man unnötige Sorgen und Belastungen losläßt, geben wir der Freude die Chance aufzuleuchten. Es hängt alles von unserem Geist ab. Buddhisten glauben, daß es möglich ist, Emotionen umzuwandeln; daß Freude nicht nur möglich ist, sondern wir ein Anrecht darauf haben. Wir müssen keineswegs von Kummer beherrscht sein. Loszulassen ist eine dem gesunden Menschenverstand entsprechende Verhaltensweise, es ist nicht irgendeine seltsame Einstellung, die auf eine bestimmte Religion oder Philosophie beschränkt wäre. Wie es in der Neuen Jerusalemer Bibel (Jesus Sirach 30, 22ff.)* heißt:

Überlaß dich nicht der Sorge,
schade dir nicht selbst durch dein Grübeln!
Herzensfreude ist Leben für den Menschen,
Frohsinn verlängert ihm die Tage.
Überrede dich selbst, und beschwichtige dein Herz,
halte Verdruß von dir fern!
Denn viele tötet die Sorge,
und Verdruß hat keinen Wert.
Neid und Ärger verkürzen das Leben,
Kummer macht vorzeitig alt.
Der Schlaf des Fröhlichen wirkt wie eine Mahlzeit,
das Essen schlägt gut bei ihm an.

Wie man in der Welt leben soll

Manche betrachten den Buddhismus als eine Religion für Menschen, die ein Stadium der Glückseligkeit erreichen wollen und dann in eine Art Nichtexistenz entschwinden, weit weg von anderen Menschen. Das ist keineswegs eine zutreffende Vorstellung vom Buddhismus. Buddhisten halten viel von der vollen Teilnahme am Leben. Der Weg der Heilung schließt Probleme und Schwierigkeiten nicht aus; genaugenommen begreift er sie als ein Mittel zur Realisierung unseres wahren Wesens ein.
Wir können an Probleme, die dem Anschein nach völlig negativ sind, konkret und praktisch denkend herangehen. Sind wir in einer Streßsituation, dann sollten wir sie anerkennen und uns mit ihr aussöhnen, indem wir uns sagen: »Sie ist schlimm, aber sie ist

* Zitiert nach der deutschen *Einheitsübersetzung*. (Anm. d. Übers.)

schon in Ordnung.« Wenn wir uns angesichts der Situation nicht durch das Verketten unserer negativen Vorstellungen von ihr verrückt machen, dann wird sich ihr Einfluß erschöpfen; denn diese Situation ist, wie alles im Leben, vergänglich und wird sich früher oder später ändern. In diesem Bewußtsein können wir ruhig den nächsten Schritt zur Heilung unternehmen, mit dem sicheren Gefühl, daß äußere Situationen unsere innere Weisheit nicht zu überwältigen vermögen.

Nach buddhistischer Ansicht sind Emotionen letztendlich weder gut noch schlecht. Wir sollten all unsere Gefühle akzeptieren und billigen. Gleichzeitig brauchen wir uns nicht von heftigen oder destruktiven Emotionen beherrschen zu lassen. Sind wir anfällig für Sehnsüchte, Anhaftungen, Verwirrung oder Haß, dann empfiehlt es sich, eher darüber nachzudenken, »was zu tun für mich richtig ist«, statt darüber, »was ich tun möchte«. Während wir den Weg der Heilung betreten, sollten wir unsere Vorsätze stärken. Unsere Emotionen sollten wir von unserem Geist lenken lassen.

Wenn etwas außerhalb von uns Befindliches die Quelle sein soll, die uns letztendlich zufriedenstellt, dann werden wir das Gefühl haben, zwischen Befriedigung und Frustration Achterbahn zu fahren. Festhalten liefert uns auf Gedeih und Verderb dem sich ständig drehenden Rad von Samsara aus, der flüchtigen Welt aus Schmerz und Lust. Wenn wir das Selbst loslassen und unseren wahren friedvollen Mittelpunkt finden, erkennen wir, daß es nicht nötig ist, uns an die Begriffe von gut und schlecht, glücklich und traurig, dieses und jenes oder »ich« und »die anderen« zu klammern. Viele Religionen und Philosophien warnen davor, sich zu stark mit dem Ich zu identifizieren. Die als »Upanischaden« berühmt gewordenen hinduistischen Schriften vergleichen diese Identifikation mit einer Falle: »Indem man denkt ›Das bin ich‹ und ›Das ist mein‹, verfängt man sich im eigenen Ich wie ein Vogel in einer Schlinge.«

Uns um unsere wahren Bedürfnisse und um die anderer zu kümmern – das ist der Weg, wie man Frieden findet; und um das zu erreichen, können wir uns in der Welt aktiv engagieren, und oft sollten wir dies sogar tun. Kampf ist nicht unbedingt schlecht. Wir können lernen, die Kämpfe des Lebens als interessante Herausforderungen zu betrachten. Allerdings ist es notwendig, eines zu begreifen: Welches Ziel wir auch vor Augen haben, sei es weltlich oder spirituell, starres Festhalten daran führt zu Erschöpfung, und wir tappen in die Falle der Ichbezogenheit. Die Kunst, ein ausgeglichenes Leben zu führen, läßt sich leichter ausüben, wenn wir wissen, was wir wirklich zum Leben brauchen.

Was ist wichtig für das menschliche Leben?

Nahrung, Kleidung, Unterkunft, Gesundheit, Fürsorge und Erziehung sind erforderlich, um das kostbare Leben des einzelnen zu erhalten. Als Mitglieder der menschlichen Gesellschaft müssen wir einander achten und ebenso die Grundbedürfnisse und Institutionen respektieren, die anderen Menschen nutzen. Abgesehen davon ist nichts Äußeres unserer Zeit, unseres Friedens, unserer Energie und Weisheit wert – der drei großen Geschenke unseres Lebens. Die anderen Annehmlichkeiten des Lebens dienen größtenteils als Werkzeuge, unseren begierigen Geist zu befriedigen, unser Ego anzubeten und aufzupolieren und unser Festhalten noch zu verfestigen. Während wir in weltlichen Genüssen schwelgen, wird unser Verlangen, noch mehr zu erjagen, immer ärger. Das *Lalitavistara-Sutra* warnt:

> Dein Vergnügen an den Lüsten der Begierde
> wird, wie das Trinken von Salzwasser, niemals
> Befriedigung bringen.

Arme und Reiche leiden gleichermaßen aufgrund von äußeren Sorgen, die mit Begierde zusammenhängen. Selbst Millionäre leiden unter Wut, Verzweiflung und Depression. Sie genießen wenig wahre Ruhe und wahren Frieden, sondern machen sich nur Gedanken darum, daß sie verlieren könnten, was sie haben, oder wie sie bekommen können, was sie nicht haben. Sie können ihren Status nicht genießen, sondern leben nur für das, wozu sie sich hingezogen fühlen oder wodurch sie versklavt werden. Es ist nicht so, daß Geldverdienen an sich Leid verursachen würde; aber das eigene Leben der Tyrannei äußerer Besitztümer auszuliefern, bedeutet das Ende von Freude und Frieden.

In ähnlicher Weise geraten arme Menschen durch den Kampf ums Überleben in eine Falle. Sie wagen nicht einmal das wenige zu genießen, was sie haben, aus Angst, sich noch mehr Kummer zuzuziehen. Als Mutter Teresa der Nobelpreis verliehen wurde, erzählte sie folgende Geschichte: Eines Tages nahmen die Missionsschwestern in Kalkutta ein Waisenkind in ihre Obhut und gaben ihm ein Stück Brot. Das Kind aß die Hälfte, wollte aber den Rest nicht essen. Als sie den Kleinen fragten, warum er denn nicht esse, sagte er: »Wenn ich das ganze Brot jetzt aufesse, wo krieg' ich dann mein nächstes Brot her?« Erst als man dem Kind versichert hatte, daß es noch mehr bekommen würde, konnte es sich entschließen, die andere Hälfte des Brots zu essen.

Trotz des Fortschritts und materiellen Wachstums der modernen Zivilisation führen viele Menschen alles andere als ein sinnerfülltes Leben. Ob wir nun reich oder arm sind oder uns in einer annehmbaren Zwischenposition befinden, wir müssen uns davor hüten, an materiellen Genüssen auf Kosten unserer wahren Natur festzuhalten. Wenn wir unsere Energien dadurch verausgaben, daß wir nur über weltliche Dinge nachdenken und darüber, wie wir mehr von ihnen ergattern – bessere Nahrung, ein größeres Haus, mehr Geld, Ruhm und Anerkennung, was immer es an äußeren Gütern geben mag –, dann verlieren wir, was am wertvollsten ist.

Wir richten unsere Aufmerksamkeit auf alles, das weit von uns selbst entfernt ist – je weiter es von dem, was wir in Wahrheit sind, entfernt ist, für um so wichtiger halten wir es. Wir stellen unsere Besitztümer und unseren Körper über unseren Geist, unsere äußere Erscheinung über unsere Gesundheit, unsere Karriere über unser Privatleben. Wir identifizieren uns mit dem Körper und betrachten unseren Geist bloß als Werkzeug des Körpers – als »den Edelpilz auf dem Hirn«, wie es einmal jemand mit einer kühnen Metapher scherzhaft formuliert hat –, wir schneiden uns selbst von der wahren Quelle des Glücks ab. Wir häufen Besitztümer für unser Zuhause an, kümmern uns aber nicht um unseren Geist und unseren Körper, obwohl die wichtigsten Voraussetzungen für ein Privatleben ein glücklicher Geist und ein gesunder Körper sind.

Als ich in Tibet heranwuchs, hackte einmal einer meiner Bekannten Holz und durchhaute dabei seinen neuen Schuh mit der Axt. Glücklicherweise blieb sein Fuß unverletzt, aber Schuhleder gilt in einem armen Land wie Tibet als wertvoll. Trocken und schlicht bemerkte er: »Hätte ich diese Schuhe nicht an, dann hätt' es den Fuß erwischt, und der würde heilen. Zu blöd! Es hat halt doch meinen neuen Schuh erwischt, und der wird nie mehr heil!« Eine solche Betrachtungsweise ist sicherlich sehr merkwürdig. Aber nicht selten setzen die Menschen materielle Objekte an die erste Stelle, dann kommt der Körper und zum Schluß der Geist – und das ist das genaue Gegenteil der richtigen Reihenfolge.

Wir sagen vielleicht: »Ich möchte friedlich und stark sein.« Aber eigentlich schätzen wir es – und werden dafür auch belohnt –, uns eher aggressiv zu verhalten, um die Befriedigung unserer materiellen Bedürfnisse zu erreichen, als ausgeglichen und friedlich zu sein, um unsere innere Stärke zu hegen. Wir wenden mehr Zeit und Energie für unsere Karriere auf als für die Gestaltung eines erfüllten Privatlebens mit der Familie, obwohl wir von uns behaupten, wir arbeiteten, um ein glückliches Zuhause zu haben.

Wir leben wie Honigbienen, die normalerweise ihr ganzes Leben dem Sammeln von Honig widmen, diesen aber am Ende zur Gänze jemand anderem überlassen, der die Frucht ihrer lebenslangen Mühe erntet. Wir legen mehr Wert auf die Menge an verdientem Geld – und den übersteigerten Lebensstil, den es uns ermöglicht – als auf den inneren Zweck der Arbeit: Wir denken nicht darüber nach, ob die Arbeit uns selbst und anderen nützt. Wir gefährden unser kostbares Leben, um Geld zu verdienen, so daß wir schließlich anfangen zu trinken, um den Arbeitsdruck zu lindern, oder an Magengeschwüren erkranken. Geld ist für so viele Menschen zum Gebieter, Sinn und letztendlichen Ziel geworden.

Versuchen wir an unserem Geist zu arbeiten, um unsere Einstellung und unsere Eigenschaften zu verbessern, dann stempelt uns die moderne Gesellschaft als selbstsüchtig, unpraktisch und faul ab. Materiell produktive Menschen werden überschwenglich gelobt. Suchende, die sich auf den spirituellen Weg begeben, hingegen nicht. Wenn wir daheim bleiben und unser Interesse der höchsten Zufluchtsstätte des Lebens gilt, dann beurteilen uns die Leute nach dem Raster des regulären Berufslebens – als untauglich, unprofessionell und unqualifiziert. Unser Zuhause ist nur noch eine Art Motel: ein Ort, an dem man die Nacht über eine Pause macht.

Es ist notwendig, einige Dinge aufzugeben, um andere zu erlangen. Wie können wir denn bloß in Erwägung ziehen, unseren kostbaren friedvollen Mittelpunkt preiszugeben und das freudige Leben zu verspielen, das ganz natürlich davon ausstrahlt, nur um ein Leben voller Probleme durchzumachen? Es scheint, daß sich gegenwärtig nicht nur Durchschnittsmenschen sondern sogar viele spirituelle Meister genötigt fühlen, der modernen materialistischen Kultur nachzujagen. Eine alte Geschichte veranschaulicht die Ironie dieser Situation:

Einstmals sagten Seher in Indien voraus, in sieben Tagen würden schwere Regengüsse fallen und jeder, der von dem Regenwasser tränke, würde wahnsinnig werden. Als der Regen kam, hatte der König viel reines Wasser für sich aufgespart, und so schützte er sich davor, wahnsinnig zu werden. Aber die Bevölkerung hatte bald kein reines Wasser mehr, und alle wurden verrückt. Bald fingen sie an, den König zu beschuldigen, er sei wahnsinnig. Um sein Volk zu verstehen und genauso zu empfinden wie es, trank der König daher Regenwasser und wurde wahnsinnig wie seine Untertanen.

Ich will damit nicht sagen, daß wir die Gegebenheiten des modernen Lebens ignorieren können oder sollten. Wir können nicht ohne die Befriedigung von Grundbedürfnissen überleben, und es ist wichtig, daß wir praktisch orientiert sind und weitverbreitete Ansichten respektieren. Aber wir sollten versuchen, alles in die richtige Perspektive zu rücken. Es ist unbedingt erforderlich, daß wir uns darüber klarwerden, wer wir sind, wo wir stehen, was wirklich wertvoll ist und wie man in der Welt leben soll.

Wenn wir unbedacht sind und unseren Geist durch gewohnheitsmäßiges Festhalten an allem und jedem starr und angespannt werden lassen, werden unsere negativen Gewohnheiten unsere Empfindung von Frieden aufzehren. Im *Udanavarga* heißt es:

> Aus Eisen geht Rost hervor,
> und Rost zerfrißt das Eisen.
> Desgleichen führen uns die unbedachten Handlungen, wir die begehen,
> infolge von Karma zu höllischen Leben.

Ein einfacher unbedeutender Vorfall, der sich zu Beginn meines Flüchtlingsdaseins zutrug, hat mich stark beeindruckt. Ich war mit einigen Freunden in Kalimpong eingetroffen, einer hübschen Stadt im indischen Himalaya-Bergland. Hoch oben auf einer Anhöhe in der Nähe eines Friedhofs machten wir halt, um Tee zuzubereiten, da wir müde und hungrig waren und nicht genug Geld hatten, um in ein Gasthaus zu gehen.

Ich begab mich auf die Suche nach ein paar größeren Steinen und Holz für die Herdstelle. Als ich die andere Seite der Anhöhe erreichte, erblickte ich einen alten Mönch mit einem großen Gesicht und kleinen, leuchtenden Augen; er war wahrscheinlich Ende Siebzig oder Anfang Achtzig. An seinem runden Gesicht und den hohen Backenknochen erkannte ich, daß er ein Lama aus der Mongolei war. Er saß in einem winzigen Raum im hinteren Teil eines alten Hauses; die Tür und das Fenster des Zimmers standen weit offen. Es mochte etwa zweieinhalb mal zweieinhalb Meter groß sein. In ebendiesem kleinen Raum meditierte, las, kochte und schlief er; hier unterhielt er sich mit den Leuten und saß dabei den ganzen Tag im Schneidersitz auf demselben Bett. Er hatte einen kleinen Altar mit ein paar religiösen Gegenständen und Schriften auf einem kleinen Brett an der Wand. Neben seinem Bett befand sich ein winziger Eßtisch, der ihm auch als Studierpult diente. Dicht bei dem Tisch befand sich ein kleiner Holzkohlenherd, auf dem er sich gerade eine kleine Mahlzeit kochte.

Sein Gesicht hellte sich schlagartig mit einem gütigen und freudigen Lächeln auf, wobei er mich fragte: »Wonach suchen Sie?« Ich sagte: »Wir sind eben hier angekommen, und ich suche nach etwas Brennmaterial und nach Bausteinen für einen Ofen zum Teemachen.« Mit sanfter Stimme sagte er: »Viel gibt es ja nicht zu essen, aber möchten Sie mir vielleicht Gesellschaft leisten und die Mahlzeit mit mir teilen, die ich grade zubereite?« Ich dankte ihm, lehnte aber höflich ab. Meine Freunde warteten ja auf mich. Darauf sagte er: »Dann warten Sie einen Augenblick. Ich koche zu Ende, und Sie können sich meinen Herd ausleihen. Es ist noch genügend Holzkohle darin; das reicht Ihnen zum Teemachen.«

Ich war ganz überwältigt von dem, was ich da erlebte. Er war sehr alt, und offenbar konnte er sich nur mit Mühe über Wasser halten. Dennoch waren seine winzigen Augen voller Güte, seine anmutigen und würdigen Züge waren voller Freude, sein offenes Herz war voller Eifer zu teilen, und sein Geist war friedvoll. Er redete mit mir wie mit einem alten Freund, obwohl er mich gerade zum erstenmal gesehen hatte. Eine Art prickelnde Empfindung des Glücks und Friedens, der Freude und Verwunderung ging durch meinen Körper. Ich hatte den Eindruck, daß dieser Greis sich aufgrund seines geistigen Naturells und seiner spirituellen Stärke als einer der reichsten und glücklichsten Menschen der Welt hervortat. Doch vom Standpunkt der materialistischen Welt aus war er obdachlos, stellungslos und ein hoffnungsloser Fall. Er hatte keine Ersparnisse, kein Einkommen, keinen familiären Rückhalt, keine Sozialleistungen, keine staatliche Beihilfe, kein Heimatland, keine Zukunft. Vor allen Dingen konnte er sich als Flüchtling in einem fremden Land mit den Einheimischen wohl nicht einmal richtig verständigen. Noch heute muß ich, wenn ich an ihn denke, einfach vor Verwunderung den Kopf schütteln und ihm von Herzen meine Hochachtung aussprechen. Ich möchte hinzufügen, daß er nicht die einzige Person von solchem Naturell war, die mir begegnet ist. Es gibt viele schlichte, aber große Wesen.

Den Weg zur Heilung einschlagen

Das Lockern unseres Festhaltens an einem Selbst bringt uns Geistesfrieden, und wenn wir den haben, kann nichts uns Schaden zufügen. Auch wenn wir leiden, wird uns die rechte Einstellung helfen, unsere Emotionen gelassener zu tragen. Um aus Meditationstechniken, die auf die Stärkung unseres Geistes abzielen, gleich von Anfang an Nutzen zu ziehen, ist es wichtig, die betreffenden Unterweisungen frei von vorgefaßten Meinungen und vorschnellen Urteilen zur Kenntnis zu nehmen. Entdecken wir darin etwas, das wir nachvollziehbar finden und für unsere Erfordernisse zweckmäßig, dann sollten wir diese Technik mit vollem Einsatz zielstrebig in die Tat umsetzen – ohne Zögern, frei von Erwartung oder Zweifel. Gläubiges Vertrauen ist ein wirkungsvolles Heilmittel. Wenn wir unseren Geist einfach öffnen, dann werden wir vielleicht überrascht sein über unsere innere Stärke. Durch die Schulung des Geistes entwickeln wir eine warmherzige

Gesinnung; sie kann uns zu einem offeneren, flexibleren Gewahrsein führen. Obwohl nicht jede Technik, die ich hier vorstellen werde, in allen Einzelheiten der überlieferten, in den Schriften gelehrten Schulung entspricht, basieren die Vorschläge allesamt auf den Prinzipien und der Weisheit des Buddhismus. Das Ziel besteht darin, inneren Frieden hervorzubringen. Dazu entwickeln wir beispielsweise solche Qualitäten wie positive Wahrnehmung oder die Fähigkeit, alles, was uns widerfährt, nicht als Hindernis zu erleben, sondern in einen unterstützenden Faktor umzuwandeln.

Eine weitere wichtige Eigenschaft ist Hingabe. Sie ist bei jeder spirituellen Übung erforderlich; man muß sie jedoch nicht in einem religiösen Sinn auffassen. Für jemanden, der einen weltlich-profanen Ansatz vorzieht, könnte Hingabe einfach gleichbedeutend sein mit dem Entwickeln innerer Weisheit und einer tiefgehenden Aufgeschlossenheit für uns selbst, für andere Menschen und für die Welt ganz allgemein. Das Gebet bietet einem spirituellen Menschen die Möglichkeit, Energie so zu kanalisieren, daß sie Hingabe zum Ausdruck bringt, statt sich in ziellosem Geplapper zu vergeuden. Die weltlich-profane Variante des Gebets besteht darin, unsere glücklichen und freudigen Empfindungen mit eigenen Worten auszudrücken, die wir still oder auch laut sprechen können.

Für Mahayana-Buddhisten, denen daran gelegen ist, Probleme umzuwandeln und das Selbst aufzulösen, gilt das Mitgefühl als besonders heilsames Werkzeug. Wenn wir uns anderen zuwenden, kann dies die Starrheit des Ich allmählich mildern. Obwohl das letztendliche Ziel spiritueller Schulung darin liegt, frei und unabhängig zu werden von dem, was sich außerhalb des Geistes befindet, empfiehlt der Buddhismus engagierte Teilnahme an der Welt als positive Übung auf dem wahren Weg. Diese kann beispielsweise beinhalten, daß man anderen dient, Organisationen und Institutionen gründet, um anderen zu helfen, ihnen Schutz bietet, Geschenke verteilt, Gebete spricht und seine Achtung bezeugt. Selbst der ganz alltägliche Umgang mit anderen Menschen kann viel Gutes erbringen, wenn wir lernen, uns jeder Person, mit der wir zusammen sind, zu erfreuen und sie zu respektieren. Shantideva schreibt:

> Wenn du sprichst, dann sprich ungezwungen,
> nichts Belangloses, klar und freundlich,
> ohne Begierde und Haß,
> in sanftem Tonfall und nicht übermäßig lange.
> Wenn du schaust, dann schau mit ehrlichem und
> liebevollem Blick, und denke dabei:
> »Dadurch, daß ich mich auf diese gütige Person verlasse,
> werde ich voll und ganz erleuchtet werden.«

Indem wir unseren Geist einfach fürsorglich, friedlich und entspannt sein lassen, können unsere Alltagsaktivitäten und unsere tägliche Arbeit – sogar unser Atmen – Teil unserer Heilungsübung werden, und wir werden spontan an Stärke gewinnen. Sind wir für unser gewöhnliches Leben offen, so wird es sich in ein Leben der Heilung verwandeln. Dann wird unser Leben ein in Meditation umgesetztes Handeln sein, auch wenn wir möglicherweise nicht mehrere Stunden in der regulären Sitzmeditation verbringen.

Die meisten Übungen in diesem Buch zielen darauf ab, Emotionen umzuwandeln, indem wir unsere Probleme visualisieren und vom Negativen zum Positiven übergehen. Ein weiterer Meditationsansatz besteht darin, über das Positive und Negative hinauszugehen, indem wir uns unseren Gefühlen öffnen und unseren Geist einfach so erleben, »wie er ist«. Genaugenommen ist die auf das Umwandeln von Problemen ausgerichtete Meditation am wirksamsten, wenn sie positive Gefühle wie auch Offenheit in sich vereint. Erst konzentrieren wir uns, und dann beenden wir die Übung, indem wir uns entspannen und jeweils mit dem eins sind, was wir gerade erfahren.

Nachdem wir einige der traditionellen Meditationen und Übungen gelernt haben, können wir allmählich Geschicklichkeit darin entwickeln, den Alltagsproblemen mit unseren eigenen Mitteln zu begegnen. Die Auffassung von einem »Selbst« oder »Ich« mag sich als flexibler erweisen, als wir dachten. Wir können experimentieren und lernen, in unserer Sichtweise spielerischer und weniger fixiert zu sein. Wenn wir es beispielsweise mit einem anscheinend ernsten Problem zu tun haben, können wir uns Erleichterung verschaffen, indem wir etwas Komisches darin entdecken. Oder wir können, wenn wir bei der Arbeit unter Druck stehen, uns entspannter und weiträumiger fühlen. Da Worte große Kraft haben, könnten wir uns sagen: »Der Druck ist da, aber ich bin innerlich völlig entspannt.« Wir können innerlich entspannt unseres Atmens gewahr werden und den Raum und die Luft um uns besonders beachten und spüren – und auf diesem Wege tatsächlich empfinden, daß wir unter geringerem Druck stehen und über mehr Raum verfügen.

Haben wir das Gefühl, von Emotionen überwältigt zu werden, dann finden manche Menschen es eher hilfreich, sich in Offenheit für die Situation zu üben, statt daß sie das Problem umzuwandeln versuchen. Wie man völlige Offenheit in sich zuläßt, wird im nächsten Kapitel erörtert; aber es wird niemanden, der bis hierher gelesen hat, überraschen, daß das Prinzip hinter diesem Ansatz im Loslassen des »Ich« besteht.

Fällt jemand, der nicht schwimmen kann, in den Ozean, dann wird der Betreffende nach dem Wasser greifend Halt suchen und wie ein Stein versinken. Ein guter Schwimmer, der sich geschult hat, versteht es, sich zu entspannen und mit dem unermeßlichen Ozean eins zu werden. Schwimmenlernen erfordert Übung, und es hilft, wenn wir in der Anfangsphase über eine gewisse Anleitung verfügen. Genauso verhält es sich mit der Schulung unseres Geistes, und von ihr handelt der Rest dieses Buches.

3
Sich bereitmachen

Im Lauf der Jahrhunderte hat der Buddhismus ein riesiges Reservoir an Wissen über den Geist entwickelt. Besonders wenn wir gerade erst beginnen, Meditation zu erlernen, mag uns die Fülle von Vorschlägen und Ideen überwältigend vorkommen. Es ist am besten, wenn wir unsere Übung einfach halten. Setzen Sie sich erreichbare Ziele, und streben Sie mit positiver Energie danach. Machen Sie sich über auftretende Schwierigkeiten keine Gedanken, sondern freuen Sie sich über alles, was Ihnen irgendwie zugute kommt. Selbst negative Erfahrungen oder sogenannte Unzulänglichkeiten können von Nutzen sein, wenn wir sie positiv betrachten.

Beim Meditieren sollten wir uns entspannen und unsere Sorgen und Begierden loslassen, statt ihnen nachzujagen. Normalerweise setzen wir uns hin, wenn wir meditieren; aber vieles von dem, was wir über Meditation lernen, läßt sich in all unsere tagtäglichen Aktivitäten integrieren. Worte sind nötig, um zu beschreiben, wie man meditiert und wie wir die richtige Einstellung in unser Leben bringen. Das Entscheidende ist jedoch, daß wir die Übungen durchführen und ein Gefühl für sie bekommen, ohne uns über Begriffe, Klassifizierungen oder Regeln allzuviele Gedanken zu machen. Seien Sie geduldig und offen, und arbeiten Sie mit dem, was Ihnen Ihr eigenes Leben bringt.

Einen Platz auswählen

Der beste Platz für unsere spirituelle Schulung im Heilen ist ein friedlicher, angenehmer Ort, wo es wenig Ablenkung gibt, wo der

Geist Ruhe finden und der Körper es bequem haben kann und wo wir eine Empfindung von Weite haben, uns hellwach und glücklich fühlen können.

Die Weisen der Vergangenheit haben, je nach Wesensart des Übenden, je nach Übung und Jahreszeit, eine Vielzahl von Plätzen gepriesen. Zu den bevorzugten einsamen Orten gehören jene, an denen man einen klaren und weiten Ausblick hat – etwa auf einem sanft den Himmel streifenden Berggipfel oder im Schoß einer blühenden Wiese. Manchen Übenden behagte es, im Wald zu sein, unter den Bäumen und den wilden Tieren, die frei von Furcht spielen, und den Vögeln, die ihr ewig junges Lied der Freude singen. Andere empfehlen die Schulung am Ozean mit seinen tanzenden, sich ewig wandelnden Wellen, oder an einem Fluß, mit seinem mächtigen, natürlichen Strömen. Und wieder andere begaben sich dazu in die trockenen Höhlen verlassener Täler, wo eine Atmosphäre grandiosen Friedens herrscht.

Wenn wir nicht in der Nähe solcher Naturschauplätze wohnen, sollten wir uns im Bereich unseres eigenen Zuhauses einen angenehmen Platz suchen, das Beste daraus machen und uns aufrichtig freuen.

Wählen Sie bei sich zu Hause das ruhigste Zimmer oder die ruhigste Zimmerecke aus, und zwar während einer Zeit, in der es voraussichtlich wenig Störungen durch das Telefon, Kinder, Zimmergenossen, den Ehepartner oder Freunde gibt. Empfinden Sie dann frohe Genugtuung – über den Platz, die Zeit und über die Vergünstigung, daß Sie diesen Platz und diese Zeit haben. Lassen Sie Freude aufkommen über diese Möglichkeit, den spirituellen Sinn Ihres Lebens klar zu erkennen.

Für Anfänger ist es im allgemeinen besser, allein zu üben, an einem Platz, an dem keine Behinderungen zu befürchten sind. Nachdem wir in der Schulung Stärke erlangt haben, können wir schwierigere Orte aufsuchen, die mehr Duldsamkeit und Disziplin erfordern – angesichts von Hindernissen, wie etwa Störungen durch Menschen oder Verkehrslärm –, und wir können uns dann

die uns in die Quere kommenden Unannehmlichkeiten zunutze machen, um uns zu stärken. Schließlich können wir uns, wenn wir dazu bereit sind, inmitten der ärgsten Umstände üben, wo wir allen möglichen mentalen Versuchungen und emotionalen Verstörungen ausgesetzt sind.
Indem wir auf diese Weise gewissenhaft üben, werden wir schließlich mit jeder Situation fertig werden und sie in eine Quelle der Stärke umwandeln können, ohne daß dies unseren friedvollen Geist beeinträchtigt. Jede Stätte, die wir bewohnen, wird dann ein Palast der Erleuchtung und Reinheit werden. Jedes Vorkommnis wird eine Unterweisung sein. Danach wird es keine Rolle mehr spielen, wie der Platz beschaffen ist; es wird nur noch erforderlich sein, einen Platz auszuwählen, an dem wir anderen am besten zu dienen vermögen.

Eine Zeit auswählen

Obwohl sich jede Tageszeit zur Schulung eignet, sind für einen Anfänger Frieden und Ruhe hilfreich. Der frühe Morgen paßt gut, weil dann der Tag noch ganz neu und der Geist klar ist. Doch manche fühlen sich möglicherweise am Abend entspannt und bereit zu meditieren. Wählen Sie eine Zeit aus, halten Sie sie regelmäßig ein, und seien Sie glücklich damit. Sorgen Sie möglichst dafür, daß Ihr regelmäßiges Praktizieren durch nichts behindert wird.
Ganz gleich, welche Meditation oder Heilübung wir durchführen – wir sollten ganz darin aufgehen. Wir sollten nicht von der Zukunft träumen oder in unserem Kopf Pläne schmieden. Laufen Sie nicht der Vergangenheit hinterher, und greifen Sie nicht nach der Gegenwart. Während der Meditation können alle möglichen Gedanken oder mentalen Erfahrungen auftauchen, aber lassen Sie sie kommen und gehen, statt sie festzuhalten.
Üben Sie täglich. Auch wenn wir nur kurze Zeit meditieren, wird

der gleichmäßige Turnus die kontemplative Erfahrung am Leben erhalten und uns auf dem Weg der Heilung sicher machen.
Wie lange sollten wir meditieren? Ihr Geist ist der Heiler, also hängt die Antwort von Ihren Bedürfnissen und Fähigkeiten ab. Sie könnten wenige Minuten, zwanzig Minuten oder eine Stunde lang meditieren. Sie könnten über eine große Zeitspanne hin, viele Stunden lang – mit Ruhepausen dazwischen – meditieren. Befassen Sie sich nicht allzuviel mit der Zeit, sondern achten Sie vielmchr auf das, was Ihrem Gefühl nach das richtige ist.
Es ist besonders gut, zu üben, wenn wir glücklich, gesund und relativ frei von Problemen sind. Dann werden wir, wenn wir mit Leid konfrontiert sind – was sicherlich geschehen wird –, die kunstvollen Mittel bereitgestellt haben und anwenden können. Bedauerlicherweise bedürfen viele von uns der Leiderfahrung, damit unser Geist sich spirituellen Lösungen zuwendet. Wenn wir uns inmitten von Schmerz und Verwirrung befinden, verfügen wir aber möglicherweise über weniger Klarheit, Energie und Gelegenheit zur Schulung. Dodrupchen rät:

> Heilung ist sehr schwer in die Tat umzusetzen, wenn wir uns wirklich schwierigen Situationen gegenübersehen. Folglich ist es wichtig, vorher Erfahrungen in spiritueller Praxis zu sammeln, so daß wir dann, wenn ungünstige Umstände eintreten, bereit sind. Es macht viel aus, wenn wir von einer Schulung Gebrauch machen können, in der wir erfahren sind.

Haltung

Das wesentliche Ziel bei jeder der verschiedenen Meditationshaltungen besteht darin, die Muskeln zu entspannen und die Kanäle im Körper zu öffnen, so daß Energie und Atem ganz natürlich durch diese Kanäle fließen können. Jede Haltung, die unseren Körper geraderichtet und entspannt, aber nicht steif macht, wird einen natürlichen Energiefluß hervorrufen und es dem Geist ermöglichen, ruhig und flexibel zu sein. Den Zweck der körperlichen Haltungen faßt ein volkstümlicher tibetischer Ausspruch zusammen:

> Ist dein Körper geradegerichtet, dann sind auch deine Kanäle geradegerichtet.
> Sind deine Kanäle geradegerichtet, dann ist auch dein Geist geradegerichtet.

Eine der am weitesten verbreiteten buddhistischen Meditationshaltungen wird als die Lotosstellung bezeichnet, in der man mit übereinandergeschlagenen Beinen auf dem Boden sitzt, wobei der rechte Fuß auf dem linken Schenkel und der linke Fuß auf dem rechten Schenkel liegt. Die meisten Menschen aus dem Westen finden den Halb-Lotos leichter; hier ruht ein Fußknöchel auf der Beuge des anderen Beins. Wenn Sie auf einem kleinen Kissen sitzen, wird Ihr Rumpf ein wenig aufgerichtet; dies begünstigt womöglich Ihre offene und entspannte Stellung.

Ihre Hände liegen auf Ihrem Schoß, die rechte Hand über der linken, wobei die Daumenspitzen sich ganz leicht berühren und die Handflächen nach oben weisen. Die Ellbogen sollten in einer natürlichen, flügelartigen Haltung leicht vom Körper abgewinkelt sein, also nicht verkrampft oder nach innen gedrückt. Das Kinn ist gesenkt, damit sich der Nacken etwas neigt: Dann empfindet man es als ganz natürlich, daß sich der Blick in Höhe der Nasenspitze auf ein bis zwei Meter nach vorn einstellt. Die Zungenspitze berührt sachte den Vordergaumen. Der allerwichtigste Punkt aber ist, daß man das Rückgrat geradehält.

Manchen Menschen fällt diese Haltung sehr schwer, besonders wenn sie Probleme mit dem Rücken haben. Vielleicht sitzen Sie zum Meditieren lieber auf einem Stuhl; vergewissern Sie sich aber, daß Sie auf dem Stuhl Ihr Rückgrat geradehalten können: Es sollte nicht zusammensacken. Ganz gleich, welche Haltung Sie auswählen – denken Sie daran: Der Zweck besteht nicht darin, daß Sie unbequem sitzen. Der Buddha selbst gab nach jahrelangem Experimentieren mit asketischen Praktiken die Kasteiung des Körpers auf. Sie sollten es hinlänglich bequem haben, so daß Ihr Geist sich entspannen und konzentrieren kann.

Es ist am besten, in einer Sitzhaltung zu meditieren, aber eigentlich ist unser Geist in jeder Lage und an jedem Ort, an dem wir uns befinden, zur Heilung fähig, vorausgesetzt, unser Gewahrsein ist intakt.

Entspannung

Um uns von der Angestrengtheit unseres Geistes – dem begrifflichen und emotionalen Druck, der uns gepackt hält – zu lösen, sollten wir beim Meditieren die sich straff anfühlenden Muskeln entspannen. Hat sich irgendwo in Ihrer Muskulatur Spannung gesammelt, dann lenken Sie Ihr Gewahrsein in diesen Bereich, und lösen Sie die Straffheit. Entspannung sorgt für eine ruhige Atmosphäre, in der wir die Kerze heilender Energie anzünden können. Entspannung bedeutet jedoch nicht, daß man in einen faulen, gleichgültigen, halbbewußten oder schläfrigen Geisteszustand verfällt. Zeitweise müssen wir wohl ausruhen und dösen, aber am wirksamsten meditieren wir, wenn wir wach, voll bewußt und klar bei Sinnen sind. Auf ebendiese Weise kommen wir mit unserem friedvollen, freudigen Wesen in Berührung.

Wenn Sie von der Meditation wieder zu Ihrer Alltagsroutine übergehen, dann sehen Sie zu, daß Sie dabei entspannt bleiben. Stehen Sie langsam auf, und ermöglichen Sie Ihrem Geist einen behutsamen Übergang zu äußeren Aktivitäten. Auf diese Weise bringen Sie eine Geisteshaltung in Ihr Leben, die der offenen Weite des Raumes gleicht.

Geistigen Raum schaffen

Wenige von uns geben sich vollkommen dem hin, was sie gerade tun. Unsere Probleme am Arbeitsplatz bringen wir mit nach Hause und haben so keine Chance, unser Privatleben zu genießen. Dann nehmen wir unsere privaten Probleme mit zur Arbeit und können uns unserer beruflichen Tätigkeit nicht rückhaltlos widmen. Während wir zu meditieren versuchen, spielen wir tändelnd mit unseren mentalen Bildern und Empfindungen herum; also haben wir keine reale Chance, uns zu konzentrieren. Letzten Endes haben wir dann kein Leben, das wir leben könnten, da wir uns immer in der Vergangenheit oder Zukunft aufhalten.

Würden wir unser Haus oder unsere Wohnung mit zu vielen Möbeln vollstopfen, hätten wir keinen Platz zum Leben. Ist unser Geist mit Plänen, Anliegen, Gedanken und Gefühlsmustern vollgestopft, dann haben wir keinen Raum für unser wahres Ich.

Viele Menschen haben den Eindruck, in ihrem Leben sei viel zu viel los, als daß sie noch meditieren könnten. Selbst wenn sie zu Hause Zeit zum Meditieren haben, fühlen sie sich zu abgelenkt. Um unserem Privatleben und der Meditation unsere volle Aufmerksamkeit und Energie zuwenden zu können, brauchen wir geistigen Raum.

Wir können bewußt Raum für uns schaffen. Wir können beschließen, unsere Sorgen aus dem Arbeitsleben hinter uns zu lassen. Wenn es etwas nützt, könnten wir diese Sorgen in der Gestalt von Akten und Computern visualisieren, die wieder sicher im Büro gelandet sind. Wir könnten uns sogar Grenzlinien vorstellen, die unser Arbeitsleben von unserem Zuhause trennen. Oder wir könnten in unserem Geist ein Schutzzelt aus Energie oder Licht schaffen, das uns in unserem Zuhause umschließt und uns völlige Ungestörtheit für das gewährt, was wir jetzt gerade tun.

Meditation kann ein Hort der Wärme und der geräumigen Weite

sein, aber möglicherweise sträuben wir uns innerlich gegen das Meditieren oder halten es für eine Hausarbeit. Eine Möglichkeit, ein offenes und entspanntes Empfinden hervorzurufen, besteht darin, sich in die Atmosphäre der Kindheit zurückzuversetzen.
Seit der Kindheit haben wir eine Menge wundervoller Dinge in dieser großzügigen Welt gelernt und erfahren. Es ist jedoch leicht, sich zutiefst im hektischen Lebensstil von heute zu verstricken. Wir können wie Seidenraupen werden, die in ihrer eigenen Seide gefangen sind. Wir erreichen eine Stufe, auf der wir uns mit unseren eigenen Ansichten, Gefühlen, Gewohnheiten und Reaktionen ersticken.
Zurückdenkend erinnern wir uns, daß wir als Kinder den Eindruck hatten, ein Tag dauere sehr lange, etwa so lange, wie in unserer jetzigen Erfahrung ein Monat währt. Ein Jahr war damals so lang, daß es kein Ende fand. Nach und nach veränderte sich unsere Wahrnehmung. Unsere Beschäftigungen, Begriffe und Anhaftungen wuchsen Tag für Tag. Jetzt ist der offene Raum nicht mehr in unserem Geist vorhanden. Während wir heranwuchsen, hatten wir das Gefühl, die Zeit werde immer kürzer, und jetzt vergeht ein Jahr so rasch wie ein Augenzwinkern. Das liegt nicht daran, daß die Zeit tatsächlich kürzer geworden wäre. Sondern wir verfügen nicht mehr über den geistigen Raum, um uns offen und frei zu fühlen. Wir rennen mit Höchstgeschwindigkeit herum und pferchen unseren Geist mit einem ungeheuren Wust von Gedanken, Begriffen und Emotionen voll. Wenn unser Geist ruhig ist, empfinden wir jede einzelne Minute der Zeit, aber wenn unser Geist hinter allem herjagt, was rings um uns vorgeht, haben wir das Gefühl, daß der Tag zu Ende ist, bevor er noch begonnen hat.
Das behutsame Vergegenwärtigen von Kindheitserinnerungen kann uns helfen, uns aufzuschließen. Dies kann eine Meditation sein: Gehen Sie zu einer positiven Erinnerung aus Ihren Kindertagen zurück, als Sie wenige Sorgen, Leidenschaften oder Belastungen hatten. Die genaue Erinnerung ist nicht so wichtig wie das Gefühl des Raums und der Freiheit. Sie sollten nicht außerhalb

der Erinnerung stehenbleiben und über sie nachdenken. Gestatten Sie vielmehr dem Gefühl, sich auszuweiten, und begeben Sie sich in sein Inneres. Erleben Sie das Gefühl, und verharren Sie ohne andere Gedanken darin. Fühlen Sie sich ganz als Kind, und werden Sie eins mit diesem Kindsein. Die Vergangenheit und die Gegenwart, das Kind und »ich« sind in weiträumiger Vereinigung alle eins. Kontemplieren und ruhen Sie immer wieder in diesem offenen Gefühl. Übertragen Sie schließlich dieses Gefühl in den gegenwärtigen Moment Ihres Lebens.

Steigen anstelle friedvoller und weiträumiger Gefühle schlimme Erlebnisse aus Ihrer Kindheit auf, so können Sie die weiter unten in den Heilungsübungen skizzierte Vorgehensweise anwenden, um das geschädigte kindliche Ebenbild zu läutern, zu umhegen und heil zu machen; und schließlich können Sie visualisieren, daß Ihr inneres Kind glücklich, gesund und fröhlich geworden ist.

Wir können mit diesem weiträumigen Empfinden Kontakt aufnehmen: zum Beispiel wenn es uns gerade schwerfällt, uns zum Meditieren hinzusetzen, oder immer dann, wenn wir ein Gefühl der Freiheit und Freude in unser Leben bringen wollen. Um das Kind in uns zu erreichen, können wir uns auch an typisch kindlichen Aktivitäten erfreuen – an Spielen wie Jo-Jo, an Jonglieren und Seilspringen – oder aufgeschlossen sein für Bäume, Blumen, Wasser und die Schönheit der Natur. Wir können mit dem staunenden Blick, den wir als Kind hatten, zum Nachthimmel und den Sternen hinaufsehen und es wie damals freudig genießen, nachts draußen im Freien zu sein. Diese Empfindungen können jetzt, wo wir erwachsen sind, die unseren sein, wenn wir sie in den gegenwärtigen Moment übertragen. Ein solches Vorgehen wird uns helfen, unsere Sorgen eine Zeitlang zu vergessen und uns wieder einmal im Schoß der Kindheit untertauchen lassen.

Zeit allein in der Natur zu verbringen, besonders den grenzenlosen Raum des Himmels von einem Berggipfel aus zu betrachten, wird uns helfen, unseren Geist geräumig zu machen. Aber die wirksamste Methode, einen friedvollen Raum in unserem Geist aufzuschließen, ist die Meditation. Wenn wir zu der dem Himmel gleichenden Geistesnatur zurückgelangen können, statt unseren Geist mit negativen Ansichten und Empfindungen vollzustopfen, dann kann ein Morgen des Friedens und der Weisheit heraufdämmern.

Atmung

In jeder Art von Meditation ist es wichtig, natürlich und ruhig zu atmen. Die kontemplative Ausrichtung auf unser Atmen, das Gewahrsein des Geistes im Hinblick auf den ein- und ausströmenden Atem, ist für sich genommen ein Grundstock für die klare Vergegenwärtigung unserer wahren Natur. Sehr erfahrene Meditierende benutzen diese Vorgehensweise als Mittel, um die Selbstlosigkeit zu realisieren. Wir werden uns zwar in unseren Heilungsübungen nicht damit befassen, über den Begriffsrahmen des personalen Selbst hinauszugehen, aber das bewußte Wahrnehmen der Atmung kann auch für andere Zwecke sehr nützlich sein. Es ist beispielsweise eine gute Methode, uns zu beruhigen, unseren Geist zu konzentrieren und einen Energiefluß herzustellen, der ein Fortschreiten der Heilung ermöglicht.

Anfangs haben Sie vielleicht das Gefühl, es sei unmöglich, sich voll auf den schlichten Akt des Ein- und Ausatmens zu konzentrieren. Es kann schockierend sein, zu erkennen, wie schnell der Geist sich bewegt. Beunruhigen Sie sich nicht angesichts des Kommens und Gehens von Gedanken oder Bildern. Bringen Sie Ihr bewußtes Empfinden sachte zu Ihrer Atmung zurück, und widmen Sie dieser Ihr volles Gewahrsein. Indem wir einfach unseren Geist mit dem natürlichen Vorgang des Atmens in Berührung kommen und sich mit ihm vereinigen lassen, können wir uns von Streß lösen, entspannter fühlen.

Wegen ihrer Bedeutsamkeit in der höheren Meditationspraxis wird die kontemplative Ausrichtung auf die Atmung ausführlicher in Kapitel 12 erörtert. Sehen Sie vorläufig den Einsatz der kontemplativen Ausrichtung auf die Atmung als Vorbereitung zu jeder Heilübung an. Das bewußte Wahrnehmen der Atmung ist auch eine sehr wirkungsvolle Methode, uns von jeder schwierigen Emotion zu lösen, die uns wie ein Schraubstock im Griff hat. Wir werden in den Heilübungen sehen, daß es besonders hilfreich ist, sich auf das entspannte Ausatmen zu konzentrieren. Auf diese Weise wird das Festhalten gelockert.

Visualisierung

Eines der besten Hilfsmittel zur Heilung ist die Visualisierung: Sie kann unsere mentalen Grundmuster vom Negativen ins Positive umwandeln. Manche Anfänger in der Meditation halten Visualisierung für eine schwierige oder ungewöhnliche Geistestätigkeit. Eigentlich ist sie etwas ganz Natürliches, denn wir denken immerzu in Bildern. Wenn wir an unsere Freunde oder unsere Familie denken oder uns vorstellen, an einem wunderschönen Strand oder Bergsee zu sein, sehen wir diese Bilder ganz deutlich in unserem Geist. In der Meditation visualisieren wir zu einem bestimmten Zweck, aber der mentale Vorgang ist derselbe. Mit Übung können wir ihm besser auf den Grund kommen.

In der Meditationspraxis des tibetischen Buddhismus hat die Visualisierung eine lange Tradition, aber auch Menschen, die nichts vom Buddhismus wissen oder nicht an ihm interessiert sind, haben festgestellt, daß das Verfahren äußerst hilfreich ist. Beispielsweise visualisieren Berufssportler, um ihre Leistung zu verbessern und ihr volles Potential zu verwirklichen.

Positive Bilder inspirieren alle möglichen Menschen bei den unterschiedlichsten Aktivitäten. Ich kenne eine Musiklehrerin in Boston, die ihr Lampenfieber dadurch überwand, daß sie ihre ganz persönliche improvisierte Vorgehensweise anwendete. Obwohl sie eine ausgebildete Sängerin mit einer herrlichen Stimme ist, graute es ihr vor ihren wöchentlichen Pflichten als Kantorin an einer städtischen Synagoge. An einem Sabbat weinte sie vor dem Gottesdienst so heftig, daß ihr plötzlich klar wurde, wie lähmend ihre Angst geworden war. Und in ebendiesem Moment faßte sie den Entschluß, statt dessen ihre Aufgabe freudig zu genießen! Um sich selbst zu helfen, dies zu erreichen, setzte sie sich irgendwo still hin. Dann stellte sie sich vor, sie würde das Gebet erfolgreich leiten und dabei so singen, daß es ihrem Gefühl nach einwandfrei war, ohne sich allzu viele Gedanken über die Melodien zu machen, die ihr beim tatsächlichen Vortrag Schwierigkeiten bereitet hatten.

Sie stellte sich vor, wie es sich auswirken würde, wenn sie selbstsicher und von ihrem Gesang überzeugt wäre. In ihrem Geist hörte sie den schönen Klang ihrer eigenen Stimme, die die Gemeinde in Entzücken versetzte. Sie malte sich die ganze Szene des Gebetsgottesdienstes aus und verspürte ein wundervolles, überschwengliches Gefühl der Fröhlichkeit und innigen Begeisterung darüber, daß sie fähig war, alle an der Musik teilhaben zu lassen. Sie ist jetzt glücklich bei ihrem Gesangsvortrag und macht sich keine Gedanken, wenn sie vorher ein bißchen nervös ist. In den Klassen, die sie unterrichtet, empfiehlt sie ihren Musikschülern, daß auch sie ihre Vorstellungskraft benutzen sollten, um zu lernen, wie man entspannter sein und das eigene Singen mit Freude erfüllen kann.

In der Meditation ist es am besten, die Augen offen oder halboffen zu halten, um wachsam und in dieser Welt zu bleiben. Es mag jedoch für manche Anfänger hilfreich sein, zunächst die Augen zu schließen. Der wichtigste Punkt beim Visualisieren besteht darin, das positive Bild mit Eifer und aus ganzem Herzen wachzurufen. Wenden Sie dem geistigen Objekt Ihre volle Aufmerksamkeit zu, gehen Sie gänzlich darin auf. Lassen Sie den Geist und das Objekt eins werden. Sehen wir das Bild in unserem Geist halbherzig oder sind wir dabei irgendwie abgelenkt, dann ist unsere Konzentration beschränkt. Das ist dann so, als ob wir das

Objekt bloß mit leerem Blick anstarren würden, statt es mit unserem ganzen Sein zu schauen.
Tsongkhapa, der Begründer der Gelug-Schule des tibetischen Buddhismus, schrieb: »Meister Yeshe De hat zurecht die Methode verworfen, gedankenleer zu meditieren, indem man mit den Augen auf das Bild vor einem starrt. Das ›Verweilen in der Kontemplation‹ muß sich im Geist entwickeln, nicht in den Sinnen, wie etwa den Augen.«
Besonders für Anfänger liegt der Schlüssel darin, das Zugegensein von dem zu empfinden, was man sich bildlich vorstellt. Ihre Visualisierung braucht nicht vielschichtig oder detailliert zu sein; auf die Klarheit und Festigkeit der Bilder in Ihrem Geist kommt es an.

Konzentration

Für jede spirituelle Schulung oder Geistestätigkeit brauchen wir Konzentration. Zu lernen, wie man sich konzentriert – das macht unseren Geist stark, klar und ruhig. Konzentration schützt unsere innere Weisheit, so wie man eine Kerzenflamme vor dem Wind abschirmt.
Für Buddhisten wird die Konzentration auf ein Objekt von spiritueller Bedeutung positive Energie, Segnungen und heilsames Karma bewirken. Wir können unseren Geist jedoch darin schulen, sich zu konzentrieren, indem wir uns an praktisch allem üben, sei es nun ein physisches Objekt oder ein geistiges Bild, dessenungeachtet, ob es spirituell bedeutungsvoll ist.
Die buddhistische Schulung zur Stärkung der Konzentration umfaßt zwei Methoden: die nach innen gerichtete und die nach außen gerichtete Methode. Die nach innen gerichtete Methode besteht darin, sich auf den eigenen Körper zu konzentrieren, indem man beispielsweise den Körper in Gestalt einer Gottheit oder als ein Gefüge aus Knochen sieht. Wir können uns auch auf die Elemente

des Körpers konzentrieren, wie etwa den Atem, oder auf den Körper in seiner reinen Erscheinungsform aus Licht oder Freude. Die nach außen gerichtete Methode besteht darin, sich auf Bilder zu konzentrieren, auf »reine (Buddha-)Länder« oder andere Visualisierungen.

Sind wir unfähig, unseren Geist zu konzentrieren, dann werden selbst Jahre an Praxis, trotz der Verdienste der beharrlichen Anstrengung, wenig Einsicht erbringen. Shantideva erinnert uns daran:

> Der Buddha, der die Wahrheit verwirklicht hat, hat gesagt:
> All die Rezitationen und asketischen Schulungen,
> die du geübt hast, und sei's auch über lange Zeit,
> werden, wenn du sie mit umherschweifendem Geist
>   ausgeführt hast,
> wenig Früchte tragen.

Der erste Schritt beim Entwickeln von Konzentration besteht darin, unseren rastlosen Geist auf den Boden der Wirklichkeit zurückzubringen. In den später dargelegten Heilübungen werden wir einige Techniken zur konzentrativen Sammlung des zerstreuten Geistes kennenlernen, die unsere Fähigkeit zu meditieren und ebenso unsere emotionale Einstellung verbessern können.

Sobald wir uns mental geerdet fühlen, können wir unsere Konzentrationsfähigkeit vertiefen. Erfahrene Meditierende üben bisweilen, ihre Konzentration auszufeilen, indem sie ein langes, dünnes Rohr visualisieren und ihre Vorstellungskraft einsetzen, um hindurchzuschauen. Eine weitere mentale Übung besteht darin, sich auf eine einzige winzige Stelle zu konzentrieren statt auf ein größeres Bild.

Müssen wir an der Konzentration arbeiten, unseren Geist erwecken oder unsere Sinne schärfen, dann sollten wir uns eine Zeitlang intensiv darum bemühen, mentale Disziplin zu entwickeln. Oft ist unser Geist jedoch zu kritisch und zu sensibel.

Wenn sich Ihr Geist wie in einer Falle oder unterdrückt fühlt, ist es am besten, ihn nicht rigoros in die Konzentration hineinzudrängen. Wer sich von mentalem Streß und Sorgen belastet fühlt, findet es vielleicht sehr wohltuend, sein Gewahrsein zu öffnen und zieht dies einer konzentrierten Ausrichtung des Geistes vor.

Sich öffnen

Eine der Methoden, das Gefühl emotionalen Erstickens zu überwinden, besteht darin, einen hochgelegenen Ort aufzusuchen, wo man eine weite, freie Aussicht hat, etwa die Spitze eines Berges oder eines Gebäudes. Ist der Himmel sehr klar, dann setzen Sie sich mit dem Rücken zur Sonne hin. Konzentrieren Sie sich auf die uferlose Weite des Himmels, ohne die Augen zu bewegen. Atmen Sie langsam aus, und erfahren Sie die Offenheit, Unermeßlichkeit und Leere.

Fühlen Sie, daß das ganze Universum in der unermeßlichen Offenheit eins geworden ist. Denken Sie, daß alle Phänomene – Bäume, Berge und Flüsse – sich spontan in den uferlosen Himmel aufgelöst haben. Auch Ihr Geist und Ihr Körper haben sich dorthin aufgelöst. Alles hat sich verflüchtigt wie Wolken, die vom Himmel verschwinden. Entspannen Sie sich im Gefühl der Offenheit, frei von Abgrenzungen und Beschränkungen. Diese Übung ist nicht nur zur Beruhigung des Geistes geeignet, sondern kann auch eine höhere Realisierung bewirken.

Können Sie nicht einen solchen Ort aufsuchen, dann wählen Sie irgendeinen Fleck, von dem aus Sie eine gute Sicht auf den Himmel haben oder von dem aus Sie den uferlosen Himmel zumindest visualisieren können.

Im Einssein aufgehen

Im Einssein aufgehen bedeutet, mit allem und jedem eins zu sein, was wir erfahren. Manchmal ist es am Anfang hilfreich, das Einssein mit Worten zu umschreiben: beispielsweise, daß es sich so vollzieht, wie wenn man als Schwimmer mit dem unermeßlichen Ozean eins ist. Aber eigentlich sind für die Erfahrung des Einsseins und der Offenheit Worte nicht nötig.

Wir lassen einfach unsere ganze Angestrengtheit los und lösen uns auch von dem notorischen Verlangen, Erfahrungen mit Etiketten wie »gut« oder »schlecht« zu versehen. Wir geben Erwartungen darüber, wie wir uns fühlen sollten oder fühlen möchten, auf und erlauben statt dessen, ganz bei dem Gefühl zu sein oder uns in dieses Gefühl hineinzubegeben. Indem wir mit Erfahrungen oder Gefühlen verschmelzen, kann sich der Erfahrungscharakter ändern. Indem wir uns im jeweiligen Moment einfach so sein lassen, wie wir sind, werden die Mauern, die sich durch unser unterscheidendes Denken und unser fixiertes Empfinden aufgebaut haben, nachgeben oder gänzlich wegfallen. Unser Geist und unser Herz öffnen sich, und unsere Energie fließt. Das ist eine gewaltige Heilung.

Achtsamkeit

Lernen wir, im Augenblick zu leben, so verfügen wir über eine großartige und wirkungsvolle Fertigkeit, die uns bei allem helfen wird, was wir tun. »Jetzt hier sein«, entspannt in das vertieft, was wir jeweils gerade tun – das heißt lebendig und gesund sein. Im Buddhismus wird die voll bewußte Wahrnehmung dessen, was eben jetzt geschieht, Achtsamkeit genannt.

Im Alltagsleben besteht Achtsamkeit in einem hellwachen Geist, der unzerstreut jedes einzelnen Aspekts des momentanen Geschehens und ebenso dessen, was zu tun ist, gewahr ist. In der Medi-

tation besteht Achtsamkeit darin, uns rückhaltlos auf die jeweilige Übung, auf unseren Atmen etwa, einzulassen.
Achtsamkeit besteht darin, der Gegenwart volle Aufmerksamkeit zuzuwenden, ohne sich um der Vergangenheit oder Zukunft willen Sorgen zu machen. So oft handeln wir uns unnötigen Ärger in bezug auf die Zukunft ein, indem wir ständig darüber nachdenken, was uns morgen zustoßen könnte, anstatt uns wirklich mit dem jeweiligen Tag zu befassen.
Im Buddhismus liegt der Nachdruck auf genau dem jetzigen Augenblick. Wir können unseren Geist anleiten, in der Gegenwart zu leben. Dazu müssen wir uns ein totales Aufmerksam-Sein bei dem, was wir jetzt gerade tun, zur festen Gewohnheit machen. Bei jeder einzelnen Handlung sollten wir uns bewußt entschließen, anderweitige Gedanken, Gefühle und Aktivitäten herauszuhalten, und uns ganz dem widmen, was wir gerade tun.
Achtsam sein bedeutet nicht, daß wir in emotionale Angespanntheit geraten oder eine Unmenge von Begriffen mobilisieren, um eingehend zu beobachten, was wir gerade denken oder tun. Im Gegenteil – der Geist ist entspannt und ruhig und wird ohne begriffliche oder emotionale Mühe jedes einzelnen Vorkommnisses deutlich so gewahr, wie es ist. Wenn wir jedoch bemerken, daß unser Geist abschweift, sollten wir uns sanft, aber entschlossen zur Gegenwart und dem, was wir gerade tun, zurückbringen. Dies werden wohl die meisten von uns besonders am Anfang immer wieder tun müssen. Wie Shantideva sagt:

> Prüfe immer wieder
> jeden Aspekt deiner geistigen und physischen Tätigkeiten.
> Dies ist, kurz gefaßt, genau die Methode, Achtsamkeit zu wahren.

Auch wenn wir in Meditation oder spiritueller Schulung unterwiesen werden, brauchen wir Achtsamkeit und Gewahrsein; andernfalls wird der Geist wie ein wildes Tier herumrennen, unfähig, auch nur wenige Augenblicke lang auf eines ausgerichtet oder ruhig gesammelt zu bleiben. Was wird uns dann unsere bloße physische Teilnahme an der Meditation einbringen? Achtsamkeit ist so essentiell wichtig, daß Shantideva inständig bittet:

Ich bitte mit gefalteten Händen
jene, die über ihren Geist wachen wollen:
»Bewahrt bitte Achtsamkeit und Gewahrsein,
selbst wenn es euch das eigne Leben kostet.«

Die Frucht der Achtsamkeit ist der Schutz, den sie in allen Arten von Aufruhr und Bedrängnis bereitstellt. Shantideva führt dazu aus:

Darum werde ich meinen Geist
angemessen im Zaum halten und überwachen.
Welchen Nutzen haben andere Schulungen,
wenn die Schulung, über meinen Geist zu wachen, fehlt?
Befände ich mich inmitten einer zügellosen ungebärdigen
Menge,
dann wär' ich auf der Hut und nähme mich davor in acht,
meine Wunden zu verletzen.
Desgleichen sollte ich, solange ich unter undisziplinierten
Menschen lebe,
meinen Geist davor behüten, daß er seine Wunden verletzt.

Mit Achtsamkeit und Gewahrsein lernen wir, Geduld zu haben oder zu handeln, wie es die jeweilige Sachlage erfordert. Geduld wird dann zu einer Kraft, die Wandlung bewirkt. Shantideva sagt:

Wenn du dich bewegen oder reden möchtest,
so prüfe erst deinen Geist,
und handle dann mit Entschlossenheit auf die rechte Weise.
Wenn du Begierde oder Haß in deinem Geist verspürst,

> so handle oder sprich nicht, sondern verharre wie ein
> Holzklotz.

Das Üben der Achtsamkeit sollte nicht zu Streß führen. Tut es das, dann kann dies ein Zeichen dafür sein, daß wir uns zu sehr anstrengen – daß wir an der »Achtsamkeit« an sich festhalten, daß wir uns ein bißchen entspannen und weniger selbstbefangen sein müssen. Ehrw. W. Rahula schreibt:

> Achtsamkeit oder Gewahrsein bedeutet nicht, daß Sie denken und sich bewußt sein sollten: »Ich tue gerade dies«, oder »Ich tue gerade jenes«. Nein – ganz im Gegenteil. In dem Moment, in dem Sie denken: »Ich tue gerade dies«, werden Sie selbstbefangen, und dann leben Sie nicht in der Handlung, sondern Sie leben in dem Gedanken: »Ich bin«, und infolgedessen wird auch Ihr jeweiliges Werk ruiniert. Sie sollten sich vollständig vergessen und sich in dem verlieren, was Sie tun.

Eingestimmt auf Entspannung und Weite, können wir in einem spontan fließenden Strom der Achtsamkeit und des Gewahrseins leben. Unser Geist wird stetiger werden, statt ständig in zerstreute Gedanken zu zersplittern und blindlings der Vergangenheit oder Zukunft nachzujagen. Nach einiger Zeit wird sich unsere Konzentration verbessern, und es wird uns leichter fallen zu meditieren. Zu lernen, wie man sich am jeweiligen Augenblick erfreut und in ihm ganz gegenwärtig ist, führt zu Offenheit und zeitloser Zeit. Indem wir achtsam sind, finden wir den Frieden in uns.

Erleuchtete Einstellung

Im Mahayana-Buddhismus wird spirituelle Praxis durch Mitgefühl vervollkommnet. Wir sollten die Einstellung entwickeln: »Ich führe diese spirituelle Schulung zum Nutzen, für das Glück, das Wohl und die Erleuchtung aller Wesen durch.« Oder: »Ich schule mich, um aus mir ein Werkzeug zu machen, das sich eignet, den Bedürfnissen aller Wesen zu dienen und sie zufriedenzustellen.« In den Schriften wird dies die erleuchtete Einstellung genannt.

Dieser Vorsatz, unsere Schulung anderen zu widmen, ist eine wirkungsvolle Methode, um unser verschlossenes, eingeschränktes Herz zu öffnen. Er bewirkt eine starke spirituelle Energie – einen Segen – und sät in uns die Saat der Erleuchtung. Wenn wir diesen »Erleuchtungsgeist« entwickeln und aufrechterhalten, dann wird aus allem, was wir tun, wie von selbst eine spirituelle Schulung und ein Mittel zum Wohle aller werden. Auch für eine Person, die nicht religiös ist, wird es sehr hilfreich sein, wenn sie über ihre Verbindung zur Familie, zu Freunden, zum Gemeinwesen und zu allen, wo auch immer befindlichen Menschen nachdenkt, anstatt die Schulung bloß um eigennütziger Ziele willen zu betreiben.

Sich dem Mitgefühl zu öffnen kann schwerfallen, und wir können für negative Emotionen und Einstellungen anfällig sein. Doch der Vorsatz selbst ist wichtig. Indem wir Mitgefühl entwickeln, kann der Strom von Verdienst Tag und Nacht fließen und uns zur vollen Realisierung unseres wahren Wesens führen. Shantideva sagt:

> Genau von dem Zeitpunkt an,
> ab dem du eine solche Einstellung vollkommen entwickelst,
> wird die Kraft der Verdienste unablässig anwachsen,
> selbst wenn du schläfst oder unaufmerksam bist.

Wenn sich eine solche Gesinnung in uns entwickelt hat, sollten wir sie anerkennen und feiern, um ihre Kraft und Stärke in höchstem Maß zu steigern. Shantideva verkündet:

> Heute hat mein Leben Früchte getragen,
> und es ist vollauf zur Essenz des menschlichen Lebens
> gelangt.
> Heute bin ich in der Familie der Buddhas geboren worden,
> und jetzt bin ich einer der Nachkommen der Buddhas.

4
Vertrauen entwickeln

Vertrauen ist unser bester Verbündeter, während wir lernen, unseren Geist zu schulen und unsere Stärke zu erschließen. Wir brauchen Vertrauen zu uns selbst und zu dem Weg, dem wir folgen. Haben wir es nicht, erzielt unser Geist mit seiner halbherzigen Hingabe womöglich nicht einmal ein halbfertiges Resultat. Vielen von uns mangelt es an Selbstvertrauen. Wir fühlen uns mutlos und unerfüllt – zu schwach, um nach einem höheren Ziel zu streben. Mangelndes Selbstvertrauen kann von der psychischen Grundstruktur oder der Erziehung herrühren. Ist unsere psychische Grundstruktur die Ursache, dann kann es schwieriger sein, hier eine Veränderung herbeizuführen; ist es aber unsere Erziehung, die uns in unserem Wachstum gehemmt hat, dann fällt es nicht so schwer, sich zu verändern und zu wachsen.

Häufig verhindert eine von Schuldgefühlen bestimmte Einstellung, daß die heilsame Wirkung der Unterweisungen zum Tragen kommt. Die moderne Zivilisation hat uns viele beachtliche Vorteile gebracht, aber anscheinend fühlen sich viele Menschen, besonders in den von Konkurrenzdenken geprägten Gesellschaften, schuldig oder unwürdig. Manche von uns sagen vielleicht: »Ich verdiene kein Glück, das steht anderen, Glücklicheren zu.« Oder wir sagen: »Bei anderen könnte das schon klappen, aber nicht bei mir.« Oder: »Ich find' es einfach nicht gerecht, Frieden zu erfahren, wo es doch so viele gibt, die kämpfen müssen.«

Machen wir uns ernsthaft Gedanken darüber, ob wir selbstsüchtig sind, dann verdient diese wundervolle Einstellung Lob. Bringen wir anderen mehr Achtung und Besorgtheit entgegen als uns selbst, so entspricht das dem Grundprinzip buddhistischer Praxis; es ist eine Haltung, aus der uns ganz natürlich größere Stärke und

Offenheit erwächst. Aber die meisten dieser Schuldgefühle sind bloß ein Deckmantel für unsere eigene Unsicherheit, eine weitere Form, sich an ein Selbst oder Ich zu klammern, eine Rechtfertigung dafür, daß wir uns keine Mühe geben, unser Leben zum Guten zu verändern. Gefühle des Unwürdigseins und der Widerstand gegen Glück und Frieden sind genauso unvernünftig, wie zu sagen: »Ich möchte nicht essen, weil ich Hunger habe.«

Ein Grund, weshalb uns womöglich Selbstvertrauen fehlt, liegt in der von Konkurrenzdenken geprägten Atmosphäre um uns. Bereits im Kindergarten bauen viele Kinder gewohnheitsmäßig das Gefühl auf, sie seien nicht gut genug, da es in der Klasse jemanden gibt, der besser ist als sie und dafür belohnt wird. Der oder die Beste zu sein – das genießt in unserer modernen Welt allerhöchste Wertschätzung.

Kinder, die von seiten der Erwachsenen mit Maßregelungen und Vorwürfen bombardiert werden, stehen unter großem seelischem Druck und haben starke Schuldgefühle. Viele Eltern machen ihre Kinder dafür verantwortlich, wenn diese irgend etwas nicht zustande bringen, und selbst wenn sie ihre Kinder zu etwas ermutigen, üben sie dadurch möglicherweise Druck aus, es sei denn, sie ermuntern sie aus bedingungsloser Liebe.

Was auch immer die Ursache der Gefühle des Unwürdigseins ist – ein wirkungsvolles Gegenmittel liegt in der klaren Vergegenwärtigung, daß wir unserem wahren Wesen nach vollkommen sind. Sehen wir dies ein, dann werden Vertrauen und Erfüllung ganz spontan in uns entstehen. Es ist entscheidend, daß wir die Bedeutsamkeit dieser Einsicht zumindest auf begrifflicher Ebene erkennen. Hierauf sollten wir, sofern wir über irgendeine positive Qualität in unserem Leben verfügen – und sei sie noch so unbedeutend –, uns selbst darin schulen, diese besonders zu beachten und frohe Genugtuung darüber zu empfinden. Auf ebendiese Weise baut man eine positive Geisteshaltung auf. Wenn wir positive Energie erfahren und akzeptieren, wird sie – auch falls sie aus irgendeinem einfachen Erlebnis erwächst – ein Gefühl der inneren Befriedigung bringen, das uns befähigt, größere Freude und Erfüllung zu entwickeln.

Vor vielen Jahrhunderten wurde ein Tal in Tibet von einer schweren Hungersnot heimgesucht. Ein Vater erkannte, daß er und seine Kinder nicht mehr sehr lange leben würden, da all ihre Nahrung aufgebraucht war. Und so füllte er einige Säcke mit Asche, band sie mit Stricken oben an der Decke fest und sagte seinen kleinen Kindern: »Wir haben eine Menge *Tsampa* in diesen Säcken, aber wir müssen es für die Zukunft aufsparen.« (*Tsampa* ist geröstetes Gerstenmehl, das Grundnahrungsmittel in Tibet.) Der Vater verhungerte, aber die Kinder überlebten, und schließlich trafen ein paar Leute ein, um sie zu retten. Obwohl die Kleinen schwächer waren als ihr Vater, blieben sie am Leben, weil sie glaubten, sie hätten Nahrung. Ihr Vater starb, da er die Hoffnung verloren hatte.

Die Moral der Geschichte ist selbstverständlich die, daß Zuversicht dem Geist und dem Körper gewaltige Stärke verleiht. Doch ihr aktueller Wahrheitsgehalt, der sich auf unser Leben beziehen läßt, ist sogar noch inspirierender als die Einzelheiten der Geschichte. Im Gegensatz zu den *Tsampa*-Säcken ist unsere reine Geistesnatur keine bloße Fiktion, die darauf abzielt, Zuversicht aufzubauen. Sie basiert auf der höchsten Wahrheit.

Es fällt uns möglicherweise nicht leicht, Vertrauen zu uns selbst und den Heilübungen zu entwickeln, denn wir sind von nicht enden wollenden Zweifeln und Befürchtungen erfüllt. Aber wenn wir es fertigbringen, einfach mit unseren üblichen Gewohnheiten zu brechen und uns ganz auf die Schulung einzulassen – selbst wenn wir nur wenig Zeit dafür aufbringen –, werden wir einige wirkliche Vorteile kennenlernen können.

Ohne uns mit unseren Schuldgefühlen aufzuhalten, sollten wir uns einfach der Verbesserung unserer Fähigkeiten und dem Entwickeln von Mitgefühl und Offenheit widmen. Nachdem wir eine Zeitlang geübt haben, werden wir feststellen, daß unsere Ruhe und positive Einstellung gewachsen sind.

Sich die eigenen Fortschritte anschauen

Indem wir unsere Fortschritte erkennen, werden wir spontanes Vertrauen in unsere eigene Fähigkeit setzen. Uns selbst eine Chance zu geben, ohne dabei Zweifeln und Befürchtungen zu erliegen, ist die beste Methode, Selbstvertrauen zu gewinnen.

Nachdem wir eine Zeitlang geübt haben, mag es vorkommen, daß wir uns entmutigt oder erschöpft fühlen, weil wir doch noch so weit vom Ziel unserer spirituellen Reise entfernt sind. In diesem Fall sollten wir uns zurückschauend vor Augen führen, wie wir in jenen Tagen lebten, ehe wir mit der Schulung begannen, und jeden Schritt weiter voran, den wir gemacht haben, feiern. Selbst wenn sich das Gefühl einstellt, daß wir bei unserem Vorankommen einen Schritt rückwärts gemacht haben, können wir das feiern. Rückschritte und Umwege sind Teil der empirischen Trial-and-error-Methode, die es auf den praktischen Versuch ankommen läßt und den Mißerfolg als Bestandteil des Lernprozesses ansieht, und gehören allesamt zum Wachstumsprozeß. Wachstumsschmerzen mögen einem negativ vorkommen, aber wir können sie als positiv ansehen, indem wir uns erinnern: »Ich habe einen Schritt rückwärts gemacht, und der ist Bestandteil der Reise, die mich weiter vorwärts bringt.«

Positiv zu denken ist eine gute spirituelle Übung, und daß sie Sinn macht, liegt auf der Hand. Wenn wir ein Haus bauen und dabei nur an die Riesenarbeit denken, die noch nicht erledigt ist, werden wir uns entmutigt, frustriert und erschöpft fühlen. Denken wir aber mehr daran, wie viel wir bereits erledigt haben, als an all das, was noch getan werden muß, dann werden wir glücklich darüber sein, und das wird uns auch die Energie und Inspiration für die weitere Arbeit geben.

Schauen wir bei einer langen Reise auf unser weit entferntes Ziel, dann sind wir angesichts der scheinbar endlosen Strecke möglicherweise entmutigt. Setzen wir uns jedoch hin, um zu rasten, und wenden den Blick zurück auf die bereits bewältigte Strecke, dann kann die Aussicht sehr befriedigend und ermutigend sein.

Auch geringfügige Fortschritte vergrößern

In jeder Schulung kann reichliche Ermutigung die Ergebnisse vergrößern und uns weiter voranbringen. Das, wozu wir fähig sind, geht dann weit über unsere erste Bemühung hinaus – wie Kapital, das bei einer sehr guten Investition wächst und sich vermehrt, wenn es sehr gut angelegt wird; im Gegensatz zu einem Geldbetrag, der überhaupt nicht investiert wird.

Ganz gleich, wie klein unsere Fortschritte zu sein scheinen – wenn wir sie als etwas Bedeutsames und Wertvolles feiern, wird eine wirkungsvolle Errungenschaft daraus. Erkennen Sie also Ihre positiven Qualitäten und die kleinen Schritte, die Sie unternehmen, an. Sagen Sie sich: »Einfach toll! Da bin ich wirklich gut vorangekommen!« So vergrößern Sie ganz spontan die Fortschritte und setzen die Hindernisse auf ein Minimum herab.

Die Fortschritte zu vergrößern und sich aufrichtig darüber zu freuen stärkt die innere Ruhe und die Befriedigung und gibt uns das geistige Rüstzeug, unsere Probleme beizulegen. Ein Beispiel: Angenommen, aus der Nachbarwohnung kommt großer Lärm, und wir können stundenlang nicht schlafen. Nach einer Weile jedoch wird der Lärm geringer. Würden wir diese Verringerung der Lautstärke anerkennen und uns aufrichtig darüber freuen, statt uns über den noch immer fortdauernden Lärm zu ärgern, so würde uns das beruhigen. Wir wüßten die eingetretene Veränderung zu schätzen und könnten leichter einschlafen.

Dankbare Wertschätzung und Zufriedenheit, die Fähigkeit sich an allen Dingen, großen wie kleinen, aufrichtig zu freuen, ist eine wichtige Übung im Buddhismus. Im *Dharmapada* heißt es:

Gute Gesundheit ist die vortrefflichste Errungenschaft.
Zufriedenheit ist der vortrefflichste Besitz.
Ein gleichgesinnter Freund ist der vortrefflichste Freund.
Nirvana ist das vortrefflichste Glück.

Reine Wahrnehmung

Die Angewohnheit, Dinge als positiv oder negativ anzusehen, wird in unserem Geist erzeugt. Die sich in unserem Geist verkettenden Emotionen – Neigung und Abneigung, Sehnsucht und Haß – bringen immer mehr Schmerz oder Verlangen hervor. Die Methode, unsere gewohnheitsmäßigen Reaktionen umzuwandeln, besteht darin, jeder Situation mit einer positiven Einstellung zu begegnen und die positive Energie tief zu empfinden.
Reine Wahrnehmung bedeutet, alles als rein, vollkommen, friedvoll, erfreulich und erleuchtet anzusehen. In unserem Alltagsleben mag es uns so vorkommen, als seien wir von Schwierigkeiten belastet. Doch aus buddhistischer Sicht sind Schwierigkeiten in ihrem letztendlichen Wesen wie Wellen auf der Oberfläche des Ozeans. Ein Sturm mag die Wellen auf der Oberfläche hin und her werfen, aber der Ozean darunter bleibt ruhig.
Wir können innerhalb einer schwierigen Erfahrung Frieden finden und etwas auch dann als positiv ansehen, wenn es vordergründig offenbar tobt und wütet. Sehen wir etwas als friedvoll an, obwohl es ausgesprochen negativ zu sein scheint, dann sollten wir bewußt das friedvolle Gefühl in unserem Geist anerkennen und in dieser Erfahrung ruhen.
Ob negativ oder positiv – die Wahrnehmung hängt von unserem Geist ab. Sehen wir etwas als positiv an – und sei es auch nur eine einfache Tasse Tee –, dann kann es aufgrund unserer Wahrnehmung zu einem Objekt der Freude werden. Sehen wir dieselbe Tasse Tee als negativ an, dann ist sie unerfreulich.
Statt den Dingen immer unseren gewohnheitsmäßigen Stand-

punkt aufzuzwingen, kann es hilfreich sein, uns darauf zu besinnen, wie viele unterschiedliche Interpretationen die Welt zuläßt. Beim Betrachten eines Baumes zum Beispiel mag ein Arzt darin die Quelle für ein Medikament oder Gift sehen. Ein Händler berechnet womöglich seinen Geldwert, und ein Zimmermann schätzt womöglich seine Nutzbarkeit als Baumaterial ab. Ein Wissenschaftler analysiert womöglich seine chemischen Verbindungen und elektrischen Impulse. Ein Betrunkener sieht womöglich in demselben Baum ein Rad, das sich über seinem Kopf dreht. Eine Dichterin vertieft sich womöglich in seine Schönheit. Ein Christ spricht womöglich ein Gebet zum Lob von Gottes Schöpfung. Ein Buddhist sieht den Baum womöglich als Manifestation des Entstehens in wechselseitiger Abhängigkeit oder als Ausdruck letztendlichen Friedens an.
Das Erweitern unserer Sehweise kann unser Festhalten an einem Selbst lockern und es uns ermöglichen, klar zu erkennen, wie die von uns hervorgebrachten mentalen Fiktionen und Gewohnheiten unser friedvolles Wesen verdunkeln. Tsultrim Lodrö schrieb:

> Indem wir Befreiung erlangen von den Gewohnheiten der drei Verdunkelungen –
> des Körpers, des Geistes und der Gegenstände –
> erscheinen diese als die Buddha-Körper, die Weisheit und die Buddha-Länder.

Wir sollten uns hier darauf besinnen, daß das Ziel buddhistischer Schulung nicht darin besteht, diese Welt um einer besseren Welt oder eines Himmelreichs willen zu verlassen. Wir können Frieden hier in dieser Welt finden, aber weil unser angeborenes friedvolles Wesen so oft verdunkelt wird, taumeln wir wie Verwundete umher, die in den Überlebenskampf verstrickt sind. Reine Wahrnehmung kann uns heilen. Schulen wir unseren Geist, Probleme jeweils als positiv aufzufassen, dann können selbst schwierige Probleme eine Quelle der Freude statt des Leids werden.

Leid kann ein großer Lehrer sein. Enttäuschung kann uns aufwecken. Ist das Leben leicht, dann realisieren wir möglicherweise nie wahren Frieden. Wenn wir aber beispielsweise unser Geld verlieren, kann uns das dazu inspirieren, die Wahrheit herauszufinden. Vielleicht lernen wir dann, uns nicht so sehr um Geld zu sorgen, und wissen, was Frieden und Stärke sind. Manche Menschen, die äußerst arm sind, sind sehr fröhlich. Das zeigt, wie relativ Leid ist, und wie der Geist ungeachtet der jeweiligen äußeren Situation Glück erlangen kann.
Wir sollten uns darauf besinnen, daß unter den Stürmen unserer vordergründigen Sorgen Friede liegt. Wir können unser Leid heilen, indem wir uns auf geschickte Weise mit den Problemen des Lebens befassen. Alles ist vergänglich und verändert sich. Sehen Sie Veränderung nicht als negativ an; betrachten Sie sie vielmehr als etwas Positives, und machen Sie sie sich zunutze. Das, was vergänglich ist, ermöglicht uns aufgrund seines veränderlichen Wesens, unser Leben zu verbessern – wir brauchen nur zu wollen.
Sogar die schwierigsten Probleme, wie etwa schwere Krankheit oder der Verfall des Körpers im Alterungsprozeß, lassen sich positiv betrachten. Wir neigen dazu, das »Selbst« oder »Ich« als dauerhaft anzusehen, aber in Wirklichkeit ist das Ich mit all seinen Sehnsüchten und Anhaftungen nichts Festes oder Substantielles. Wenn der Schmerz sich einstellt, zerbröckeln all unsere Illusionen und werden wie eine Sandburg weggerissen, die mit der ersten großen Welle ins Meer hinausgespült wird. Familie, Haus, Karriere, all die Dinge des Lebens, an die man so sein Herz hängt, werden eines Tages verschwinden.
Aber wir können sogar die extremsten Momente – wenn der Körper an einer verheerenden Krankheit leidet oder wenn der Tod herannaht – als erfreuliche und positive Gelegenheiten ansehen. Ebendann erkennen wir möglicherweise die Wahrheit über das Loslassen des Selbst.
Jigme Gyalwe Nyugu berichtet von einer Wallfahrt, die er in

jungen Jahren mit seinem Lehrer und Dharma-Bruder, dem ersten Dodrupchen Rinpoche, machte. Dabei durchwanderten sie ein Niemandsland im Gebiet Yadrog von Zentraltibet. Hier wurde sein Lehrer sehr krank, blieb aber ausgesprochen heiter und gutgelaunt. Jigme Gyalwe Nyugu schreibt:

> Als wir, Lehrer und Schüler, das Yadrog-Tal hinunterzogen, erkrankte der Leitende Lama Dodrupchen schwer an einer Unausgewogenheit des Luft-Elements und an Rheumatismus. Er litt ständig schauderhafte Schmerzen und wurde so schwach, daß er dem Tode nahe war. Bis auf ein Stück verdorbenes Tierfett und einen Topf Öl hatten wir kaum etwas zu essen. Wir hatten nicht einmal einen Löffel voll *Tsampa*. Wir tranken schwarzen Tee.
>
> Nachdem er sich hingesetzt hatte, um auszuruhen, mußte ich ihm, damit er wieder aufstehen konnte, jedesmal helfen: Ich zog ihn beidhändig mit voller Kraft hoch. Obwohl er physisch in Lebensgefahr schwebte, war er nicht niedergeschlagen; vielmehr sagte er bei einer solchen Gelegenheit: »Oh – heute hab' ich die Möglichkeit, bei der Ausübung des Dharma ein bißchen strenger vorzugehen, indem ich auf meinen sterblichen, ungezügelten Körper und meinen schmerzenden, gierigen Geist Druck ausübe. Ich erlange die Essenz für mein kostbares Menschenleben. ... Es gibt keinen Zweifel, daß die harten Erfahrungen, die ich durchmache, die glückverheißenden Früchte sind, die aus meiner Vergangenheit hervorgehen. Sie wurden durch das Ansammeln von Verdiensten und die Läuterung von Verdunkelungen in meinen zahlreichen früheren Leben hervorgebracht.« Er war von großer Freude durchdrungen.
>
> Auch ich freute mich und dachte: »Es ist wunderbar, daß dieser hochgestellte Lama in die Tat umsetzt, was der Buddha gelehrt hat:

›Fahrt immer darin fort, den Dharma zu üben,
selbst um den Preis, dabei eine Flammenwand
und eine Fläche aus Rasiermessern durchqueren zu müssen.‹«

Ich weinte auch viel, wenn der Lama gerade einmal nicht hersah, und dachte: »Dieser heilige Mann wird an diesem Ort sterben, wo kein anderes menschliches Wesen ihn sterben sieht oder hört.«

Wir können durch Meditation und Schulung lernen, unser Festhalten zu lockern. Dann werden wir physische Probleme, die uns einmal äußerst lästig waren, als weniger schlimm empfinden; oder sie werden sogar ganz verschwinden.
Wir alle wissen, daß manche Menschen Schmerz leichter ertragen können als andere. Manche Menschen brauchen kein Novocain, wenn der Zahnarzt an ihren Zähnen herumbohrt, während andere schon bevor sie zum Zahnarzt gehen, Schmerz zu verspüren beginnen.
Wir reden hier nicht von Masochismus, dem Streben nach Schmerz um des Schmerzes willen. Vielmehr ist es unser Ziel, eine Haltung zu entwickeln, die die Einwirkung von Leid und Schmerz verändern kann. Wenn wir klopfende, heftige Zahnschmerzen haben und nicht sofort den Zahnarzt aufsuchen können, könnten wir probieren, uns von unserer inneren Wahrnehmung, der pulsierende Schmerz sei negativ, zu lösen. Indem wir uns über den Schmerz nicht so viele Gedanken machen oder beunruhigen, nehmen wir ihn als weniger stark wahr.
Reine Wahrnehmung von Schmerz und Leid bedeutet, daß wir den Schmerz tatsächlich als positive und inspirierende Gelegenheit begrüßen, uns im Loslassen des Selbst zu üben. Auf einer sehr hohen Verständnis- und Verwirklichungsebene ist es nicht nur möglich, Leiden als positiv zu begreifen, sondern auch alles unmittelbar als erfreulich zu empfinden – alles innerhalb eines Erfahrungsspielraums, der von alltäglichen Vergnügen bis zu dem

reicht, was die meisten Menschen negativ als physischen Schmerz einstufen würden.

Wer die Vollkommenheit erreicht hat, alles als beseligend zu erleben, wird innerlich friedvoll sein, selbst wenn er oder sie dem physischen Erscheinungsbild nach möglicherweise schwach oder verletzt ist oder zusehends verfällt. Tsele Natshog Rangtröl sagt über den großen Lama Zhang Rinpoche, einen überragenden Meister aus der Kagyü-Schule:

> Als Zhang Rinpoche den »Weg der kunstvollen Mittel« vollendet und die Erfahrungen vervollkommnet hatte, bewirkten solche Erfahrungen wie etwa, daß seine Füße von Dornen durchbohrt wurden oder er eine Verletzung erlitt, indem er mit dem Kopf gegen einen Felsen stieß, allesamt in ihm die spontan entstandene Vereinigung von Glückseligkeit und Offenheit.

Bei den meisten von uns wird die Schulung in der reinen Wahrnehmung Zeit und Geduld erfordern. Aber auch wenn wir die Übung nicht auf der höchsten Stufe in die Tat umsetzen, wird eine positive Einstellung unser Leben verbessern und es uns ermöglichen, uns mit allen Arten von Problemen gelassener und effektiver zu befassen.

Es ist allerdings notwendig, daß wir innerlich aufgeschlossen sind für die Vorzüge dieser Praxis, bevor wir in deren Genuß kommen können. Viele von uns halten es nicht für realistisch, alles in unserem Leben als positiv zu betrachten. Wir sagen: »Das ist nicht ehrlich, das Leben ist nicht so.« Oder: »Ich bin nicht stark oder gut genug, um so zu empfinden.« Oder: »Manche Situationen sind einfach zu schrecklich.«

Man muß hier mehrere Punkte bedenken. Beherzigen Sie als erstes: Das Hauptproblem liegt darin, daß wir beharrlich Erfahrungen, die dem Wesen nach wirklich offen sind, begriffliche Festlegungen aufzwingen. Nacht und Tag sind weder gut noch

schlecht, aber wenn wir beschließen, nur den Tag zu wollen und die Nacht zu verabscheuen, dann wird die Nacht abscheulich.
Zweitens brauchen wir uns nicht nachhaltig mit unseren Schwierigkeiten und negativen Erfahrungen zu identifizieren. Wir sind im Innersten wirklich friedvoll und vollkommen, mag unsere wahre Natur auch umwölkt sein. Wir sollten Wohlgefallen empfinden, uns selbst und anderen gegenüber, und mit uns selbst glücklich sein, so wie wir sind.
Schließlich sollten wir wissen, daß es wirklich möglich ist, unser Leben und unsere Grundhaltung zu verbessern, Glück und Frieden zu finden und den Schritt vom Negativen zum Positiven vorzunehmen. Dies können wir auf vielerlei Art tun – verstandesmäßig, emotional und spirituell. Jegliche Erfahrung kann uns auf dem Weg der Heilung weiterhelfen.
Im Buddhismus ist ein Bodhisattva ein erleuchtetes Wesen, das lebt, um in dieser Welt mit all ihren Freuden und all ihrem Kummer anderen zu helfen. Der große Bodhisattva Manjushri unterrichtete einmal in Gegenwart des Buddha einen anderen Schüler darüber, wie jede Situation die Heilungskraft in unserem Geist inspirieren kann. Und folgendes sagt Manjushri im *Avatamsaka-Sutra*:

> Wenn ein Bodhisattva Menschen sieht, die mannigfache Liebe genießen, sollte er denken: »Mögen alle Wesen dem Dharma gegenüber von mannigfacher Liebe und Hingabe durchdrungen sein.« Wenn der Bodhisattva Menschen sieht, die mannigfache Abneigung hegen, sollte er denken: »Mögen alle Wesen sämtlichen bedingt existierenden Phänomenen gegenüber das Gefühl der Abneigung verspüren, so daß sie nach Befreiung streben werden.« Wenn ein Bodhisattva Wesen sieht, die Glück genießen, sollte er denken: »Mögen alle Wesen überaus glücklich sein, indem ihnen die große Freudenfülle der Buddhaschaft zuteil wird.« Wenn ein Bodhisattva Wesen sieht, die Leid erdulden, sollte er denken: »Mögen die Leiden

aller Wesen dadurch befriedet werden, daß die Wurzel der Weisheit in ihnen gepflanzt wird.«

Beharrlichkeit und eifriges Streben

Sind wir akut mit Problemen konfrontiert, suchen wir so schnell wie möglich nach Lösungen. Aber sobald diese Probleme abgenommen haben, vernachlässigen wir die disziplinierte Schulung, die zur Stärkung und für den Erhalt unserer Heilenergien notwendig ist. Wenn unsere Probleme dann wieder auftauchen, geben wir den Übungen die Schuld und sagen: »Jetzt führ' ich sie schon so viele Jahre durch, und doch hab' ich noch immer dieselben Probleme.« Der Fehler liegt nicht bei den Übungen, sondern bei der Person, die davon abgekommen ist, von der Schulung im Heilen und deren Vorzügen Gebrauch zu machen.

Hat man einen jungen Hund einmal dressiert, nicht auf den Tisch zu springen, sollte man beharrlich dabei bleiben, ihn niemals auf den Tisch zu lassen. Andernfalls kommt er durcheinander, und sein durch Schulung erworbenes Verhalten ist bald wieder verlernt. Wir sollten also alle positiven Verhaltensformen beibehalten, die wir uns durch irgendeine Schulung angeeignet haben, geradeso wie wir jeden Monat Versicherungsbeiträge zahlen, um den Schutz im Krankheitsfall und den Lebensunterhalt im Alter sicherzustellen.

Heilung wird sich nur dadurch einstellen, daß wir uns anstrengen und unsere Lebensenergie beharrlich der Übungspraxis widmen. Selbst wenn wir jahrelang zurückgezogen üben, dann jedoch den Fortgang der Schulung ein paar Monate lang unterbrechen, könnten wir uns unversehens dort wiederfinden, wo wir dereinst begannen.

Haben wir einmal einen wirklichen Durchbruch erzielt, dann wird, wenn wir weiterhin beharrlich üben – und sei es auch nicht länger als nur ein paar Minuten am Tag –, unsere innere Unbeirrbarkeit nicht verschwinden, sondern sich kontinuierlich verstärken.

Auch wenn wir keine hochintelligenten Schüler sind oder jemand, der durch Meditation weise geworden ist, können wir durch beharrliches Üben schnellere Fortschritte machen als jene, die für sich beanspruchen, Gelehrte und Verbreiter der Weisheit zu sein. Einen Ausspruch von Jigme Lingpa zitierend, dem Begründer der Longchen-Nyingthig-Überlieferung des tibetischen Buddhismus, schreibt Paltrül Rinpoche:

> Bei jemandem, dem es an Eifer mangelt,
> werden weder Intelligenz, Macht, Reichtum oder Stärke
> etwas fruchten.
> Er gleicht einem Kapitän, der ein Schiff hat, aber kein Segel.

Ein tibetisches Sprichwort lautet:

> Gelehrte enden mit leeren Händen in ihren Achselhöhlen,
> während engagierte Menschen sogar Herausforderungen wie
> den Weltenberg Sumeru zu Staub zerschmettern.

Sind wir eifrig, dann können wir unser Ziel erreichen, selbst wenn wir geistig unbedarft sind. Damit verhält es sich wie mit der Geschichte von Lamchungpa, aus dem einer der berühmten buddhistischen Weisen wurde, die man als die Sechzehn Arhats kennt. Einfach dadurch, daß er die Sandalen anderer Mönche putzte, war er fähig, die Unterweisungen des »in die Glückseligkeit Gegangenen«, des Buddha, zu verstehen. Es gibt eine Nacherzählung der Geschichte vom Ersten Dalai Lama:

> Lamchungpas Geist war sehr schwerfällig. Viele Schüler des Buddha gaben den Versuch auf, ihn zu unterweisen. Da beauftragte ihn der Buddha, die Sandalen der Mönche zu putzen und

dabei zwei Sätze zu wiederholen, die Lamchungpa sich nur sehr schwer einprägen konnte: »Der Staub ist abgeputzt. Die Befleckungen sind abgeputzt.« Lange Zeit verrichtete er so seine Arbeit. Dabei kam ihm eines Tages ein Gedanke in den Sinn: »Ach, was hat der Buddha mit dem ›Staub-Abputzen‹ und dem ›Befleckungen-Abputzen‹ gemeint? Den Staub und die Befleckungen des Innersten [Geistes] oder der äußeren Dinge [Sandalen]?« In diesem Augenblick kamen ihm drei neue Strophen in den Sinn:

Dies ist nicht der Staub der Erde, sondern der Begierde.
Staub ist der Name der Begierde und nicht des Staubs der Erde.
Verständige, die den Staub gründlich entfernt haben,
gewahren den Kern in der Lehre des in die Glückseligkeit Gegangenen.

Dies ist nicht der Staub der Erde, sondern des Hasses.
Staub ist der Name des Hasses und nicht des Staubs der Erde.
Verständige, die den Staub gründlich entfernt haben,
gewahren den Kern in der Lehre des in die Glückseligkeit Gegangenen.

Dies ist nicht der Staub der Erde, sondern der Unwissenheit.
Staub ist der Name der Unwissenheit und nicht des Staubs der Erde.
Verständige, die den Staub gründlich entfernt haben,
gewahren den Kern in der Lehre des in die Glückseligkeit Gegangenen.

Dann dachte er eifrig über die Bedeutung dieser Verse nach und erreichte bald darauf die geistige Verwirklichung eines Arhats, jenen Zustand, in dem emotionale und mentale Beschwernisse restlos beseitigt sind.

Ausgeglichenheit hat für die Meditation wie auch für das tägliche Leben grundlegende Bedeutung. Ist man zu energisch und draufgängerisch, so ruft dies nur Starrheit, Streß, Paranoia und Schmerz hervor. Ist man zu lasch oder träge, so führt dies zu Tagträumen, Verblendungen und einem Mangel an innerer Ausrichtung und Stärke. Damit wir lernen, wie man meditiert, rät uns Paltrül Rinpoche, der folgenden Geschichte aus den Sutras Beachtung zu schenken:

> Ananda, der wichtigste Schüler des Buddha, brachte Shravana bei, wie man meditiert. Shravana war jedoch nicht fähig, in der rechten Weise zu meditieren, weil sein Geist bisweilen zu angespannt und zu anderen Zeiten wieder zu gelöst war. Man trug diesen Fall dem Buddha vor. Der fragte Shravana:
> »Herr, als Ihr noch zu Hause lebtet, konntet Ihr da gut Gitarre spielen?«
> Er sagte: »Ja, durchaus.«
> Der Buddha fragte: »Kommt der Klang der Gitarre von straffen oder losen Saiten?«
> Er antwortete: »Weder noch, Herr. Er wird von ausgewogen gespannten Saiten erzeugt.«
> Darauf sagte der Buddha: »Genau das braucht auch Euer Geist.«
> Shravana erreichte dann die volle Verwirklichung seiner Schulung, indem er in ausgewogener Weise meditierte.

In der Meditation widmen wir dem Meditieren unsere volle Aufmerksamkeit und Energie, und dies erfordert ein gewisses Bemühen. Aber wir sollten dabei keine Anstrengung empfinden, und insofern erfolgt Meditation mühelos. Wie die Gitarrensaiten sind wir straff, aber entspannt – mit anderen Worten: hellwach, aber unangestrengt. Sind wir träge, wird unser Geist nicht stetig und ruhig. Mühen wir uns angestrengt ab, dann verbrauchen wir Energie und landen beim Festhalten. Machig Labdrön, die berühmteste Meisterin Tibets, zitierend, schreibt Paltrül Rinpoche:

> Das Entscheidende an der meditativen Sicht ist,
> straff und entspannt zu sein.

Flexibilität ist der Schlüssel, um die Ausgeglichenheit des Geistes in Alltagssituationen aufrechterhalten zu können. Atisha, einer der größten indischen buddhistischen Meister des 10. Jahrhunderts, schrieb:

> Jedesmal, wenn dein Geist hochmütig ist,
> ist es erforderlich, daß du deinen Stolz zunichte machst,
> indem du dich auf die Unterweisungen des Lehrers besinnst.
> Jedesmal, wenn dein Geist kleinmütig ist,
> bedarfst du dringend der Inspiration.
> Jedesmal, wenn du dich Objekten der Begierde oder des Hasses gegenübersiehst,
> solltest du sie als Trugbilder und Gespenster betrachten.
> Jedesmal, wenn du unerfreuliche Dinge hörst,
> solltest du sie als Echos betrachten.
> Jedesmal, wenn deinem Körper Schaden widerfährt,
> solltest du dies als das Ergebnis deines Karma akzeptieren.

Wie ein Eiskunstläufer, der sich auch dann im Gleichgewicht befindet, wenn er sich gerade dreht und erstaunliche Kunststücke auf dem Eis vollführt, müssen wir unseres Mittelpunkts innesein. Wenn wir in Extreme verfallen, verlieren wir unseren friedvollen Mittelpunkt aus den Augen und geraten aus dem Gleichgewicht. Beispielsweise brauchen wir in unseren Beziehungen zu anderen Menschen Freundschaft und Unterstützung, und ebenso dringend brauchen wir unsere Unabhängigkeit.

Darin, wie wir unsere Beziehung zu anderen gestalten, verfallen wir leicht in Extreme. Manche Eltern ersticken ihre Kinder regelrecht in wechselseitigen Abhängigkeitsbeziehungen. Andere Eltern fürchten sich womöglich vor emotionaler Nähe und geben ihren Kindern nicht genügend Rückhalt. Freilich sollte jeder auf eigenen Füßen stehen können. Aber im allgemeinen ist hier enge Vertrautheit miteinander förderlich und ermöglicht es den Kindern – und den Eltern –, emotional zu wachsen. Eltern sollten mit ihren Kindern reden, an ihren Spielen und ihrem Leben teilnehmen und ihnen ihre innigen Gefühle der Liebe zeigen; und zugleich sollten sie ihnen erlauben, als unabhängige Menschen aufzuwachsen. Diese Art von Ausgewogenheit brauchen wir.

Viele Herangewachsene geben ihren Eltern die Schuld an emotionalen Problemen oder rebellieren gegen jegliche Autorität. Gewiß müssen wir uns über unsere Vergangenheit klarwerden, doch Schuldzuweisungen bringen keine Freiheit. Bleiben wir auf Groll und Wut fixiert, kann es passieren, daß wir damit Gifte in uns aufbauen und uns so an sie klammern, daß es uns schadet. Heilung ist hier die richtige Antwort: Bilden Sie sich ein klares Urteil über die Vergangenheit, vergeben Sie dann, und lassen Sie los. So findet man Frieden.

Übersteigertes Unabhängigkeitsdenken, die Angst davor, sich auf andere zu verlassen, kann unser emotionales und spirituelles Wachstum hemmen. Manche Menschen wollen sich einzig und allein auf sich selbst verlassen. Aber indem sie zu stolz oder zu ängstlich sind, bringen sie sich um den Nutzen ihrer spirituellen Schulung. Sie bezweifeln, daß ein Lehrer oder spezielle Unterweisungen ihnen helfen können, und ihre Zweifel verhindern die Heilung. Vollkommene Befreiung aus der Abhängigkeit von anderen ist möglich; doch der Versuch, in vollkommener Unabhängigkeit zu erkennen, wie man mit Problemen fertig wird, geht bei den meisten von uns fehl.

Wir brauchen anderer Leute Hilfe, um uns im Leben weniger abstrampeln zu müssen. Unterstützung durch die Familie, Freunde und durch die Gemeinschaft ist sehr positiv. Gleichzeitig aber sollten wir bei unseren Bemühungen, emotional und spirituell zu wachsen, gemäß unserem eigenen Tempo und unseren eigenen Fähigkeiten vorgehen, und nicht nach dem Fahrplan von jemand anderem. Schließlich können wir in jeder Lage Ausgeglichenheit finden, wenn wir ruhig und gelöst sind.

Empfindung

Wenn man uns eine inspirierende Geschichte erzählt, dann erwächst uns Inspiration nicht daraus, daß wir die Geschichte hören, sondern daß wir sie *empfinden*. Entsprechend treten wir zu allem, was für uns zur Quelle der Heilung werden könnte, am wirkungsvollsten dadurch in Verbindung, daß wir ein zur Heilung geeignetes Objekt als ein solches nicht bloß *sehen* oder wahrnehmen, sondern mit unserem ganzen Sein *empfinden*.

Die Methode, die Heilübungen zu praktizieren, besteht darin, daß Sie sich in ihrem Herzen zentrieren – in Ihren positiven Empfindungen. Denken Sie nicht bloß, sondern empfinden Sie auch. Es trifft zwar zu, daß die höchste Stufe dessen, was sich spirituell erreichen läßt, jenseits eingeschränkter dualistischer Wahrnehmungen liegt – jenseits von Subjekt und Objekt, jenseits von positiv und negativ, jenseits von einem »Ich«, das ein Bild visualisiert. Doch für Menschen wie uns, die mit Schmerz und Erregung kämpfen, besteht das unmittelbare, angemessene Ziel in dem Versuch, negative Ansichten in positive zu verwandeln, unsere leidvollen Empfindungen zu heilen und aus tiefstem Herzen wohltuende Freude zu empfinden.

Mit dem ganzen Körper und Geist sehen oder empfinden

Beim Üben werden wir, besonders am Anfang, unsere Energien naturgemäß in einer bestimmten Region lokalisieren, indem wir ein visualisiertes Bild mit unseren Augen anschauen oder über ein Objekt mit unserem Kopf nachdenken oder etwas mit unserem Herzen empfinden.

Für manche Übungsformen ist diese Vorgehensweise hilfreich. Sie kann jedoch bisweilen Schwierigkeiten bereiten, wenn man sie mit zu großer Intensität oder Anspannung anwendet, nämlich so, daß dabei die Energie nur auf einen bestimmten Körperbereich begrenzt wird.

Beispielsweise sammeln wir womöglich zu viel Energie in unseren Augen, wenn wir visualisieren, oder wir konzentrieren die Empfindung zu intensiv in der Herzgegend. In Tibet wird dies von der »Luft« oder Energie her begründet, die jeweils zu dem Teil des Körpers fließt, auf den sich der Geist konzentriert. Zu viel Energie in einer bestimmten Region kann belastende Anspannung und sogar Krankheit verursachen.

Die Lösung besteht darin, daß wir uns einfach entspannen und unserer Konzentration mit unserem ganzen Sein, doch unangestrengt die volle Aufmerksamkeit zuwenden. Auf diese Weise sehen und empfinden wir mit unserem ganzen Körper, und die Energie wird so vergrößert, nicht regional eingeengt. Wenn Sie im Alltagsleben zu angestrengt auf einen Computerbildschirm starren, bekommen Sie womöglich Kopfweh, es sei denn, Sie sehen etwas entspannter hin. In ähnlicher Weise können Sänger ihre Stimmbänder überstrapazieren, wenn sie nicht lernen, sich zu entspannen und den Ton mit ihrer Atmung aus der Bauchgegend heraufzubringen. Wird die Meditation zur Strapaze, dann ist das ein Zeichen dafür, daß man kürzertreten und den Geist und Körper in dieser Phase entspannt meditieren lassen soll.

Die Kraft der Verschwiegenheit

Oft wird spirituelle Schulung wirksamer, wenn sie als geheime Unterweisung gegeben, als geheimer Schatz gehütet und insgeheim geübt wird, ohne daß man sich jemandem anvertraut außer dem Lehrer. Das letztendliche Ziel der Unterweisung besteht darin, uns zu öffnen, und nicht darin, daß wir uns in Zurückgezogenheit ausgrenzen oder isolieren. Doch besonders am Anfang müssen wir unsere Energie und Konzentration sammeln. Verschwiegenheit kann uns dabei helfen.

Benutzen wir das, was wir lernen, für ein Geplauder am Mittagstisch oder für kommerzielle Zwecke, als Mittel für weltliche Ziele, dann riskieren wir, daß wir unsere Energie und Inspiration zerstreuen. Wenn wir die Schulung geheimhalten, entwickelt sich wirkungsvoller konzentrierte Energie, geradeso wie ein Motor elementare Antriebskraft freisetzt, die ausreicht, um eine Rakete über das Gravitationsfeld der Erde hinauszubefördern, weil der Brennstoff unter großem Druck gehalten wird und nicht unkontrolliert entweichen kann.

Die eigenen Stärken und Schwächen kennen

Jeder von uns ist anders, mit individuellem Temperament und besonderen Geisteseigenschaften ausgestattet, aber wir können alle Frieden finden. Wie Shantideva sagt:

> Beim Anblick ihres eigenen Bluts werden manche kühner
> und stärker.
> Manche verlieren schon das Bewußtsein und fallen in
> Ohnmacht,
> wenn sie das Blut anderer sehen.

Diese Reaktionen sind auf die Stärke
oder die Feigheit des Geistes zurückzuführen.
Laß darum, indem du Problemen keine Beachtung schenkst,
deinen Geist für Leiden unüberwindlich werden.

Wir alle sind in unserem wahren Wesen vollkommen, und das ist unsere große Stärke. Nachdem wir dies eingesehen haben, sollten wir auf unsere individuellen Stärken bauen und unsere Schwächen heilen.

Es fällt uns bisweilen schwer, uns unsere Schwächen einzugestehen. Manche von uns haben ein Herz aus Stein und sind überheblich. Manche sind über alles und jedes verärgert und absolut negativ eingestellt. Manche befinden sich in einem Geld- und Machtrausch, und die Erfüllung ihrer eigenen Wünsche und abenteuerlichen Ideen ist das einzige, worum es ihnen geht. Falls irgendeines dieser Gebrechen auf uns zutrifft, bedarf unser derbes, hartes Ich einer Milderung, und wir müssen ein Gleichgewicht finden. Meditationen über das viele Unglück, die Schattenseiten und die Probleme dieser Welt können unseren Geist öffnen.

Leider sind wir, wenn wir stolz und halsstarrig sind, selbst unser schlimmster Feind, denn es wird uns dann schwerfallen, unsere Probleme auch nur zu sehen. Darum ist das Erkennen unserer Fehler der entscheidende erste Schritt.

Dann gibt es unter uns jene, die deprimiert, schwach, verwirrt oder sogar selbstmordgefährdet sind. Haben wir kein Vertrauen zu irgend etwas, dann ist es besser, inspirierende Übungen, etwa in andachtsvoller Hingebung, positiver Einstellung, reiner Wahrnehmung, Mitgefühl und Liebe ins Auge zu fassen. Wir sollten Sorgen und Zweifel loslassen und an uns selbst und die Kraft der Unterweisungen glauben.

Um uns selbst zu erkennen, kann es sehr hilfreich sein, wenn wir uns bei einem Lehrer oder erfahrenen Ratgeber Rat holen. Wir brauchen wirklich nicht alles alleine zu machen; wir können es als Geschenk annehmen, daß uns Freunde und andere Menschen fürsorglich und erzieherisch beistehen. Gleichzeitig gilt allerdings: Die letztendliche Heilung liegt in uns begründet. In unserem Innersten können wir die Antworten finden, die wir brauchen. Die über die Jahrhunderte hinweg überlieferten Unterweisungen stellen die Wegweiser bereit. Uns ernstlich auf sie auszurichten und einzulassen erfordert Wärme und Kreativität.

5
Wie man mit Problemen zurechtkommt

Wir haben bereits gesehen, wie Probleme durch das Festhalten an einem Selbst oder Ich verursacht werden, und daß wir sie erträglicher machen können, indem wir Einstellungen und Fertigkeiten entwickeln, dieses Festhalten zu lockern. Richten wir jetzt unser Augenmerk noch eingehender auf einige praktische Techniken beim Umgang mit Problemen.

Vermeidung

Für gewöhnlich setzen wir uns mit Problemen aktiv auseinander, um Abhilfe zu schaffen – aber nicht immer. Manchmal besteht die beste Vorgehensweise in der Vermeidung. Ist Ihr Problem zum Beispiel unerheblich oder vorübergehend – also nicht eine tief verwurzelte Gewohnheit oder eine Empfindung heftigen Schmerzes –, dann besteht die hinreichende und zweckmäßige Lösung darin, es nicht weiter zu beachten. Es ist nicht erforderlich oder der Mühe wert, solchen Problemen viel Energie zu opfern. Wenn wir sie nicht beachten, werden diese Probleme verschwinden.

Bei anderen Gelegenheiten müssen wir vielleicht Problemen aus dem Weg gehen, weil wir nicht gewappnet sind, uns mit ihnen aktiv auseinanderzusetzen – wie ein Soldat, der sich vor der Schlacht eine Weile zurückziehen oder ausruhen muß. Ist das Problem für Sie innerlich noch zu stark, zu deutlich und zu akut, dann fehlt Ihnen möglicherweise die Kraft, sich aktiv damit auseinanderzusetzen oder direkt eine Übung anzuwenden, um es beizulegen. Sich zu früh damit auseinanderzusetzen – das könnte den Schmerz entfachen und das Problem unnötig schwierig machen. In diesem Fall wird der richtige Weg, mit ihm umzugehen, darin bestehen, daß man – zumindest zum gegenwärtigen Zeitpunkt – vermeidet, über es nachzudenken. Wenn Sie dann später Ihre Gemütsruhe und mentale Stärke wiedergewonnen haben, sollten Sie versuchen, das Problem zu lösen oder sich von ihm durch Meditation zu befreien.

Doch für jene unter uns, deren Geist robust und ungestüm ist, wird es hilfreich sein, das eigene Problem nicht nur zu erkennen, sondern auch den Schmerz tief innerlich zu empfinden und zu erleben. Ist unsere Wesensart so, daß wir fast immer das Gefühl haben, wir hätten recht und andere Menschen unrecht, dann kann unser Stolz uns blind machen für unsere Probleme. Wenn Sie sich daher unmittelbar mit dem Schmerz auseinandersetzen, statt ihm auszuweichen, so kann Sie dies zutiefst berühren, wieder zur Besinnung bringen und Ihr Augenmerk in die richtige Richtung lenken.

Manchmal ist Vermeidung die beste Art und Weise, mit vergangenen Kränkungen umzugehen. Ist noch ein Rest an Schmerz in Ihnen verblieben, dann verringert sich die Wirkung möglicherweise, wenn auf die negative eine starke positive Erfahrung folgt. In diesem Fall kann das Problem vielleicht halbwegs neutralisiert werden. Und dann ist es wahrscheinlich das beste, einfach weitere positive Erfahrungen zu machen, statt das Problem wieder neu aufkommen zu lassen.

Erkennen und akzeptieren

Manchmal können wir ein Problem einfach kurz in Augenschein nehmen, es dabei mit einem Blick als unwichtig abtun und mit unserem Leben weitermachen. Anderen Problemen jedoch muß man sich rückhaltlos stellen, sofern man ihnen abhelfen will.

Genau dazu sind die Heilübungen da. Aber vor der Heilung kommt als erster Schritt das Erkennen und Akzeptieren.
Viele Menschen versuchen, große Probleme beiseite zu schieben oder verdrängen sie. Wie wir wissen, verschlimmert sich ein Problem, wenn wir daran festhalten, und das Verdrängen hat dieselbe Wirkung. Es ist eine andere Form des Anhaftens an einem »Selbst«, weil wir das Problem als etwas abstempeln, das es um jeden Preis zu vermeiden gilt. Solange wir uns an diese negative Auffassung klammern, engen wir unser wahres Wesen ein, indem wir versuchen, das wegzuschieben, was wir nicht wollen. Versucht man, Probleme beiseite zu schieben, die heilend bewältigt werden müssen, dann schafft man sie dadurch möglicherweise eine Zeitlang aus dem Blickfeld, aber zu unserem Entsetzen tauchen sie anschließend oft in schwerwiegenderer oder bösartigerer Form erneut auf.
Wenn wir das Problem nicht eindeutig identifizieren, sondern versuchen, es zuzudecken, dann ist das so, als versuchte man mit geschlossenen Augen einen chirurgischen Eingriff durchzuführen. Um ein Gegenmittel zu finden, müssen wir das Problem als das, was es ist, klar erkennen und akzeptieren.
Gleichzeitig brauchen wir unser Problem, auch wenn es anscheinend ernst ist, nicht zu komplizieren, indem wir die Schwierigkeiten in unserem Geist vergrößern. Selbst wenn uns unsere Emotionen durcheinandergebracht haben, können wir unseren Verstand benutzen, um uns zu sagen, daß wir uns mit dem Problem befassen können. Wir können uns daran erinnern, daß andere Menschen sich mit Problemen wie den unseren erfolgreich auseinandergesetzt haben. Womöglich wäre es noch sinnvoller, uns darauf zu besinnen, daß wir über enorme innere Weisheit, Stärke und Widerstandskraft verfügen, selbst wenn wir dies aufgrund unserer vordergründigen Beschwerden nicht immer spüren oder wissen. Verhalten wir uns angesichts unserer Probleme übertrieben empfindlich und emotional, dann wird das Rad des Leidens sich nur noch schneller drehen. Shantideva schreibt:

Hitze, Kälte, Regen, Wind und Krankheit,
äußere Zwänge, Niederlagen und so fort –
darauf solltest du nicht empfindlich reagieren.
Denn wenn du's tust, werden die Probleme, die
sie bereiten, zunehmen.

Nachdem wir ein Problem klar erkannt haben, müssen wir bereit sein, alles Erforderliche zu tun, um es zu beheben. Wir sollten den unbändigen Wunsch verspüren, unser Leben zu verbessern, und die Überzeugung, dies auch zu können. Manche Menschen klammern sich unbewußt oder sogar bewußt an ihre Probleme. Manche sagen: »Ich mag, wenn's drunter und drüber geht; das gibt dem Leben Würze.« Doch damit meinen sie wohl eher, daß sie lieber leiden möchten. Unser Ziel sollte aber darin bestehen, unser Leid zu kurieren.

Setzen wir unser Vertrauen in die Heilung, wird nachgerade jedes Problem leichter zu bewältigen und zu ertragen sein; und es ist möglich, daß bestimmte Probleme, die wir für bleibend und unlösbar hielten, spurlos verschwinden werden. Wir müssen geschickt und engagiert sein; und ein wirkungsvoller Beitrag dazu ist, sogleich zu beginnen, noch bevor wir uns großen Problemen gegenübersehen. Wie Shantideva sagt:

Bist du geschult,
dann gibt es nichts, was nicht leicht werden würde.
Indem du dich zuerst darin schulst, kleinere Probleme
zu ertragen,
wirst du später fähig werden, große Probleme zu ertragen.

Den Ursprung ausfindig machen

Zwar besteht die Wurzel allen Leids im Festhalten an einem Selbst oder Ich, aber wir werden die spezielle Ursache des uns gerade beschäftigenden Problems herausfinden wollen. Die folgende Übung ist ein nützliches Hilfsmittel, um ein Problem klar zu erkennen. Sitzen Sie an einem behaglichen Ort, wo es wenig Ablenkung gibt. Entspannen Sie Körper und Geist. Holen Sie ein paarmal tief Luft, und stellen Sie sich vor, daß Sie sich beim Ausatmen von all Ihren Sorgen lösen. Fühlen Sie sich friedvoll, klar und weit wie der grenzenlose Raum. Entspannen Sie sich eine Zeitlang in diesem Frieden. Schauen Sie sich dann ohne Eile das Problem an, mit dem Sie konfrontiert sind. Erkennen Sie es, und empfinden Sie es auch. Geben Sie sein Vorhandensein zu.

Besinnen Sie sich darauf, wann, wo und wie dieses Problem wohl begonnen hat. Gehen Sie in Ihrem Bewußtsein langsam zu dem frühestmöglichen Zeitpunkt, Ort und Ursprung des Schmerzes zurück. Erkennen Sie die etwaige Gestalt, Färbung und Eigenart des Problems; lokalisieren Sie es.

Das Zurückgehen zur ursprünglichen Quelle des Problems hat mehrere Vorteile. Erstens genesen wir bereits, indem wir einfach über die Ursachen nachsinnen und sie empfinden. Zweitens ruft unser Gang durch die Vergangenheit ein Zeit- und Raumgefühl hervor, das intensiver, größer ist als unser momentanes zeitlich-räumliches Gewahrsein, und indem wir uns einer umfassenderen und weitreichenderen Sichtweise öffnen, werden wir weniger Besorgnis angesichts dieses speziellen Problems empfinden. Schließlich gelangen wir direkt an die Quelle des Problems, dessen Wurzeln jetzt völlig entblößt vor uns liegen, und durch die Heilübungen können wir es wie Unkraut mitsamt seinen Wurzeln ausreißen.

Wir müssen uns nicht zwanghaft darum bemühen, die Wurzel jedes einzelnen Problems aufzuspüren und vollständig zu begrei-

fen; wir sollten uns vielmehr so mit der Ursache beschäftigen, wie sie sich in diesem Augenblick erkennen läßt.
Auch sollten wir bei diesem Verfahren Mitgefühl üben – uns und anderen gegenüber. Stellen wir zum Beispiel fest, daß unsere Eltern Fehler gemacht haben, durch die wir Schaden davongetragen haben, dann sollten wir das klar erkennen. Gleichzeitig sollten wir nicht vergessen, daß sie wie andere Menschen – wir inbegriffen – der Unwissenheit, der Begierde oder dem Haß unterworfen sind. Wir sollten Zuneigung für sie empfinden und uns außerdem aufrichtig über die Gelegenheit freuen, die Kette der Unwissenheit zerreißen zu können, die womöglich in unserer Familie Eltern und Kindern über viele Generationen hinweg geschadet hat. Wir könnten so reagieren: »Wie wunderbar, daß ich das jetzt erkenne und ein Gift abbauen kann, das unserer Familie so lange geschadet hat!«

Probleme empfinden und sie dadurch lösen

Wenn wir uns an Probleme und ihren Ursprung heranbegeben, sollten wir sie objektiv erkennen – wie sie erscheinen und was sie sind –, sie jedoch nicht mit negativen Etiketten versehen. Andernfalls könnte unsere Übung einen weiteren Kreislauf von Emotionen und Leid in Gang setzen.
Hierzu ein einfaches Beispiel: Hat man Schmerzen im Kopf, dann ist es gut zu wissen, was da nicht stimmt und was die Ursache ist. Ähnlich verhält es sich, wenn man ein Problem mit einem Freund/einer Freundin hat: Dann ist es gut, sich das Problem einzugestehen und es zu erfassen, so daß man anfangen kann, sich damit auseinanderzusetzen. Betrachtet und empfindet man das Problem aber auf begrifflicher und emotionaler Ebene als »schlimm«, »schrecklich«, »unerträglich« und so fort, dann wird die relativ kleine Schwierigkeit, mit der man es eigentlich zu tun

hat, zu einem Waldbrand anwachsen. Die Methode, Probleme emotional zu bewältigen, besteht darin, daß man sich sagt: »Ich hab' Kopfweh, aber das ist o.k.« Oder zumindest: »Es ist schlimm, aber ich komm' schon zurecht damit.« Oder: »Es tut ganz schön weh, aber jeder wird hin und wieder mal krank.«

Keine der beim Heilen auftretenden Emotionen ist schlecht oder fehl am Platz, und man braucht keine davon zu verleugnen. Wir sollten das Vorhandensein unserer Gefühle akzeptieren, sie billigen und sie zum Vorschein kommen lassen, damit wir uns von ihnen lösen können. Entfacht die Übung emotionalen Schmerz, dann sehen Sie dies als positiv an. Denn der Schmerz zeigt ihre Wirksamkeit; er zeigt an, daß etwas vonstatten geht, was uns innerlich aufrüttelt. Es ist ganz in Ordnung, wenn einen Probleme traurig stimmen. Gestatten Sie sich, Ihre Traurigkeit zu empfinden, und bringen Sie sie zum Ausdruck – um auf diese Weise eine Verbindung mit der Wurzel des Problems herzustellen und letztlich die Wurzel des Schmerzes aus Ihrem geistig-körperlichen Organismus herauszuziehen. Treten Ihnen Tränen in die Augen, dann lassen Sie zu, daß Sie weinen. Weinen befreit von mentalem Streß, physischem Druck und chemischen Giftstoffen, die sich aufbauen, wenn wir Schmerz zurückhalten.

Anderen, die wirklich zuhören können, unsere Probleme mitzuteilen, hilft gleichfalls, Schmerz zu lindern. Es wird heilsamer für uns sein, wenn wir unsere Gedanken ganz natürlich und freimütig äußern, ohne unseren Schmerz festzuhalten, zu verbergen oder zu verteidigen. Wenn wir uns von dem Druck frei machen, indem wir tief atmen und weinen, ist auch das ein Bestandteil des Heilungsprozesses.

Wir sollten unsere Emotionen fühlen, wenn sie sich regen, aber uns nicht in den Schmerz hineinsteigern oder uns von dem Problem stärker beeindrucken lassen als unbedingt nötig. Dadurch würden wir nur tiefere Wurzeln in unseren Geist hineintreiben, unsere negativen Einstellungen und vielleicht sogar unsere physischen Symptome verstärken. Wir wollen den Schmerz beseitigen, und nicht so tief schürfen, daß wir uns verletzen. Besorgnis über unsere Sorgen macht unsere Probleme nur schlimmer, nicht besser. Wie Dodrupchen sagt:

> Sind wir wegen Problemen nicht besorgt, dann kann unsere Geistesstärke uns helfen, sogar großes Leid mühelos auszuhalten. Wir werden sie so empfinden können, als seien sie ähnlich leicht und wenig substantiell wie ein luftiges Baumwollgewebe. Hegen wir jedoch Besorgnis, dann wird diese sogar kleines Leid unerträglich machen. Um es zu veranschaulichen: Angenommen, wir denken an die Schönheit einer jungen Frau – selbst wenn wir währenddessen versuchen, die Begierde loszuwerden, werden wir uns verbrennen. Ähnlich verhält es sich, wenn wir uns auf das konzentrieren, was das Leid so schmerzlich macht – wir werden es dann letztlich nicht ertragen können.

Wenn wir leiden, müssen wir uns öffnen und dürfen nicht versuchen, unsere Gefühle in ein starres Korsett von Erwartungen hineinzuzwängen. Manche Probleme heilen sofort, während andere viel Zeit in Anspruch nehmen können. Zum Beispiel kann Kummer eine sehr starke Emotion sein. Wir sollten dem Kummer seinen natürlichen Raum lassen, den er zum Heilen braucht, und uns nicht einen festen Zeitplan machen. Zu versuchen, den Kummer anzutreiben – das ist so, als wollten wir einem Fluß vorschreiben, in seiner Bewegung innezuhalten. Der Fluß muß dahinfließen, zu einem Rinnsal absinken und seinen weiteren Weg nehmen. Soll alles im Handumdrehen wieder »gut« sein, oder verleugnen wir unseren Kummer, dann existiert er womöglich in unterdrückter Form weiter und kann uns so jahrelang schaden.

Probleme ruhig angehen

Um unsere Probleme bewältigen zu können, ist es nötig, daß wir ausgeglichen sind; insbesondere, wenn auch andere Menschen daran beteiligt sind. Stehen wir unter großem emotionalem Druck, ist es am besten, überhaupt nichts zu sagen oder zu tun. Fühlen Sie sich aufgebracht, erregt oder überglücklich, dann warten Sie eine Zeitlang. Andernfalls wird das, was Sie sagen, unwahr oder nur teilweise wahr sein und mit ziemlicher Sicherheit verletzend wirken. Denken Sie, wenn Sie sich dann ruhiger fühlen, über Ihre Alternativen nach, darüber, was realistisch ist und was nicht. Der Zeitpunkt, zu dem man Dinge durchspricht oder Entscheidungen trifft, ist dann gegeben, wenn wir ruhig sind.

Bei der Auseinandersetzung mit Beziehungsproblemen ist es wichtig, daß man das jeweilige Problem klar erkennt. Aber ebenso wichtig ist die tolerantere Perspektive, unter der jede der beteiligten Personen ihr eigenes Verschulden und ihre eigenen Fehler erkennt. Anstatt einen emotionalen Sturm zu entfachen, sollten Sie warten, bis Ruhe und Klarheit eingekehrt sind und Sie wieder vernünftig denken können: »Was ist der Grund für unser Problem?« Wenn Sie ihn zu entdecken beginnen, dann sollten Sie ihn, selbst wenn das Problem offenbar schwierig ist, entspannt zur Kenntnis nehmen und denken: »Ja, das ist es. Gott sei Dank! Ich bin ganz nahe an der Ursache des Problems!« Verlieren Sie auch weiterhin nicht Ihre innere Ruhe. Akzeptieren Sie das Problem, und stellen Sie sich ihm, entschlossen, Abhilfe zu schaffen, indem Sie sich vergegenwärtigen: »Mit mir stimmt was nicht, mit meinem Partner stimmt was nicht, mit unserer Beziehung stimmt was nicht; aber all das ist schon in Ordnung. Wir werden dran arbeiten. Wir können das richten.«

Wenn Sie in dieser Phase nicht umhin kommen, Besorgnis in Ihrem Bauch zu verspüren, dann beunruhigen Sie sich deswegen nicht weiter. Wenn Sie sich darüber keine Gedanken machen, werden die Sorgen von allein aufhören, Ihnen zuzusetzen, statt an Stärke zuzunehmen.

Probleme als positiv ansehen

Wenn wir in Gedanken gewohnheitsmäßig auf der negativen Seite unserer Situation verweilen und uns mit ihr herumschlagen, dann wird ganz und gar alles, was wir denken, wahrnehmen und erfahren unweigerlich negativ und leiderfüllt werden. Ein Problem als negativ anzusehen, dann fortwährend darüber nachzudenken und zu reden, wie furchtbar oder schmerzhaft es ist, macht sogar kleinere Probleme so unübersteigbar groß und massiv wie einen Berg, scharf wie ein Messer und finster wie die Nacht. Dodrupchen schreibt:

> Wann immer uns durch Lebewesen oder unbelebte Objekte Probleme erwachsen – wenn es unserem Geist zur Gewohnheit wird, nur das damit verbundene Leid oder deren negative Aspekte wahrzunehmen, dann wird selbst ein unbedeutender negativer Vorfall großen Kummer nach sich ziehen. Denn ganz gleich, ob man sich einer Vorstellung von Leid oder von Glück hingibt – naturgemäß wird dadurch die Erfahrung des jeweiligen Glücks oder Leids intensiviert. Da sich diese negative Erfahrung nach und nach verschärft, wird ein Zeitpunkt eintreten, ab dem fast alles, was vor uns erscheint, zur Ursache dafür wird, daß wir uns zutiefst unglücklich fühlen, und für das Aufkommen von Glück wird keinerlei Chance mehr bestehen. Wenn wir uns nicht klarmachen, daß der Fehler in der Art liegt, wie unser eigener Geist Erfahrungen sammelt, und wenn wir all unsere Probleme einzig und allein den äußeren Umständen anlasten, dann wird die unablässig brennende Flamme gewohnheitsmäßiger negativer Handlungen wie etwa Haß und

> Leid in uns stärker werden. In diesem Fall, so sagt man, »entstehen alle Erscheinungen in Gestalt von Feinden«.

Ganz gleich, mit welchem Umstand wir es zu tun haben – wir sollten versuchen, seine positive Seite zu sehen, auch wenn er dem Anschein nach negativ ist. Haben wir jedoch einen negativen Gedanken oder ein negatives Gefühl, dann ist es wichtig, daß wir freundlich mit uns umgehen. Wir sollten das Gefühl nicht noch negativer machen, indem wir sagen: »Ach, jetzt mach' ich das schon wieder!« Oder: »Was bin ich doch für ein Idiot!« Verhalten wir uns so, dann wird das Rad der Negativität endlos in Bewegung gesetzt. Wir sollten uns vielmehr unserer Gedanken und Gefühle bewußt sein, sie mit einem »Aha, na schön« zur Kenntnis nehmen und unsere Aufmerksamkeit wenn möglich den Heilübungen oder auch anderen Dingen zuwenden. So holen wir unseren Geist aus dem negativen Kreislauf heraus und bringen ihn wieder auf den richtigen Weg. Dodrupchen hebt hervor:

> Nicht nur sollten wir unseren Geist gegen Mißgeschick und Leid unempfindlich machen; vielmehr sollten wir ihm auch aus den Schicksalsschlägen Glückseligkeit und Frieden erwachsen lassen. Damit dies geschehen kann, sollten wir das Entstehen der Widersacher – der üblen Kräfte und Zwietracht stiftenden Worte – verhindern. Wir sollten uns angewöhnen, ausschließlich das Gefühl zu entwickeln, daß wir die Kalamitäten mögen. Um dies zu bewerkstelligen, sollten wir aufhören, nachteilige Umstände als negativ aufzufassen, und uns mit aller Kraft darin schulen, sie als wertvoll zu betrachten. Denn ob Dinge angenehm sind oder nicht, hängt völlig davon ab, wie unser Geist sie wahrnimmt.

Starke positive Energie kann Leid verhüten oder lindern. Aber das bedeutsamste Ergebnis einer positiven Einstellung besteht nicht unbedingt darin, daß damit das Zustandekommen von Leid verhindert wird; vielmehr kann sie verhindern, daß dieses zu einer negativen und quälenden Kraft wird, wenn es denn eintritt. Dodrupchen schreibt:

> Infolge spiritueller Schulung unerschütterlich zu werden angesichts von Widrigkeiten wie etwa Feinden, Krankheit und schädlichen Kräften heißt nicht, daß wir sie vertreiben können oder daß sie nicht wieder auftreten werden. Es heißt vielmehr, daß sie sich für uns nicht als Hindernisse auf dem Weg zu Glück und Erleuchtung werden erweisen können.

Wir können uns mit unseren Problemen anfreunden. Wenn sich schwierige Emotionen regen, können wir sie fragen, was sie wollen. Indem wir mit unseren Problemen freundlicher umgehen, können wir herausfinden, was wir tun müssen. Möglicherweise müssen wir uns entspannen und damit aufhören festzuhalten, besser auf uns selbst und unsere wahren Bedürfnisse aufpassen oder unser Verhalten in einer bestimmten Weise ändern. Probleme enthalten selbst den Schlüssel zur Abhilfe, wenn wir unser Gewahrsein auf sie richten, statt sie beiseite zu schieben oder uns blindlings an sie zu klammern. Indem wir einem großen Problem genügend Raum lassen, machen wir uns bereit zur Heilung.

Ein Hauptziel des spirituellen Übens besteht darin, unseren geistigen Spielraum von dem Verstandes- und Gefühlsmüll freizumachen, den wir seit unserer Kindheit angesammelt haben, um Platz zu schaffen für die Erfahrung wahrer Entspannung und Freude. Machen wir uns klar, daß eine positive Denkweise oder Inspiration ähnlich nahrhaft für den Geist ist, wie gesundes Essen für den Körper. Negative Ansichten und Leidenschaften hingegen sind wie Abfallprodukte: Sie vergiften uns.

Deshalb sollten wir uns und unsere Probleme klar erkennen, ohne uns dabei jedoch tiefer in den Schmerz hineinzuziehen. Legen wir uns zu sehr ins Zeug, um unsere Probleme zu lösen, dann können wir sie anheizen. Manchmal ist es erforderlich, daß man Geduld

übt und die Probleme sich entfalten läßt, um sie zu lösen, wenn sie soweit sind.
Ausgeglichen und positiv zu bleiben ist nicht immer leicht. Deshalb ist es wichtig, daß wir uns mit Entschiedenheit darum bemühen, unseren Geist nicht bei einer negativen Problemsicht verweilen zu lassen. Falls wir unsere Probleme nur in einem negativen Licht sehen können, dann besteht die Lösung darin, unseren Geist mit etwas anderem zu beschäftigen, wie etwa mit Lesen, Gartenarbeit, Malen oder der Schönheit der Natur, Kunst oder Musik.
Unser unruhig flackernder Geist benötigt Übung in positiver Haltung, und diese ergibt sich aus unserem Umgang mit den kleinen Dingen des Alltags. Regnet es draußen, dann können wir am Regen Gefallen finden. Sonnentage sind schön, aber Regen kann auch schön sein. Finden Sie den Regen irgendwie unangenehm und lästig, dann ziehen Sie einen Regenmantel an, und nehmen Sie einen Schirm mit, ohne sich in eine negative Stimmung herunterziehen zu lassen. Wir können den Regen so sehen, wie er ist, und dann mit unserem Leben fortfahren.
Wenn wir das Beste aus einer Situation machen, wird unser Geist stärker. Wenn wir lernen, über uns und unsere Probleme zu lachen, genesen wir. Wenn wir lernen, uns zu freuen, und es unterlassen, Probleme als negativ anzusehen, werden wir allem gegenüber positiver. Positives Denken ist eine wundervolle Gewohnheit, die wir entwickeln sollten, denn sie heilt uns und macht uns glücklich im Leben. Dodrupchen erläutert:

> Indem wir uns in dieser Weise üben, wird unser Geist sanft werden. Unsere Einstellung wird tolerant werden. Wir werden zu sehr umgänglichen Menschen werden. Wir werden eine tapfere Gesinnung haben. Unsere spirituelle Schulung wird von Hindernissen frei werden. Alle auftretenden widrigen Umstände werden sich als großartig und glückverheißend erweisen. Unser Geist wird durch die Freude innerer Ruhe immer

zufriedengestellt sein. Um in diesem Zeitalter des Niedergangs den Pfad der Erleuchtung zu üben, dürfen wir nie ohne die Rüstung dieser Art von Schulung sein, die Glück und Leid in den Pfad der Erleuchtung verwandelt. Wenn das Leiden des Sich-Sorgen-Machens uns nicht plagt, dann werden nicht nur sonstige mentale und emotionale Leiden verschwinden – wie Waffen, die Soldaten aus der Hand fallen –, sondern in den meisten Fällen werden außerdem sogar die konkreten negativen Kräfte, wie etwa die physischen Erkrankungen, von selbst verschwinden.

Die Heiligen der Vergangenheit haben gesagt: »Indem wir nichts und niemandem gegenüber Abneigung oder Unzufriedenheit empfinden, wird unser Geist unbehelligt bleiben. Wenn unser Geist nicht behelligt wird, wird unsere Energie nicht behelligt werden, und dadurch werden andere Elemente des Körpers gleichfalls nicht behelligt werden. Aufgrund dieser inneren Ruhe und Harmonie wird unser Geist nicht behelligt sein, und das Rad der Freude wird sich ständig weiterdrehen.« Sie haben auch gesagt: »So wie es Vögeln leichtfällt, Pferden und Eseln mit wunden Stellen auf dem Rücken Verletzungen beizubringen, werden negative Kräfte leicht Gelegenheit finden, jenen Menschen zu schaden, deren Wesen von der Angst negativer Besorgtheit erfüllt ist. Aber es wird schwer sein, jenen zu schaden, deren Wesen von einer starken positiven Einstellung durchdrungen ist.«

Wenn uns nicht mehr so sehr daran gelegen ist, das Ich zu schützen und uns an ihm festzuklammern, wird Leid zu einem Mittel der Verwirklichung von Frieden und Glück. Hat man eine positive Einstellung, dann kann Leid wie eine Süßigkeit werden. Im Buddhismus wird es in diesem Kontext mit *Ladu*, einem süßen, aber teuflisch scharf gewürzten Konfekt aus Indien, verglichen. Dodrupchen zeigt uns auf, welche enormen Vorteile daraus erwachsen, wenn wir eine gelassene Duldsamkeit entwickeln:

Wir sollten denken: »Geradeso wie die Leiden, die ich in der Vergangenheit durchgemacht habe, mir außerordentlich geholfen haben, das heutige Glück in seinen mannigfaltigen, herrlichen Formen zu erreichen, … die alle schwer zu erlangen sind, wird auch das Leid, das ich gerade jetzt erfahre, mir weiterhin dabei helfen, genau die gleichen hervorragenden Ergebnisse zu erzielen. Selbst wenn mein Leid schwer ist, ist es folglich äußerst angenehm.« So heißt es auch:

Es ist wie *Ladu* aus Melasse
mit Kardamom und Pfeffer vermischt.

Denkt darüber immer wieder nach, und entwickelt die Erfahrung von Glückseligkeit und Frieden des Geistes. Daraus, daß man sich auf diese Weise schult, wird ein überwältigender Geisteszustand hervorgehen, geistige Glückseligkeit im Überfluß, und dies macht einem die Leiderfahrungen der Sinne so leicht, als wären sie nicht wahrnehmbar. Einen Geist zu haben, der nicht durch Leid verletzt werden kann, ist demgemäß das Kennzeichen jener, die Krankheit durch Duldsamkeit überwinden. … »Die von der Abneigung gegen Leid geprägte Denkweise umzukehren« – dies bildet die Grundlage für das »Verwandeln von Leid in den Weg [der Erleuchtung]«. Denn solange durch Besorgnis unser Geist behelligt und unser Mut und unsere Fröhlichkeit erstickt werden, werden wir unser Leid nicht in den Weg verwandeln können.

Selbstverständlich würden viele von uns am liebsten den Kopf in den Sand stecken, wenn ihnen Leid widerfährt. Wenn wir nicht über sehr viel Erfahrung hinsichtlich der positiven Einstellung verfügen, dann fragen wir uns vielleicht, wie es irgend jemandem möglich sein kann, das Leben voll und ganz anzunehmen, also zusammen mit dem Positiven auch das Negative. Das ist wie bei einem Fallschirmspringer, der gelernt hat, am unermeßlichen

Himmel dahinzugleiten. Wenn wir sehen, wie sich jemand fröhlich und spielerisch bewegt, während er so durch die Luft heruntersaust, dann fragen wir uns, wie das möglich ist. Der Trick besteht darin, daß man sich entspannt und losläßt. Nach einiger Zeit können wir dem Leben gegenüber offener werden.

Wir können beginnen, indem wir die Perspektive erweitern, aus der wir negative Erfahrungen betrachten. Zum Beispiel halten wir Traurigkeit normalerweise für etwas Negatives. Wenn wir jedoch im eigentlichen Sinne betrübt sind, ist das nicht wirklich negativ, weil wir von einer Verletzung genesen. In manchen Fällen kann einem Traurigkeit tatsächlich durchaus schön vorkommen. Beispielsweise meinen viele Leute, daß traurige Lieder in Opern oder in der volkstümlichen Musik schön sind. Das Traurigkeitsgefühl ist also nicht unbedingt »schlimm«, es sei denn, daß wir es so auffassen.

Jenseits von Negativ und Positiv sind letztendlich alle Phänomene offen. Weil also der Erfahrungsspielraum offen ist, können wir eine positive Anschauung wählen und brauchen uns nicht so beklommen zu fühlen, auch wenn eine Situation allem Anschein nach schlimm ist. Das kann uns auch helfen, Probleme als etwas völlig Offenes zu sehen und zu empfinden. Wir können in Offenheit meditieren.

Die Offenheit der eigenen Probleme sehen

Wenn wir uns von solchen Problemen wie Traurigkeit oder Einsamkeit überwältigt fühlen, können wir mit der Offenheit der Traurigkeit verschmelzen. Lassen Sie zu, daß Ihre Atmung gleichmäßig und entspannt wird. Versuchen Sie nicht, die Traurigkeit beiseite zu schieben oder sie als etwas Schlimmes abzustempeln; verharren Sie vielmehr offen, aber ruhig dort, wo Sie

sich mental befinden. Lassen Sie zu, daß der leichte Wind der Traurigkeit heranweht, so als würden Sie ihn mit offenen Armen willkommen heißen, und empfinden Sie einfach, wie er ist, ohne ihn festhalten oder beurteilen zu wollen. Fühlen Sie sich so gelöst und wohl wie nur irgend möglich. Empfinden und erleben Sie langsam das Gefühl der Traurigkeit selbst.
Entspannen Sie sich, und verschmelzen Sie mit dem Gefühl, verlieren Sie sich darin, so wie ein Raum im anderen aufgeht. Erkennen und akzeptieren Sie es, seien Sie eins damit. Sie sind über die begrifflichen Auffassungen von Traurigkeit hinausgegangen, und Sie sind im Einklang mit dem wahren Wesen der Traurigkeit, dem letztendlichen Frieden. Nach einiger Zeit stellen Sie möglicherweise fest, daß Sie mit der Traurigkeit leichter harmonieren und auskommen können. Vielleicht hat sie begonnen, sich in ein friedvolles Gefühl aufzulösen. Entspannen Sie sich in diesem Frieden so lange, wie Sie können.
Auf dieselbe Weise können wir uns mit physischem Schmerz befassen. Selbstverständlich sollten wir zur Einschätzung von Schmerzen unseren gesunden Menschenverstand gebrauchen, und bei starken oder ungewöhnlichen Schmerzen ist es durchaus sinnvoll, einen Arzt um Rat zu fragen, sofern das möglich ist. Meditative Vorgehensweisen gegenüber Schmerz und Leid schließen nicht anderweitige Therapien und Behandlungen aus, die womöglich hilfreich sind.
Bisweilen reicht es zur Bewältigung von Schmerz schon aus, wenn wir nicht so sehr auf ihn achtgeben oder ihn nicht für negativ halten; er wird dann augenblicklich nachlassen.
Zu anderen Zeiten ist es womöglich erforderlich, sich mit ihm voll auseinanderzusetzen. Menschen mit chronischen Schmerzen stellen möglicherweise fest, daß der Schmerz etwas nachläßt, wenn sie üben, über ihn zu meditieren. Verschmelzen Sie mit dem Schmerz. Geben Sie sich die Chance, den Schmerz ohne den üblichen Raster der Abneigung wahrzunehmen. Nähern Sie sich langsam und entspannt der physischen Empfindung an, die Sie

verspüren, und stimmen Sie einfach mit ihr überein. Erleben Sie die physische Empfindung, während Sie weiterhin entspannt atmen. Verharren Sie lange Zeit auf friedvolle Weise in der Empfindung – oder eben so lange, wie Sie sich dabei wohl fühlen. Wenden Sie schließlich Ihr Gewahrsein langsam wieder Ihren übrigen Körperregionen und Ihrer Umgebung zu.

Sie stellen womöglich fest, daß die auf diese Weise erlebte physische Empfindung nicht so quälend ist wie gewöhnlich und daß Sie diese Erfahrung in andere Bereiche Ihres Lebens hineintragen können. Es hilft Ihnen möglicherweise, wenn Sie jeden Tag einige Zeit mit dem Schmerz auf diese friedvolle und sanfte Weise verbringen.

Die offene Vorgehensweise gegenüber Problemen ist eine der höchsten Praxisformen des Buddhismus, aber jeder kann sie im täglichen Leben anwenden – und in direktem Zusammenhang damit eine positive Einstellung entwickeln.

Mit Angst umgehen

Viele Menschen werden von Angst und Besorgnis geplagt und würden sich gerne von Emotionen befreien, die ihr Leben einengen. Das Mittel gegen Angst, wie gegen so viele Probleme, liegt in uns. Je nach Umstand und Temperament gibt es vielerlei Vorgehensweisen. Es ist vielleicht zweckmäßig, an dieser Stelle mehrere von ihnen zu erörtern, um auf diese Weise einen Überblick über einige der in diesem Buch dargelegten praktischen Heiltechniken zu geben.

Vielleicht ist eine der ersten Einsichten, die wir gewinnen sollten, die, daß Angst ein Freund und Helfer sein kann. In Zeiten der Gefahr kann Angst unseren Beinen Stärke verleihen und es uns ermöglichen, schneller zu laufen, als wir es je für möglich hielten. Wir können auch an der profaneren Erscheinungsform von Angst im Alltagsleben Gefallen finden. Befürchten wir beispielsweise, in einer Prüfung durchzufallen, dann fühlen wir uns möglicherweise motiviert, genügend dafür zu büffeln, um sie zu bestehen.

Ist Angst oder Besorgnis ein Symptom eines schwerwiegenderen Problems, dann sollten wir sie nicht zudecken. Indem wir auf eine Besorgnis achten, die offenbar zwingend und heftig ist, entdecken wir möglicherweise den Schlüssel zu einem Problem, dessen Bewältigung wir dann in Angriff nehmen können.

Oft können wir uns der Angst einfach stellen, und sie wird vergehen. Schließlich werden Angst und Besorgnis ja in unserem Geist verursacht. Das Bewußtsein, daß diese Emotionen letztlich Fiktionen sind, kann uns befähigen, sie zu verscheuchen. Wenn Besorgnis zu einer Gewohnheit, einem negativen Denkmuster, geworden ist, dann sollten wir uns daran erinnern, daß sie nicht wirklich ist oder Bestand hat. Wir glauben womöglich, daß Besorgnis etwas Wirkliches ist, weil wir gewohnheitsmäßig an ihr festhalten, aber wenn wir unseren Zugriff lockern, finden wir vielleicht zur eigenen Überraschung heraus, daß Angst genaugenommen ein Papiertiger ist.

Wir können uns also der Angst stellen und den Schlüssel zur Heilung in ihr entdecken. Oder wir haben die Möglichkeit, die Angst zu ignorieren oder abzutun. Oder wir können der Angst ausweichen, wenn sie sich im Moment zu groß ausnimmt, um mit ihr fertig zu werden, und später, wenn wir bereit dazu sind, auf sie zurückkommen, um sie zu heilen.

Manchmal können wir aufgrund von Umständen, die anscheinend auf uns einstürmen, der Angst nicht ausweichen. Dann können wir versuchen, die Angst in ihrem wahren Wesen zu verstehen – ohne negatives Etikett, als reine Energie. Gute Schauspieler und Vortragskünstler wissen, daß Lampenfieber sie hellwach machen und zu einer glänzenden Darstellung anstacheln kann. Soldaten, denen Tapferkeitsmedaillen verliehen wurden, berichten, daß sie auf dem Schlachtfeld Angst hatten, aber die Angst sich in Mut verwandelte. Brächten wir es zustande, in der Erfahrung aufzugehen, dann könnte uns gewaltige Angst das Gefühl geben, mit allen Fasern zu leben, selbst wenn uns nur noch ein paar Minuten auf Erden blieben. Ganz gleich, um was für eine Situation es sich handelt – der Schlüssel zur Lösung liegt immer darin, nicht an der Angst festzuhalten.

Sich von großer Angst lösen

Menschen entwickeln alle möglichen Phobien, wie etwa Klaustrophobie oder Angst vor dem Fliegen. In diesen Fällen besteht das Problem in der Angst vor der Angst, dem fester werdenden Griff des Geistes, der eine anfängliche Angst vergrößert und vervielfacht, bis uns der Mund austrocknet, die Kehle sich zusammenschnürt und der Körper bebt. Die praktische Methode, mit akuter Angst fertig zu werden, unterrichtet uns in allgemeinerem Kontext darüber, wie wir uns schulen können, mit jeder Art Schwierigkeit fertig zu werden.

Schauen wir uns ein Beispiel an, die Agoraphobie (wörtlich: »die Angst vor dem Marktplatz«), die als Angst vor freien Plätzen und öffentlichen Zonen erlebt wird. Die Angst scheint so real zu sein, daß von ihr Betroffene oft zu Gefangenen in den eigenen vier Wänden werden.

Die Lösung liegt darin, zunächst einmal auf begrifflicher Ebene einzusehen, daß das Sich-Ängstigen vor der Angst ein Phantom ist, dessen Überwindung wir behutsam erlernen können. Meditation und positive Visualisierung können uns dabei helfen.

Wir können auch die Alltagserfahrung nutzen, um unseren Geist und Körper darin zu schulen, sich von der Phobie zu lösen. Die Schulung sollte in kleinen Schritten erfolgen, die relativ leicht zu bewältigen sind. Gehen Sie zuerst eine kurze Strecke von der Haustür nach draußen, und zwar gerade so weit, bis sich die Angst ankündigt. Heißen Sie die Angst willkommen. Entspannen Sie

Ihren Körper und Ihre Atmung, und lassen Sie die Angst aufsteigen. Erleben Sie die Angst; versuchen Sie, offen für sie zu sein. Erinnern Sie sich daran: »Das ist bloß mein angsterfülltes Ich. Ich kann diese Angst loslassen.« Zittert Ihr Körper, dann versuchen Sie nicht, sein Zittern gewaltsam zu unterbinden. Lassen Sie das Zittern zu, lösen Sie sich von dem Wunsch, es wegzuschieben. Achten Sie aber gleichzeitig darauf, daß Körper und Atmung entspannt bleiben. Lassen Sie sich von der Angst ganz durchdringen; auf ebendiese Weise löst man sich von ihr. Lassen Sie die Angst sich austoben – Sie wissen ja, daß Sie am Leben bleiben werden und daß sie Ihnen nicht schaden kann, auch wenn sie vielleicht dem Anschein nach real besteht und schmerzhaft ist.

Haben Sie dann Ihre Angst überstanden, so feiern Sie dies, auch wenn Sie sich schrecklich geängstigt haben und sich weiterhin davor fürchten auszugehen. Freuen Sie sich aufrichtig über jeden Schritt, den Sie vorankommen. Gehen Sie jeden Tag ein bißchen weiter, aber ruhen Sie sich gelegentlich von Ihrem Training aus. Akzeptieren Sie Rückschläge – wenn Sie aus Angst zurückweichen müssen – als Teil der Reise, die Sie weiter vorwärtsbringt. Machen Sie sich ständig Mut, und eines Tages werden Sie den ganzen Weg zu einem Lokal zurücklegen können, das Sie sich als Ziel ausgesucht haben. Belohnen Sie sich, vielleicht damit, daß Sie sich einen Festschmaus leisten oder es schlicht und einfach genießen, dort sein zu können. Üben Sie nach diesem großen Sieg immer wieder Ihre neue Fähigkeit. Festigen Sie Ihre Stärke, bis Sie völlig angstfrei sind.

Diese Vorgehensweise wird in der modernen Verhaltenspsychologie als Mittel gegen Phobien eingesetzt, und sie steht auch in Übereinstimmung mit spirituellen Übungen im Buddhismus. Auch wenn wir das Glück haben, nicht unter dieser speziellen Phobie zu leiden, können wir ohne weiteres die Allgemeingültigkeit des Verfahrens und seine Bedeutsamkeit für unser eigenes Leben und unsere spirituelle Praxis erkennen.

Wir müssen kleine Schritte machen, uns selbst ermutigen, und beharrlich üben. Wir sind nur Menschen und angesichts unserer Gebrechen hilfsbedürftig. Die größte Quelle der Hilfe und Stärke ist unser Geist – wir können die uns innewohnende Heilkraft wachrufen. Das ist der Zweck der Heilübungen, die uns helfen werden, mit Angst und mit unseren sonstigen Problemen umzugehen.

6
Wie man mit physischen Leiden zurechtkommt

Für viele von uns sind die Krankheiten des Körpers wie ein Magnet für die eigenen Besorgnisse. Bisweilen empfinden wir unsere Beschwerden gleichsam als mahnenden Hinweis darauf, wie begrenzt und zerbrechlich wir Menschen sind. Das ist nicht unbedingt schlecht; hier und da einen Hauch unserer Sterblichkeit zu verspüren kann unseren Sinn für das Hier und Jetzt vertiefen. Auch eine so unbedeutende Erkrankung wie ein Schnupfen kann uns üben helfen, das Ich loszulassen, und uns auf diese Weise die Freiheit geben, aus jedem Teil unseres Lebens das Beste zu machen.

Physische Krankheit läßt sich zwar mit Hilfe des Geistes im allgemeinen schwerer beheben als emotionale Probleme, nichtsdestoweniger spielt der Geist eine große Rolle bei der physischen Heilung. In manchen Fällen kann der Geist allein physische Krankheit heilen, sogar dort, wo physische Heilkunst versagt hat.

Der Buddhismus unterscheidet kaum zwischen der Erkrankung des Geistes und der des Körpers. Tatsächlich wird in den *Vier Tantras*, den alten kanonischen Schriften tibetischer Heilkunst, behauptet, daß alle Krankheit die Frucht des Festhaltens an einem Selbst/Ich ist. In einem dieser Tantras, dem *Shedgyud*, heißt es:

> Die ganze Krankheitsursache,
> die alleinige Ursache aller Krankheiten,
> ist Unerleuchtetsein – daß man das wahre Wesen des
> Nicht-Selbst nicht verwirklicht.

> Beispielsweise wird ein Vogel nie von seinem Schatten getrennt sein,
> auch wenn er oben am Himmel fliegt [und der Schatten unsichtbar ist];
> desgleichen werden Menschen, die unerleuchtet sind, nie frei sein von Krankheit,
> auch wenn sie weiter im Glück leben und es genießen.
>
> Die spezifischen Krankheitsursachen bestehen darin, daß Unerleuchtetsein
> Begierde, Haß und Unwissenheit hervorruft,
> und diese rufen als Ergebnis die Luft-, Galle- und Schleimstörungen hervor.

Zurkharpa Lodrö Gyaltshen schreibt in seinen Erläuterungen zu alten medizinischen Texten:

> Medizin ist gleichbedeutend mit Heilen.
> Sie ist das Heilen der durch Störungen von Luft [Energie], Galle und Schleim verursachten Beschwerden des Körpers,
> Sie ist das Heilen der durch Begierde, Haß und Unwissenheit verursachten Gebrechen des Geistes.

Ist man auf geistiger Ebene gesund, so folgt daraus häufig, daß man auch körperlich gesund ist. Aber selbst äußerst spirituelle Menschen werden krank. Wie läßt sich das erklären?
Der Buddha verwirklichte völlige Erleuchtung jenseits des Leids und der als Karma bekannten Gesetze von Ursache und Wirkung. Aber der Buddha war auch ein Mensch. Wie wir alle hatte er einen Körper, der dem Verfall und Tod unterworfen war. Doch ein Erleuchteter hat sich vom Festhalten an einem Selbst gelöst und erlebt folglich Krankheit nicht als Leid. Die Einstellung des Geistes ist der Faktor, der am stärksten ins Gewicht fällt.

Auch für jene unter uns, die noch nicht spirituell verwirklicht sind, gilt: Je mehr man sich entspannen kann, desto weniger schwer wird einem die eigene Krankheit vorkommen. Das ist die praktische Lehre, die wir alle verstehen und uns zu Herzen nehmen können. Mit einer positiven Einstellung geht es Ihnen nicht ganz so schlecht, und Ihr Körper wird besser imstande sein, sich selbst zu heilen.

Es mag seltsam klingen, aber wir können Krankheit tatsächlich bereitwillig annehmen, wenn sie zum Ausbruch kommt. Buddhisten betrachten Krankheit als einen Besen, der die Ansammlungen negativer Einstellungen und Emotionen wegfegt. Jigme Lingpa schreibt:

> Zum Abbrennen schlechten Karmas gibt es keinen besseren
> Brennstoff als Krankheiten.
> Hege über Krankheiten keine traurigen Gedanken oder
> negativen Ansichten,
> sondern betrachte sie als Zeichen für das Schwinden deines
> schlechten Karmas, und freue dich aufrichtig über sie.

Für Nichtbuddhisten und für Buddhisten gleichermaßen kann Krankheit eine Gelegenheit bieten, kürzerzutreten, loszulassen und sogar mitten im Leid am Leben Gefallen zu finden.

Manchmal, wenn Sie das Gefühl haben, daß Ihr Körper aus dem Gleichgewicht zu geraten beginnt, können Sie die Krankheit loswerden, ehe sie sich richtig festsetzt, indem Sie auf geistiger und körperlicher Verhaltensebene sehr ruhig sind. Erkranken Sie aber trotzdem an einer Erkältung oder der Grippe, dann nehmen Sie das nicht zu schwer. Versuchen Sie, sich nicht als unschuldiges Opfer zu fühlen, so als ob der Grippebazillus ausgerechnet Sie ausgewählt hätte! Eine Menge Menschen sind krank, und indem Sie sich darauf besinnen, können Sie Ihr eigenes Leid in die richtige Perspektive rücken und Mitgefühl für die Menschheitsfamilie entwickeln, zu der Sie gehören.

Alles ist vergänglich, einschließlich der Krankheit, auch wenn Sie den Eindruck haben, daß es Ihnen ewig schlecht gehen wird. Denken Sie daran, daß Ihr schlechtes Befinden schließlich vergehen wird.

Versuchen Sie, wenn Sie krank sind, etwas ausfindig zu machen, das Ihnen angenehm ist und Sie innerlich befriedigt. Meditieren Sie, während Sie im Bett liegen, oder lesen Sie ein anregendes Buch. Falls Sie sich dafür jedoch im Augenblick zu krank fühlen, dann können Sie einfach wahrnehmen, was Sie beim Hinausblicken aus dem Fenster sehen, die Lichtmuster in Ihrem Zimmer verfolgen oder den von draußen kommenden Geräuschen des aktiven Lebens lauschen. Wenn Ihnen von einem Symptom wie Brechreiz ganz elend ist, dann richten Sie sich nicht darauf ein, daß Sie im nächsten Moment womöglich noch mehr Elend oder Qual auszustehen haben. Verweilen Sie ruhig in Ihrem Körper, und lassen Sie sich so entspannt wie möglich auf die Empfindung ein. Wenn Sie eine Zeitlang in einem Krankenzimmer liegen müssen, könnten Sie zu Ihrer Erquickung einen inspirierenden Gegenstand herbeischaffen, etwa ein Bild oder eine Blume.

Auf sich und Ihre Gesundheit sollten Sie gut achtgeben. Dieser Rat ist doch absolut einleuchtend; wie kommt es, daß manche Menschen ihn ignorieren? Selbst etwas so Simples wie ein Bad zu nehmen, wenn man erschöpft ist, kann sehr pflegend und erquickend sein. Manche Menschen gehen mit ihrer Gesundheit leichtsinnig um. Andere meinen irrtümlicherweise, auf sich achtzugeben sei irgendwie egoistisch. Aber diese Einstellung läuft erneut darauf hinaus, daß wir an einem »Selbst« festhalten – bloß daß wir in diesem Fall nach dem »Selbst« der sogenannten Selbst-losigkeit greifen. Die richtige Einstellung besteht darin, daß wir uns lieben, ohne festzuhalten. Erst müssen wir wissen, was es wahrhaft heißt, uns selbst zu lieben; denn wie könnten wir sonst jemals andere lieben?

Wenn Menschen ernsthaft erkranken, sinkt ihr Mut womöglich

auf den Nullpunkt. Möglicherweise fühlen sie sich hilflos. Möglicherweise machen sie sich den Vorwurf, sie hätten ihre Krankheit selbst verursacht; oder andere vermitteln ihnen diese Überzeugung und reden ihnen ein, sie seien selbst schuld.

Schuldzuweisungen haben in der Heilung nichts verloren. Können Sie in Ihrem Lebensstil etwas entdecken, das die Krankheit direkt verursacht hat, so ist das gut. Ihre Einstellung sollte dann sein: »Ich habe mir durch mein Verhalten geschadet, doch jetzt habe ich die Motivation, mich zu ändern!« Aber obwohl das Festhalten an einem Selbst die letztendliche Leidens- und Krankheitsursache ist, sagt uns das karmische Gesetz, daß es für jedes einzelne Vorkommnis eine unendliche Anzahl von Ursachen geben kann – und wir wohl kaum imstande sind, sie allesamt zu erkennen. Es mag genügen, einfach einzuräumen, daß wir eben nur Menschen sind und daß wir jetzt krank sind. Die richtige Einstellung besteht darin, den Heilungsprozeß weiterzuführen.

Nehmen Sie Krankheit – auch schwere Krankheit – möglichst nicht zu tragisch. Wenn ein düsteres Geschick über uns hereinbricht, könnte das ein phantastischer Moment für einen Scherz sein! Können Sie humorvoll und schelmisch sein, wenn sehr viel auf dem Spiel steht, dann kann Ihre Tapferkeit Sie und alle anderen inspirieren. Ich hatte in Indien einen tibetischen Freund, der mit allem, was er sagte und tat, bei seinen Freunden schallendes, frohes Gelächter auslöste. Eines Tages wurde er in Darjeeling in einen Autounfall verwickelt. Als seine Freunde in sein Krankenhauszimmer eilten, war er nicht in der Lage, Witze zu reißen. Und doch – obwohl er hocherfreut war, seine Freunde zu sehen, tat er so, als regten sie ihn zu sehr auf, und wandte das Gesicht von ihnen ab. Sofort erfüllte lautes Gelächter den Raum, da seine Freunde erkannten, daß er sie foppte, und eine lebensfrohe und unbeschwerte Atmosphäre verbreitete sich.

Gehen Sie umsichtig und besonnen vor, um zu entscheiden, welche Behandlung für Sie die beste ist, und seien Sie für jede Vorgehensweise aufgeschlossen, die Ihnen helfen kann. Dazu könnte zweifellos auch die Schulmedizin zählen. Menschen, die daran interessiert sind, mit Meditation zu beginnen, glauben manchmal, daß sie eine medikamentöse Behandlung oder die Vorteile der modernen Wissenschaft ablehnen sollten – in der irrigen Annahme, daß sie sich allein auf ihren Geist und nicht auf irgend etwas Äußerliches verlassen müßten. Doch selbst die erfahrensten Heilkundigen im tibetischen Buddhismus verordnen die »äußere Substanz« der Arzneimittel. Es ist nichts dagegen einzuwenden, daß wir Tabletten einnehmen, wenn sie uns helfen können.

Ausgeglichenheit erweist sich als nützlich, wenn wir krank sind. Setzen Sie sich nicht innerlich unter Zeitdruck, wenn Sie im Bett bleiben müssen; lassen Sie einfach los. Nehmen Sie andererseits auch im Falle schwerer Krankheit die Ihnen von anderen oder von Ihnen selbst auferlegten Einschränkungen des Lebenswandels, der Ihnen normalerweise zuträglich ist, nicht gar zu ernst. Es erstaunt schon, wie bald wir sogar nach einem chirurgischen Eingriff wieder aufstehen und herumlaufen können. Ein Geist, der wohlauf und positiv ist, wird bei jeglicher Krankheit die Genesung beschleunigen. Der Geist kann wie ein General sein, dessen furchtlose Einstellung bei seinen geschlagenen Truppen einen Gesinnungswandel bewirkt und sie zum Siege führt.

Fühlen Sie sich durch Krankheit isoliert, dann gehen Sie aus sich heraus. Bemühen Sie sich, mit Freunden, der Familie oder dem ersten besten in Ihrer Nähe Kontakt aufzunehmen. Stehen Sie auf, und gesellen Sie sich wieder zu anderen Menschen. Das ist eine ausgezeichnete Medizin. Und falls Sie nicht aufstehen können oder große Schmerzen haben, dann hängen Sie sich wenigstens ans Telefon, und reden Sie mit jemandem – einer Person aus Ihrem Freundes- oder Familienkreis, einer Person, die in der Seelsorge tätig ist, oder jemandem aus dem Bereich der Sozialarbeit. Wenn Sie können, dann lesen Sie ein anregendes Buch, hören Sie wohltuende Musik, betrachten Sie die Schönheit von Blumen oder eines Gemäldes, nehmen Sie die Schönheit des Lichts wahr, das durchs Fenster hereinkommt. Wenn es Ihnen nicht möglich ist, sich etwas Inspirierendes anzusehen, dann denken Sie an jemanden oder etwas, dem Ihre Liebe gehört, und erfreuen Sie sich daran. Empfindet Ihr Geist Freude, so sind Sie auf dem Heilungsweg. Auch könnten Sie über andere Menschen, die krank sind, nachdenken. Stellen Sie sich vor, daß Ihr Leiden das der anderen erträglich macht, daß Sie die anderen vollständig davon befreien können, indem Sie einfach deren Kummer nehmen und ihn in Ihren Schmerz mit einschließen. Dies ist eine buddhistische Mitgefühls-Meditation, die jeder anwenden kann. Sie kann die Last Ihrer eigenen Emotionen leichter machen. In manchen Fällen könnte ihre befreiende Kraft wirklich helfen, Ihr physisches Problem zu heilen.

Sollten Wut, Angst oder Entmutigung aufkommen, dann seien Sie diesen Regungen gegenüber verständnisvoll, ganz gleich ob sie stark sind oder länger andauern. Denn wenn wir Geduld walten lassen, können sogar die aufwühlendsten Emotionen zu Heilenergie werden. Sind Sie ungeduldig, dann betrachten Sie selbst das als etwas Positives, denn es zeugt von Ihrem Wunsch, daß es Ihnen besser gehen möge.

Diese wohlwollende Haltung kann sich sogar auf die Krankheit erstrecken, die sich in Ihrem Körper befindet, bis sie geheilt werden kann. Im Buddhismus hält man den Körper für ein himmlisches reines Land. Eine bestimmte buddhistische Meditation ehrt sogar die Bakterien (oder »Insekten«, nach tibetischer Auffassung), die zur normalen Ausstattung eines gesunden Körpers gehören. Haben wir einen gesundheitsgefährdenden Virus oder Infekt, dann besteht das Ziel darin, davon zu genesen, aber wir brauchen nicht vor ihm zurückzuschrecken oder uns verseucht fühlen. Wir können zugestehen, daß eine gefährliche Krankheit an unserem Körper teilhat, ohne uns mit ihr allzusehr zu identifizieren.

Viele von uns fürchten als den schlimmsten Fall ein Szenario, in

dem man rettungslos in einem Körper festsitzt, der zu krank oder verletzt ist, um sich zu bewegen. Doch bedenken Sie, wie viele behinderte Menschen sich durch eine positive Einstellung sogar über diese Beschränkung zu erheben vermögen. Ein berühmtes Beispiel ist Stephen Hawking, ein überragender englischer Astrophysiker, dessen Enthusiasmus für das Leben des Geistes die totale Lähmung seines Körpers und seine Unfähigkeit zu sprechen übersteigt. Eine meiner Freundinnen, Reverend Nellie Greene, hat ebenfalls eine schwere neurologische Störung, aber einen klaren Geist und ist durch eine Haltung der Beharrlichkeit Diakonin der Episkopalkirche geworden. Auch dann also, wenn der Körper schwer erkrankt ist, muß der Geist dies durchaus nicht sein.
Nicht jede Krankheit kann kuriert oder »behoben« werden. Schließlich ist der Körper nur wie eine Herberge, in der wir während der uns zugeteilten Zeit verweilen, die wir letzten Endes aber verlassen müssen. Aber auch wenn wir nur noch ein paar Monate oder Tage zu leben haben, können wir sogar eine tödlich verlaufende Krankheit als Chance ansehen. Zu wissen, daß wir im Sterben liegen, könnte ein wirklicher Segen sein, denn dann könnten wir rückhaltlos um uns trauern und uns in einer Weise öffnen, wie es uns bei noch robuster Gesundheit wohl schwergefallen wäre. Wir können jenen, die uns lieb und teuer sind, sagen, wie sehr wir sie lieben, und Beziehungen in Ordnung bringen, die möglicherweise problematisch geworden sind. Wir können entdecken, wie wertvoll die uns verbliebenen kleinen Momente des Lebens sind.
Der Tod selbst kann eine tiefgreifende Heilung sein. Selbst wenn der Zustand, der zum Tod des einzelnen führt, sehr schwierig oder physisch schmerzhaft ist, ist Frieden möglich. Alles im Leben, einschließlich des Sterbens, kann ein Loslassen sein.
Aber lassen Sie das Leben nicht zu früh los! Hüten Sie das kostbare Geschenk Ihres Lebens, und richten Sie sich, wenn Sie die Chance haben durchzukommen, innerlich ganz darauf aus, daß Sie sich erholen können und werden. In der natürlichen Ordnung

der Dinge hat der Herr des Todes am Ende Gewalt über den Körper. Wenn der Tod ruft, müssen wir gehen: So verhält es sich nun mal. Doch gelegentlich können wir dem Tod ein kleines Schnippchen schlagen – wir müssen seinem Ruf nicht sofort folgen.

Als ich am Schriftenkolleg im Kloster Dodrupchen studierte, hatte ich einen Klassenkameraden namens Chöjor. Er war ein sanfter, fröhlicher und lernbegieriger junger Mönch, der an schwerer Epilepsie litt. Alle paar Monate, und dann bisweilen mehrere Male am Tag, bekam er schwere epileptische Anfälle. Seine Krämpfe und Zuckungen brachten elementare Angst und Zerrüttung in sein Leben und völliges Chaos in unsere Unterrichtsstunden und Zeremonien.

Schließlich fand einer der ranghöheren Lamas namens Tulku Jiglo eine Lösung. Er war kugelrund und immer zu Späßen aufgelegt, wie die weitverbreitete Figur des chinesischen lachenden Buddha. Obwohl er keinen einzigen Zahn mehr hatte, lächelte er immer von einem Ohr zum anderen, während er Leute hänselte und neckte – und bei alledem sprach er unaufhörlich seine Gebete. Tulku kannte ein besonderes Gebet, das sich der überlieferten Heilkunde zufolge zum Kurieren von Epilepsie eignete. Mit einer speziellen Zeremonie übertrug er dieses Wissen auf Chöjor und eine Gruppe von uns. Von diesem Tag an mußten wir einen ganzen Monat lang jeden Abend unmittelbar vor Sonnenuntergang ein halbstündiges Gebet verrichten und zudem ein einfaches Kuchenopfer darbringen. Das Gebet besteht aus einer im Rahmen buddhistischer Meditation erfolgenden Zeremonie, in der man Planeten oder Himmelskörpern Opfer darbringt. Tibeter glauben, daß Epilepsie durch planetarische Einflüsse verursacht wird. Seitdem war Chöjor, zumindest solange ich ihn kannte, frei von epileptischen Anfällen. Eine derartige Heilung kommt dadurch zustande, daß die betreffende Person mit positiver Einstellung ihren Geist öffnet, die Heilkraft aus Energiequellen (in diesem Fall aus Planeten) herbeibittet und an die Heilwirkungen glaubt. Das ist eine

Heilung nicht durch materielle Mittel, sondern durch spirituelle und mentale Kräfte.

Nicht nur tibetische spirituelle Meister oder Mönche können sich von schrecklicher Krankheit erholen. Ein guter Freund von mir überstand mit Hilfe von Meditation eine Krankheit, die man gemeinhin für tödlich hielt, und dieser Fall ist nicht so ungewöhnlich. Harry Winter war 74 Jahre alt, als man 1988 bei ihm Lungenkrebs diagnostizierte. Man gab ihm noch sechs Monate zu leben, aber aufgrund seiner Meditationserfahrung vertraute Harry fest darauf, daß sein Geist die Krankheit zumindest verlangsamen könnte. Zusätzlich zur Meditation, die darauf abzielte, seinen Geist zu entspannen und etwaige mentale Hindernisse auszuräumen, begann er eine Heilvisualisierung, die er täglich eine halbe Stunde lang durchführte.

Er ließ sich zweimal operieren, und durch sein Weiterleben wie auch durch die Rückbildung seines Krebses widerlegte er alle ärztlichen Prognosen. Als die Krankheit nach fünf Jahren wieder auftrat, lehnte er eine dritte Operation ab, durch die er bettlägerig geworden wäre. Er fuhr fort, täglich tief zu meditieren und dabei in den restlichen Tag Gefühle des Friedens und der Herzenswärme hinüberzubringen. In einer bestimmten Phase meditierte er acht Stunden am Tag.

An seinem achtzigsten Geburtstag war Harry zur Verwunderung seiner Ärzte vollständig krebsfrei und insgesamt bei besserer physischer Gesundheit als sechs Jahre zuvor. Die Früchte, die ihm aus so viel Meditation erwuchsen, hatten auch seinen spirituellen Reichtum erhöht.

Zu Harrys täglicher Meditation gehörte die Visualisierung von heilendem Nektar, gespendet von Vajrasattva, dem Buddha der Läuterung. Harry sah dabei vor seinem geistigen Auge die Gottheit auf dem Scheitelpunkt seines Kopfes, und er sah, wie der Nektar ins Innere seines Körpers strömte. Harry stellte sich vor, im Nektar befänden sich »Helfer«, die die krebsbefallenen Zellen seines Körpers berührten und heilten und auch alle emotionalen

Befleckungen läuterten. Seine Meditation schloß immer seinen Wunsch nach Läuterung *aller* Wesen und des gesamten Universums mit ein. Die Heilübungen, denen Harry sich widmete, basieren auf einem der Hauptprinzipien, mit denen Sie dieses Buch in den folgenden Kapiteln vertraut machen möchte.

7
Heilenergien

Die Kraftquelle

Für die meisten Heilmeditationen ist es sehr wichtig, daß man sich auf einen Segen oder eine Energie aus einer »Kraftquelle« stützt, die einem beim Umwandeln von Leid behilflich ist.

Die Kraftquelle ist ein Werkzeug – ein kunstvolles Mittel –, das die für das Heilen nötige Energie und Weisheit in uns wachrufen kann. Bei einem Buddhisten kämen dafür das Bild, die visualisierte Gegenwart und segensreiche Energie einer spirituellen Gottheit in Frage, etwa die des Buddha. Andere könnten sich auf eine ihrem jeweiligen Glauben entsprechende Gottesvorstellung oder ein heiliges Bild stützen. Die Kraftquelle könnte jede positive Form oder Wesenheit, jedes Element, jede positive Macht sein – die Sonne, der Mond, der Raum, das Wasser, ein Fluß, der Ozean, die Luft, das Feuer, Bäume, Blumen, Menschen, Tiere, Licht, Klang, Geruch, Geschmack –, jede Ausprägung von Energie, die der einzelne jeweils inspirierend und heilsam findet. Zum Beispiel könnte man einen hellen, reinen, strahlenden Lichtball am Himmel visualisieren und ihn sich als die reine Essenz des Universums und die Verkörperung aller Heilenergien vorstellen.

Im allgemeinen sind Gestaltungsformen spiritueller Wesen (wie etwa ein Buddha, die Heilige Jungfrau, Krishna der Erhabene oder die Göttliche Mutter) wirksamer als gewöhnliche Formen, da sie den letztendlichen Frieden und die letztendliche Freude der allumfassenden Wahrheit ausdrücken und verkörpern. Doch die beste Kraftquelle für Sie ist diejenige, mit der Sie selbst sich am wohlsten fühlen: Sie können dazu ein Bild oder aber das Vorhandensein von allem visualisieren, was in Ihnen Wärme, Frieden und positive Energie erweckt.

Nachdem wir eine Kraftquelle bestimmt haben und bevor wir anfangen, uns in dieser Meditation zu schulen, ist es wichtig, daß wir viele Tage damit verbringen, über die Kraftquelle zu reflektieren und eine Verbindung zu ihrer Energie aufzubauen. Später, wenn wir die eigentlichen Heilübungen durchführen (wie sie im zweiten Teil dieses Buches erläutert werden), sollten wir den Anschluß an ihre Energie erneuern, indem wir sie visualisieren, erfahren und ihr vertrauen.

Verursacht das Sichvorstellen einer bestimmten Kraftquelle Angespanntheit, geistige Beengung und Streß, dann betrachten wir sie, auch wenn es sich bei ihr um ein wahrhaft göttliches Objekt handelt, auf die falsche Weise: mit einer Geisteshaltung des Anhaftens, die auf Verwirrung und dem Festhalten an einem Selbst beruht und uns nicht helfen wird, unsere Probleme zu erleichtern. Andererseits ist nichts dagegen einzuwenden, daß wir sogar dann, wenn wir etwas entdeckt haben, das nach unserem Empfinden das richtige für uns ist, dieses je nach unseren Erfordernissen und nach unserem spirituellen oder emotionalen Wachstum wechseln.

Wenn wir mit der Kraftquelle in Verbindung treten, sollten wir den Frieden und die Energie, die sie uns schenkt, empfinden und annehmen. Mit der richtigen Einstellung verknüpft, kann jedes beliebige Objekt ungeheuer wirkungsvoll werden. Paltrül Rinpoche erzählt folgende Geschichte:

> Eine Frau von großer Frömmigkeit bat ihren Sohn, der häufig aus beruflichen Gründen nach Indien reiste, ihr einen heiligen Gegenstand aus Indien, dem Land Buddhas, mitzubringen. Der Sohn vergaß es – bis er schon fast wieder zu Hause war. Er brach einen Zahn aus einem Hundekadaver, wickelte ihn in Brokat und Seide ein und überreichte ihn seiner Mutter mit den Worten: »Mutter, ich hab' dir einen Zahn des Buddha mitgebracht; der soll der Gegenstand deiner Huldigung sein.« Für den Rest ihres Lebens verehrte die Mutter den Zahn voller Vertrauen und frommer Hingabe, als sei er ein echter Zahn des

Buddha. Von dem Zahn gingen Wunderzeichen aus, und als die Frau dann starb, zeigte sich über ihrem Körper ein Regenbogen – ein Zeichen ihrer hohen spirituellen Verwirklichung.

Manche Menschen meinen vielleicht, sich darauf einzulassen, daß ihnen ausgerechnet ein Bild weiterhelfen soll, sei mit ihrem intellektuellen Niveau unvereinbar. Sie haben womöglich das Gefühl, jedes Bild oder jede Visualisierung sei doch im Grunde nur Staffage, etwas Äußerliches, das mit ihnen nichts zu tun hat. Ganz im Gegenteil: Wenn wir hier von bildlichen Vorstellungen Gebrauch machen, so hilft uns das wirklich, uns ungenutzte Kraft, die wir bereits besitzen, zu erschließen. Es kommt nicht so sehr darauf an, was wir als die Form oder das Bild der Kraftquelle auswählen, denn eigentlich ist es unsere innere Weisheit, mit der wir Kontakt aufnehmen. Das, worauf es ankommt, ist unser Vertrauen auf diese Weisheit und unser Offensein für sie; damit verherrlichen und feiern wir letztendlich die wahre Natur des Universums. Dadurch daß wir eine Kraftquelle hegen und pflegen, schwächen wir die verbohrten, starren Einstellungen und Gefühle ab, die uns viele Probleme bereiten, und entfalten eine positive, für die Heilung offene Geisteshaltung.
Bringt uns die Kraftquelle ein Gefühl der Wärme, des Friedens und der Stärke, wenn wir sie visualisieren, dann haben wir sie uns zu eigen gemacht. Jetzt können wir ihre Kraft anwenden, um unsere emotionalen, mentalen und spirituellen Schwierigkeiten auszuheilen und Geistesstärke zu entwickeln.

Licht als ein Mittel zur Heilung

Zusätzlich zur Meditation über eine Kraftquelle können wir auch unsere Vorstellungskraft einsetzen, um verschiedene Manifestationsformen von Erde, Luft, Feuer, Wasser, Raum oder Licht zu visualisieren, und uns dadurch Segen und heilende Energie zuführen. Beispielsweise können wir erkennen und empfinden, daß die Kraft der Erde Festigung und Stärkung bewirkt. Luft kann wegfegen, säubern und inspirieren. Feuer kann wärmen, umwandeln, veredeln und Autorität verleihen. Erfordert ein bestimmtes Problem offenbar dringend eine Abkühlung unserer Emotionen, dann können wir uns die lindernde, läuternde Kraft des Wassers vorstellen.

Licht ist von all diesen Elementarkräften das grundlegendste Mittel. Die buddhistischen Schriften verordnen es uns, damit wir heil werden und Segen empfangen können.

Wir alle wissen intuitiv, daß Licht eine positive Macht ist, und auf empirischer Ebene können wir erkennen, wie wichtig Licht in der Natur und unserer Umwelt ist. Das Licht läßt die Feldfrüchte und die Vegetation der Erde wachsen. Wir können beobachten, wie Zimmerpflanzen dem Licht folgen und dabei ihre Blätter seiner Nährkraft zukehren. Ein schöner Sonnentag kommt sogar Menschen, die sich nicht für religiös halten, wie ein Segen vor; und Büroangestellte sind zufriedener, wenn sie nahe am Fenster sitzen, das Tageslicht und die Offenheit der Umgebung wahrnehmen können.

Spirituell steht das Licht im Mittelpunkt zahlreicher Überlieferungen, wird an Festtagen und bei anderen Gedenkfeiern mit Kerzen, Zierlampen oder heiligen Feuern gefeiert. Das Licht wird in mehreren Glaubensbekenntnissen mit Göttlichkeit assoziiert. Beispielsweise wird in der hinduistischen *Bhagavadgita* der Erhabene als ein Wesen von überwältigendem Strahlenglanz gezeigt. Und im Neuen Testament verkündet Jesus Christus: »Ich bin das Licht der Welt.«

Aus buddhistischer Sicht kann man das Licht auf zwei Ebenen erfassen – der relativen und der absoluten. Wir können die relativen Erscheinungsformen des Lichts in der natürlichen Welt sehen, die Wärme des Lichts fühlen, es mit Instrumenten beobachten und messen.

Jenseits des relativen Lichts liegt das Buddha-Licht, das absolute Licht des Einsseins und der Offenheit. Ein gewisses Verständnis, was Licht im absoluten Sinne ist, können wir aus den Geschichten gewinnen, in denen Menschen von ihren Nahtoderfahrungen berichten – davon, wie sie mit einem strahlenden Licht verschmelzen und eins sind, ohne jegliches Empfinden eines vom Frieden und der Freude dieses außerordentlichen Lichts getrennten Ich. Wir bemühen uns zwar redlich, das absolute Licht zu beschreiben, aber es übersteigt eben die Begrenzungen von Raum, Zeit, Meßmethoden oder Begriffen. Es ist untrennbar vom erleuchteten Geist und völliger Offenheit.
Den esoterischen Lehren des Nyingma-Buddhismus zufolge ist die Natur in ihrer Gesamtheit ein Ausdruck des absoluten Lichts. Doch infolge unseres Festhaltens an einem Selbst oder Ich und der dualistischen Vorstellungen, die aus diesem Festhalten entstehen – der Auffassung von einem »Ich« als einer von meiner Umwelt getrennten Größe, von einem »Subjekt«, das eindeutig von einem »Objekt« unterschieden sei – erscheint uns die Natur als etwas, das tatsächlich Bestand hat und von uns getrennt ist. Einen alten tantrischen Text, *Der goldene Rosenkranz (gSer Phreng)*, zitierend, gibt Kunkhyen Longchenpa eine mystische Beschreibung der fünf »reinen Lichter« der Buddha-Weisheit in ihrer weltlichen Erscheinung:

> Aufgrund des Festhaltens am »Selbst«
> sind die Lichter Blau, Weiß, Gelb, Rot und Grün
> spontan als die fünf groben Elemente
> Raum, Wasser, Erde, Feuer und Luft erschienen.

Diese Darlegungen mögen zwar für Buddhisten interessant sein, doch für jemanden, dessen Augenmerk hauptsächlich auf die Heilung des Geistes im Alltag gerichtet ist, haben sie nicht unbedingt einen so hohen Stellenwert. Hier kommt es vor allem auf die Einsicht an, daß Licht eine großartige Quelle der Heilung und

Freude sein kann – mit dem praktischen Nutzen, in der Meditation die Linderung unserer Probleme zu bewirken.
Welche strahlenden und inspirierenden Erscheinungsformen von Licht wir auch immer zu visualisieren vermögen, sie alle können uns in den Heilübungen, die den buddhistischen Unterweisungen entnommen sind, helfen – selbst wenn wir uns das Licht eher in seiner relativen als in seiner absoluten Dimension vorstellen. Da Licht in der Vorstellung der meisten Menschen durch die Tendenz, sich auszudehnen, und durch Offenheit gekennzeichnet ist, kann das Meditieren über Licht unser Festhalten an einem Selbst lockern und uns das Gefühl von Frieden und Offenheit bringen.

Licht visualisieren

Immer wenn wir Licht oder ein anderes Mittel zur Heilung in uns wachrufen, müssen wir sein Bild oder sein Vorhandensein visualisieren, um seine positiven Qualitäten zu empfinden, und glauben, daß es die Kraft hat zu heilen. Seien Sie kreativ: Stellen Sie sich das Licht auf eine Weise vor, die für Ihre Bedürfnisse taugt. Beim Üben stellen Sie vielleicht fest, daß sich Ihre Fähigkeit, über Licht zu meditieren, vertieft und steigert.
Möglicherweise finden Sie es hilfreich, sich vorzustellen, daß Licht auf sie herabströmt und Ihren Geist und Körper mit seiner heilenden Wärme durchflutet und durchstrahlt und allem, was von ihm berührt wird, Offenheit und Entspannung bringt. Oder Sie könnten sich vorstellen, daß Licht aus Ihrer Kraftquelle kommt. Vielleicht nimmt das Licht die Gestalt regenbogenfarbener Strahlen an. Spüren Sie, wie es Ihren Geist und Körper vollständig erfüllt und Glückseligkeit, Frieden und Gesundheit bringt. Problemzonen werden augenblicklich erwärmt und geheilt, oder sie verschmelzen mit Licht und Frieden. Jeder Teil Ihres Körpers bis hin zur letzten Zelle wird mühelos mit Licht erfüllt. Fühlen Sie dann, daß Ihr Körper in einen Lichtkörper umgewandelt wird,

oder vielleicht in eine leuchtende, warme Flamme, falls dieses Bild hilfreich ist.

Hin und wieder verspüren Sie möglicherweise das Bedürfnis nach emotionaler Sicherheit und Geborgenheit. Dann könnten Sie sich Licht als Aura oder Zelt um Ihren Körper herum vorstellen oder Licht, das Sie wie eine schützende Eierschale umgibt. Solche Bilder sollten bewirken, daß Sie sich trotz der Empfindung, behütet zu sein, gleichzeitig entspannt und offen fühlen.

Fühlen Sie sich angespannt und eingeschlossen oder von der Welt und anderen Menschen abgeschnitten und isoliert, dann versuchen Sie, dieser Meditation eine Wendung zum Offeneren, Freieren zu geben, oder entspannen Sie sich, und tun Sie etwas anderes.

Lichtmeditationen kann man einsetzen, um spezielle Probleme zu beheben, oder sie können generell dazu beitragen, daß wir eine größere Offenheit und Weite empfinden. Während wir über Licht meditieren, können wir uns vorstellen, daß das Licht sich über unseren Körper hinaus ausdehnt und sein Schein sich endlos weiter verbreitet. Wir können die ganze Welt so sehen, als sei sie von reinem und friedvollem Licht berührt, durchflutet und in dieses umgewandelt. Meditieren wir über Licht auf sehr offene Weise, dann wird uns klar, daß Licht unendlich ist, ohne Grenzen oder die Schranken von Zeit und Raum.

Wir können heilendes Licht unseren Bedürfnissen entsprechend in den verschiedensten Formen sehen. Haben Sie eine belastende Emotion, die in einem bestimmten Körperbereich, etwa Ihrer Brust oder Kehle, festzusitzen scheint, dann könnten Sie heilend und fürsorglich Ihre Hand dorthin legen. Indem Sie diesen Bereich einfach sanft berühren, reiben oder massieren und dabei sehr entspannt atmen, können Sie Ihr Problem lindern. Außerdem könnten Sie visualisieren, daß heilendes Licht in vielen Farben aus Ihrer Hand kommt. Omraam Mikhaël Aïvanhov, ein zeitgenössischer christlicher Mystiker, rät:

Wenn Sie große Schmerzen haben, dann bitten Sie das Licht, Ihnen zu helfen. Stellen Sie sich vor, daß aus Ihren Fingern Lichtstrahlen von jederlei Farbe ausgehen, und richten Sie diese Strahlen auf die schmerzende Region. Sie werden bald eine allmähliche Befreiung vom Schmerz verspüren.

Bei manchen Menschen ruft das Meditieren über Licht eine zu sehr dominierende Empfindung des Fliegens oder Umhertreibens hervor. Sollte Ihnen das passieren, dann erden Sie sich, indem Sie sich vorstellen, daß das heilende Licht zwar rein, klar und allumfassend ist, daß man es aber infolge seines unveränderlichen und unverrückbaren Wesens als schwer empfindet.

Heilenergie wachrufen

Wir alle besitzen leuchtende physische und spirituelle Energie in größerem Überfluß, als uns dies bewußt ist. Wir können diese Energie zum Gebrauch in der Meditation und im täglichen Leben wachrufen. Letztendlich sind Energie und Licht dasselbe. Um unser mentales oder physisches Wohlbefinden zu fördern, können wir die Energie, das Licht und die Weisheit, die uns innewohnen, entflammen und vergrößern.

Meditieren Sie – zur Übung, wie man diese Kraft erweckt – über Ihren Körper als eine Quelle enormer Energie. Sitzen Sie irgendwo bequem und behaglich da, die Augen geschlossen oder halb geschlossen. Atmen Sie natürlich und ruhig. Stellen Sie sich Ihren Körper langsam und ohne Hast als ein erstaunliches, wundervolles Gebilde vor, mit seiner Haut, seinen Knochen, Muskeln, Nerven und anderen Organen und seinen Milliarden Zellen in all den unterschiedlichen Varianten, die für das Wunder des Lebens erforderlich sind.

Sie können sich dies alles mit soviel wissenschaftlicher Genauigkeit ausmalen, wie Sie wollen, obwohl eine absolut sachgerechte

Vorgehensweise nicht nötig ist. Der Schlüssel zur Heilkraft der Meditation liegt darin, jede bildliche Vorstellung einzusetzen, die einem hilft, zu fühlen und zu glauben, daß der eigene Körper ein positiver Ort unermeßlicher Energie und Spannkraft ist.
Es kann sehr hilfreich sein, wenn Sie so beginnen: Sie stellen sich eine einzelne Zelle Ihres Körpers vor. Sie gehen in diese Zelle hinein, sehen und empfinden deren wunderbare Vitalität. Stellen Sie sich ihr riesiges Ausmaß vor. Sie könnte so groß sein wie das gesamte Universum.
Eventuell finden Sie es hilfreich, bestimmte elementare Qualitäten der Erde, der Luft, des Feuers und des Wassers in diese Kontemplation einzubeziehen – wie etwa die Fruchtbarkeit oder Kraft der Erde oder die befreiende Reinheit der Luft. Sie könnten auch an der Reichhaltigkeit und Schönheit dieser einen Zelle Gefallen finden, indem Sie sich Musik oder irgendeinen anderen friedvollen Klang vorstellen, oder indem Sie die Zelle berühren und sie als lebensprühend oder kraftdurchpulst empfinden.
Erweitern Sie, nachdem Sie dieser einen Zelle, oder zwei bis drei Zellen, einige Zeit gewidmet haben, schrittweise Ihre Meditation, um die gewaltige Größe Ihres Körpers zu empfinden, seine erstaunliche Stärke und Fähigkeit zur Heilung. Fühlen Sie, daß Sie sich an einer Stätte der Schönheit, des Wunderbaren und der unermeßlichen Fülle befinden.
Gehen Sie dann zurück, und sehen Sie eine Zelle oder mehrere Zellen in deren strahlendem Lichtglanz. Fühlen Sie die Wärme des Lichts. Feiern Sie diesen friedvollen, wunderbaren Lichtort, vielleicht indem Sie sich wieder herrliche Melodien oder Klänge vorstellen. Dehnen Sie Ihre Meditation weiter aus, und beziehen Sie Ihren gesamten Körper ein: Er glüht oder lodert sogar vor Gesundheit und Wärme.
Stellen Sie sich dann vor, und fühlen Sie, daß jede Art von Dunkelheit, Kälte, Schmerz, Druck, Kummer oder Disharmonie in Ihrem Körper oder Geist durch das glühende Licht, die Empfindungen friedvoller Ruhe, die Klänge eines Freudenfests, ge-

heilt wird. All die Zellen sind rege tätig in einem innigen Austausch von Wärme und Segen. Das heilende Energiepotential und Licht von Milliarden Zellen erfüllt Ihren Körper wie die Strahlen von Milliarden Sonnen. Kehren Sie zu diesem Gefühl immer wieder zurück, um sich darin auszuruhen und seine wohlige Wärme zu genießen.

Schließlich könnten Sie sich vorstellen, daß das Licht- und Energiepotential aus Ihrem Körper herauslodert wie ein helles Freudenfeuer in der Dunkelheit. Sie könnten sich vorstellen, daß Strahlen von Ihrem Körper ausgehen und eine Aura, einen schützenden Kreis aus Heilenergie, bilden. Dann dehnt sich die Heilenergie aus, um andere Menschen oder Orte zu erreichen und sie dabei mit Licht und Frieden zu durchströmen. Verfügen Sie über viel Meditationserfahrung, dann könnte sich diese Energie nach und nach dem ganzen Universum öffnen. Ganz gleich, wie Sie Ihre Kontemplation gestalten – beschließen Sie sie, indem Sie sich entspannen und mit Ihren Empfindungen eins sind.

Eine andere Übung, Heilenergie wachzurufen, besteht darin, sich selbst als göttliche Manifestation, etwa als einen Buddha oder ein anderes wunderbares Wesen, vorzustellen. Vergegenwärtigen Sie sich die Göttlichkeit in Ihnen selbst, die Ihnen innewohnende vollkommene Weisheit, und appellieren Sie an diese Weisheit, in Form von Energie und Stärke hervorzukommen.

Heilendes Licht und heilende Energie im täglichen Leben

Wir können in jeden Bestandteil unseres Lebens ein Gewahrsein von Licht und Energie integrieren. Dieses Gewahrsein kann unser Alltagsleben in einen Heilungszyklus verwandeln.

Eine gute Übung für jeden, ungeachtet des persönlichen Temperaments oder der meditativen Fertigkeiten, besteht darin, Gefallen zu finden am Licht der Natur – dem Sonnenschein, den subtilen Lichtveränderungen während des Tages und zu verschiedenen Jahreszeiten, den schönen Sonnenuntergängen, dem Licht des Mondes und der Sterne, dem gedämpften Schimmer eines trüben Tages.

Wir könnten auch in unserer Alltagswelt ein Gewahrsein reinen, absoluten Lichts entwickeln, jedenfalls in unserer Vorstellung. Während wir unserer täglichen Routine nachgehen, kann uns jedes Gewahrsein universalen Lichts Selbstvertrauen und Stärke geben.

Wenn Sie also sitzen, dann sitzen Sie nicht einfach wie ein Felsbrocken da. Sitzen Sie entspannt, aber hellwach, mit einem Gefühl, das wie eine Freudenfeier lichter Energie ist. Seien Sie wie eine Licht verströmende Kerzenflamme.

Wenn Sie denken, dann tun Sie dies nicht mit verwirrtem, festhaltendem oder haßerfülltem Geist. Seien Sie sich bewußt, daß durch das Licht des Geistes die Klarheit von Offenheit und Frieden inspiriert werden kann.

Wenn Sie reden, dann sprechen Sie mit einer Stimme, die weder hart noch kraftlos ist. Wie Licht und Energie kann Ihre Stimme kräftig, klar und wohltuend sein.

Wenn Sie gehen, dann gehen Sie nicht wie eine Marionette aus Fleisch, Nervenfasern und Knochen, die an den Schnüren von Faszination oder Begierde in verschiedene Richtungen gezogen wird. Wenn Sie das unmittelbare Vorhandensein von heilendem Licht und heilender Energie spüren, dann können Sie dies in der Art, wie Sie gehen, freudig würdigen.

Anstatt sich bloß schwerfällig hierhin und dorthin zu schleppen, können Sie durch ein Gewahrsein von Licht Ihren Bewegungen Energie und Anmut verleihen. Genießen Sie das überschwengliche Gefühl, lebendig und im Vollbesitz Ihrer Kräfte zu sein, und öffnen Sie Ihren Körper in einer geraden, entspannten Haltung. Atmen Sie frei, und lassen Sie die Energie zum Vorschein kommen. Fühlen Sie, daß Sie unbeschwert sind von jeglicher Sorgenlast, ohne dies in Ihren Bewegungen übertrieben auszudrücken. Sie bemerken womöglich ein ganz leichtes, aber freudiges Federn in Ihrem Gang – wie ein Astronaut, der ohne Anstrengung auf dem Mond spazierengeht.

Wenn Sie etwas berühren, tun Sie das bitte nicht wie ein Roboter, der nach einem Werkzeug greift. Tun Sie es, wie wenn Heilenergie von Ihrer Hand ausstrahlte und mit einem Objekt in Berührung käme, das seinerseits eine Quelle von Licht ist.

Licht ist nicht nur in uns, sondern überall rings um uns. Das absolute Licht des Einsseins liegt zwar jenseits von Begriffen oder Bildern, aber wir können empfinden oder uns vorstellen, daß das Licht in seiner relativen Form in der Luft um uns und in unserer alltäglichen Umgebung subtil sichtbar ist. All Ihre Bewegungen und Gedanken können in inniger Verbindung mit einer Welt aus Licht stehen. Schon eine Bewegung Ihres Fingers kann das Spiel, der Genuß und die Freudenfeier von Licht und Energie sein.

Wie die Meditation über Licht kann auch die bewußte Wahrnehmung von Licht im täglichen Leben mitunter eine Empfindung des unsicheren Schwankens oder des Umhertreibens nach sich ziehen. Dann sollten Sie sich das Licht in Ihrem Körper, oder bloß in Ihren Füßen, als schweres Licht vorstellen: bis Sie spüren, daß Ihr Körper schwer genug ist, um nicht umherzutreiben, und daß Ihre Füße sicher festen Boden berühren.

Es ist wichtig, klar zu erkennen, ob eine bestimmte Übung zu unserem Naturell und unseren Fähigkeiten paßt. Einige von uns könnten Mühe haben, mit ihren tatsächlichen Empfindungen in engen Kontakt zu treten, und möglicherweise sind wir für diese ins tägliche Leben integrierte Übungspraxis noch nicht gerüstet. Wenn Sie sich angespannt und innerlich blockiert fühlen, führen Sie diese Übung falsch aus. Wird Ihnen schwindlig oder fühlen Sie sich übererregt, dann wenden Sie sich einer ruhigeren Übung zu, oder tun Sie einfach etwas anderes.

Meditationsschüler fragen mich oft, ob eine bestimmte Heilübung »das Richtige« für sie sei oder ob sie diese »richtig« ausführten.

Wir sollten stets das tun, was bewirkt, daß wir uns entspannt und offen fühlen – das ist unsere Leitlinie.
Die bewußte Wahrnehmung von Licht ist eine der Methoden, um Heilenergie zu wecken. Es gibt noch so viele andere. Körperliche Aktivität ist eine großartige Methode, unser Leben ins Gleichgewicht zu bringen und Energien zu wecken. Wandern, Hatha-Yoga oder andere Übungen, Tanzen oder Singen – mit solchen Betätigungen feiern wir das Leben und bewirken wir Gesundheit.

Teil II

Die Heilübungen

8
Heilmeditationen

Einleitung

Einige der nun folgenden Übungen sind direkt aus Schriften des tibetischen Buddhismus entnommen. Andere sind vom Autor anhand der in den Schriften dargelegten Prinzipien ausgearbeitet. Wählen Sie jeweils die Übung aus, die Ihrer Situation gerecht wird.
Wollen Sie sich in eine Heilübung vertiefen, dann müssen Sie mit den in Teil I aufgeführten Hilfsmitteln für die Heilung vertraut sein, die auf die betreffende Übung anwendbar sind.
Die meisten dieser Übungen gliedern sich im wesentlichen in vier Schritte: 1.) Die Probleme erkennen, die eine Heilung erfordern, 2.) sich auf eine Kraftquelle stützen, 3.) die Heilungsmittel anwenden und 4.) den Heilerfolg erzielen. In einigen Übungen bleibt die Kraftquelle unerwähnt. Ferner wird in manchen Übungen ein Bild nicht direkt vorgegeben, sondern Sie können jedes beliebige Bild visualisieren, das sich eignet.
Für eine wirklich erfolgreiche Heilung müssen wir unsere Vorstellungskraft, unseren Verstand, unsere Gefühle und unsere Glaubenskraft in den Heilungsprozeß einbeziehen. Je mehr wir den Heilungsprozeß wahrnehmen, verstehen, verspüren und an ihn glauben, desto tiefgreifender sind seine positiven Auswirkungen.
Wir können jeden der vier grundlegenden Schritte zur Heilung durch vier Meditationstechniken verstärken. Dies erreichen wir dadurch, daß wir 1.) jeden Schritt als Bild wahrnehmen, ihn visualisieren, 2.) uns auf seinen Namen oder seine Bedeutung besinnen, 3.) ein Gefühl für seine charakteristischen Eigenschaften entwickeln und 4.) auf seine Wirksamkeit vertrauen.

Diese Techniken basieren auf dem Verständnis, daß Gedanken kraftvoller werden, wenn wir sie in unserem Geist konkrete Gestalt annehmen lassen. Dinge werden für uns deutlich und unmittelbar, indem wir sie sehen. Wenn wir etwas benennen, bestätigen und bekräftigen wir es und setzen es durch die Kraft des Gedankens zu uns in Verbindung. Wenn wir etwas empfinden, werden wir ganz davon in Anspruch genommen. Wenn wir auf die Kraft und Wirksamkeit von etwas vertrauen, wird es zu einer realen Gegebenheit.

Um beispielsweise Traurigkeit zu heilen, sollten wir die vier Meditationstechniken auf die vier Grundschritte anwenden. Sehen Sie zuerst die Traurigkeit als ein Bild. Erkennen Sie realistisch und ruhig die Traurigkeit. Lassen Sie die traurige Gefühlsregung oder Emotion hochsteigen, damit Sie sich dann von ihr lösen können. Zwar ist es nicht unbedingt notwendig, kann aber bisweilen hilfreich sein, wenn Sie eine Region in Ihrem Körper aufspüren, in der sich das traurige Gefühl zusammengezogen hat – Kopf, Kehle, Brust oder Magengrube beispielsweise. Vielleicht wirkt Ihr ganzer Körper spannungsgeladen und verkrampft. Wo immer die Traurigkeit sitzt – Sie können sie als Bild sehen (visualisieren), etwa als Eisblock. Das macht es Ihrem Geist möglich, diese kränkliche Stelle mit Heilenergien zu berühren.

Unsere Krankheit als reale Gegebenheit zu visualisieren, sie zu empfinden, zu benennen und an ihr reales Vorhandensein zu glauben – aber nicht darin zu verharren –, hilft uns, das zu fassen zu bekommen, was nicht in Ordnung ist, so daß wir es dann direkt kurieren können.

Sehen Sie die Kraftquelle in einer Erscheinungsform, etwa der eines sonnenähnlichen Lichtballs, deren spezifische Eigenschaften große Wärme, Glückseligkeit und Grenzenlosigkeit sind.

Sehen Sie das Mittel zur Heilung in Form gewaltiger glühendheißer Lichtstrahlen, die das Eis der Traurigkeit in Ihrem Körper durch bloße Berührung schmelzen wie heiße Sonnenstrahlen, die auf Eis treffen.

Sehen Sie, daß Sie von Licht erfüllt werden und sich dann in einen strahlenden Heilungslichtkörper voller Wärme, Glückseligkeit, Freude und Offenheit verwandeln.
Neben der Vergegenwärtigung dieser Bilder sollten wir zweitens auch die Traurigkeit, die Kraftquelle, das Heilungsmittel und den Heilungserfolg benennen und klar erkennen.
Und drittens: Sehen und benennen Sie sie nicht bloß, sondern empfinden Sie auch die Traurigkeit, aber verweilen Sie nicht bei ihr.
Empfinden Sie die Gegenwart der Kraftquelle.
Empfinden Sie die Energie des Heilungsmittels, indem Sie die Heilenergie hervorrufen und die Form dieser Energie auf Ihre Bedürfnisse und Ihre Situation zuschneiden. Sie könnte ein großer reinigender Wind sein, der Beschwerden wegfegt, oder ein nährender, wohltuender Regen oder die Energie des Lichts oder die läuternde Kraft des Feuers – oder jedes beliebige andere Heilungsmittel, das sich für Sie eignet.
Empfinden Sie, daß die Heilenergie der Wärme, Glückseligkeit, Freude, Stärke und Offenheit Sie völlig durchdringt.
Und schließlich: Sehen, bezeichnen und empfinden Sie nicht bloß, sondern haben Sie auch die volle Überzeugung und den festen Glauben, daß Ihre Traurigkeit in dem bildlich vergegenwärtigten Eis *ist*. Daß die Kraftquelle vor Ihnen mit der absoluten Kraft zu heilen zugegen *ist*. Daß das Heilungsmittel Sie durch seine bloße Berührung heilen *kann*. Und daß Sie gänzlich geheilt werden und sich in einen Heilungslichtkörper voller Wärme, Glückseligkeit, Freude und Offenheit verwandeln. Empfinden und glauben Sie, daß Ihr Problem soeben geheilt wird. Freuen Sie sich innig über die Heilung, während Sie miterleben und fühlen, wie sie vonstatten geht. Glauben Sie, daß das, was Ihnen Schwierigkeiten macht, gelindert, geläutert, hinweggefegt und zerstreut wird.
Entspannen Sie sich dann einfach ohne weitere Gedanken oder Bilder, und öffnen Sie sich allen Empfindungen, die Sie am Ende der Übung verspüren.

Manche Probleme werden unverzüglich und spurlos verschwinden. Andere erfordern möglicherweise viele Sitzungen.

Wir sollten auch im Hinblick darauf realistisch sein, inwieweit wir die Welt um uns verbessern oder manche Probleme, die uns in die Quere kommen, zu ändern vermögen. Und doch – Meditation mag wohl nicht immer die Verhältnisse ändern, mit denen wir unvermutet konfrontiert werden, aber unsere Einstellung ihnen gegenüber kann sich ändern. Wir können innerlich ruhiger und zufriedener sein. Dies allein schon wird die Situation verbessern oder daran etwas ändern, wie andere rings um uns sich verhalten.

Im Rahmen der Heilübungen ist es wichtig, darauf zu vertrauen, daß uns die Kraft der Meditation Frieden bringen kann. Wir sollten uns der Übung rückhaltlos widmen und so intensiv wie möglich die Empfindung haben, daß das Problem völlig verschwunden ist. Machen Sie sich keine Gedanken, auch wenn der betreffende Sachverhalt dem Anschein nach schwer zu beheben ist. Beschäftigen Sie sich für die Dauer der Meditation mit nichts anderem als dem Wachrufen von Heilenergie und dem Glauben an ihre Kraft. Auf ebendiese Weise erweckt man die innere Stärke von Geist und Körper.

Bei den ersten Schritten, die wir im täglichen Leben auf dem Weg der Heilung machen, ist es am besten, sich mit einem einfachen Problem zu befassen; etwa damit, unsere Angewohnheit zu ändern, daß wir uns wegen des Wetters beunruhigen oder zuviel gedankenlos daherreden. Ebenso ist es beim Durchführen von Heilmeditationen zunächst natürlich leichter, ein einzelnes einfaches Problem zu lösen als viele komplizierte. Durch dieses einfache Vorgehen entwickeln wir die Fertigkeit, Gewohnheit und Inspiration, uns nach und nach mit größeren Problemen zu befassen.

Wenn Sie eine Heilübung für eine bestimmte Schwierigkeit viele Sitzungen hindurch anwenden, ist es möglicherweise nicht erforderlich, daß Sie jedesmal am Anfang das Problem erfühlen oder

sein Bild visualisieren. Nach einiger Zeit können Sie gleich von Anfang an über die Heilenergie meditieren.
Denken Sie auch über die Traurigkeit nach, und versuchen Sie, sie zu charakterisieren. Es kann hilfreich sein, wenn Sie fähig sind zu empfinden, ob sie heiß oder kalt ist. Ist sie kalt, dann visualisieren Sie warmes Licht, warmes Wasser oder warme Luft als Heilungsmittel. Ist Hitze das Problematische daran, dann visualisieren Sie kühles Licht, kühles Wasser oder kühle Luft. Tun Sie jeweils das, was nach Ihrem Empfinden richtig ist. Scheint es Ihnen nicht angebracht, sich auf die Temperatur zu beziehen, dann wenden Sie das an, was für Sie natürlich ist.
Bedenken Sie auch: Sollten Sie bereits positiv empfinden, dann ist das der Zeitpunkt, Ihr Wohlbehagen durch Meditation zu vertiefen und so auf Unannehmlichkeiten vorbereitet zu sein, wenn sie auftreten. Sie könnten kontemplativ über Licht oder Ihre Kraftquelle nachsinnen oder jede Heiltechnik verwenden, die Ihnen zusagt. Welcher Heilungsübung Sie sich auch widmen – kultivieren Sie Ihre Meditation stets als eine Oase des Friedens.

Energieblockaden ausräumen

1. Die Fesseln der Spannung ablegen

Beginnen wir mit einem praktischen, leicht nachvollziehbaren Ansatz, der für sich genommen oder als Vorbereitung auf die Meditation oder jede andere Aktivität hilfreich ist.
Energie zu konzentrieren und sich dann zu entspannen, ist eine gute Methode, physische oder mentale Spannung zu lösen. Konzentrieren Sie Ihren Geist, fühlen Sie die Spannung, und lassen Sie dann los. Dies ist eine einfache Methode, Energieblockaden in Geist und Körper abzubauen.
Wenn Sie sich gestreßt fühlen, dann konzentrieren Sie sich zunächst darauf zu erspüren, wo der Druck sitzt. Häufig können Sie

sich vom Streß einfach dadurch lösen, daß Sie Ihr Gewahrsein auf ihn richten – und loslassen. Sind Muskeln in einer bestimmten Region verspannt, dann werden sie sich lockern, sobald sich dort die bewußte Wahrnehmung des Loslassens einfindet.
Lösen Sie sich vom Streß und Kummer in Ihrem Kopf, indem Sie die Muskeln von Gesicht und Stirn lockern und alle Spannung loslassen. Sie könnten sich auch vorstellen, daß sich heilendes Licht ausbreitet und die Verkrampfung oder den Schmerz in Ihrem Kopf oder die Angespanntheit überall sonst auflockert.
Bei einer weiteren einfachen Übung zur Entkrampfung strecken Sie Ihre Arme hoch über den Kopf und ballen die Hände zur Faust. Atmen Sie ein, während Sie sich strecken; spannen Sie Ihre Muskeln an; bleiben Sie einen Moment lang in dieser Stellung; lassen Sie dann los, und atmen Sie dabei aus. Ein ordentliches lautes Gähnen während der Lockerung ist hilfreich. Spüren Sie, daß alle Spannungen sich lösen, während Ihre Fäuste sich öffnen und loslassen. Wenn es Ihnen hilft, dann stellen Sie sich Ihren ausströmenden Atem als warmen Wind vor, der den Streß hinwegfegt. Entlassen Sie den Atem in die aufnahmebereite Unendlichkeit des Weltraums.
Jeder kleine Schritt, den wir unternehmen, um uns weniger angespannt zu fühlen, kann uns sehr helfen – vorausgesetzt, unsere Einstellung ist positiv und wir sind voll und ganz bei der Sache.

2. Die Energie von Frieden und Freude wiederherstellen

Die im vorigen Kapitel beschriebene Kraftquelle ist ein grundlegendes Heilungsmittel. Indem wir dieses Bild wachrufen, können wir uns rasch Erquickung verschaffen, wenn unser Geist oder Körper erschöpft ist und das Leben ohne Wert, Hoffnung und Sinn zu sein scheint.
Entspannen Sie sich ein paar Minuten. Holen Sie ein paarmal tief Luft, und stoßen Sie beim Ausatmen negative oder unproduktive Energien aus. Visualisieren Sie jetzt die Kraftquelle, und lassen

Sie Ihren Geist dort in voller Aufmerksamkeit verweilen. Gehen Sie bei der Visualisierung nicht zu hastig vor, und forcieren Sie nichts. Lassen Sie vielmehr die positiven und entspannten Empfindungen hochsteigen, die das Bild in Ihnen wachruft. Gewinnen Sie allmählich Vertrauen zu der Vorstellung, daß dieses Bild die Verkörperung aller positiven Energie, aller göttlichen Wesen des ganzen Universums ist. Verharren Sie bei dem Bild, und geben Sie sich ihm völlig hin. Verweilen Sie in den Empfindungen der Wärme und Freude, die es verursacht, und freuen Sie sich aufrichtig über jedes positive Gefühl, das sich einstellt. Lassen Sie schließlich sämtliche Bilder los, entspannen Sie sich, und seien Sie *in* Ihren Gefühlen.

3. Die Blüte der positiven Energie hegen

Die Meditation über ein schönes Naturphänomen, eine Blume etwa, kann unsere Lebensfreude wecken. Stellen Sie sich – um Energieblockaden auszuräumen oder die im Augenblick zu verspürende positive Energie zu verstärken – eine Blume vor, unmittelbar bevor sie eine Knospe bildet. Identifizieren Sie sich innerlich mit der Blume: Sehen Sie sie entweder direkt vor sich, oder empfinden Sie wirklich, daß Ihr Körper die Blume ist. Jetzt wird die Blütenknospe mit mildem Regen, Sonnenschein und einem lebenspendenden leichten Wind genährt. Empfinden Sie intensiv diese Wohltaten. Und falls es Ihnen hilft: Fassen Sie sie so auf, als kämen sie aus Ihrer Kraftquelle.

Lassen Sie sich Zeit beim Nachsinnen über die Knospe, die währenddessen zu einer hinreißend schönen Blüte erblüht. Ihre Schönheit und Reinheit entzückt alle Wesen. Genießen Sie die erhebenden, überschwenglichen Gefühle, die eine solche Meditation hervorrufen kann.

Diese Übung können Sie auf Ihr tägliches Leben ausdehnen: Vergegenwärtigen Sie sich beim Setzen, Züchten und Pflegen von Pflanzen, daß Sie am reichen Leben der natürlichen Welt teilhaben und ein Teil davon sind.

Wenn Sie im täglichen Leben zufällig ein schönes Bild erblicken, dann versuchen Sie, mental nicht daran festzuhalten, dieses sei ein Objekt »da draußen«, das von Ihnen getrennt ist, oder emotional an ihm als einem Rohstoff für die Sinne zu hängen. Lassen Sie zu, daß Sie mit entspannter und offener Geisteshaltung das Bild sehen und die Erfahrung von Schönheit empfinden. Dann werden die Frische, Offenheit, Freude und der Frieden – die Qualitäten, die Sie sehen – in Ihnen erblühen. Denn in Wahrheit treten ja der Schönheitsbegriff und dessen Wirkungen in Ihrem eigenen Geist auf und nicht in den Objekten.

Unsere Emotionen heilen

1. Die finstere Wolke der Traurigkeit loslassen

Wenn Sie sehr traurig sind, dann gestehen Sie sich dies ein. Empfangen Sie diese Empfindung mit offenen Armen. Verspüren Sie die Traurigkeit: kurz, aber in ihrem ganzen Ausmaß; lange genug, um ihrer inne zu werden und die Emotion als das erkennen zu können, was sie ist. Indem wir Traurigkeit empfinden, können wir sie loslassen.

Visualisieren Sie die Traurigkeit als finstere Wolke in Ihrem Kopf, Herz, Magen oder wo immer Sie den meisten Schmerz empfinden. Sie könnte eine gewaltige, sich blähende, unheilvolle Wolke sein. Vielleicht fühlt sich die Wolke schwer an, als würde sie auf Ihnen lasten oder Druck verursachen. Oder Sie verspüren möglicherweise ein sonderbares, mit Übelkeit verbundenes Gefühl.

Wenn Sie sich lange genug auf die Traurigkeit konzentriert haben, um eine deutliche Empfindung zu bekommen, dann lassen Sie die Wolke los. Sie könnten mit dem Loslassen beginnen, indem Sie sie mit Ihrem Atem ausstoßen.

Lassen Sie die Traurigkeit langsam in Schwaden aus Ihrem Kör-

per ziehen wie Dampf, der einer Teekanne entweicht. Lassen Sie sie restlos entweichen. Fühlen Sie die Erleichterung, während Sie sich vorstellen, daß die dunkle Wolke Sie verläßt. Sehen Sie dann zu, wie sie langsam, aber stetig davonzieht, immer weiter fortschwebt und zum fernen Himmelsrand treibt. Sehen Sie ihr weiterhin zu, während sie in der Ferne immer kleiner wird, wie ein davonfliegender Vogel. Verlieren Sie immer mehr die Verbindung zu ihr.
Schließlich verschwindet die Wolke völlig, ganz weit hinten am Horizont. Erspüren Sie, daß Sie jede Verbindung zu der Wolke verloren haben. Alle Spannung in Ihrem geistig-körperlichen Organismus ist fortgezogen, weit fort und ein für allemal verschwunden. Ihr Körper und Geist fühlen sich leicht, gelöst und ohne die geringste Spur von Spannung. Ruhen Sie in diesem Gefühl aus.
Wiederholen Sie diese Übung gegebenenfalls ein paarmal.

2. Die Finsternis der Traurigkeit erhellen
Licht zu visualisieren ist eine weitere Methode, Traurigkeit zu vertreiben. Wenn Sie das Gefühl haben, daß Ihr Geist von Verwirrung, Depression oder Hoffnungslosigkeit umhüllt ist, und Sie gar nicht mehr wissen, wie Sie vorgehen oder was sie tun sollen, dann stellen Sie sich zuerst diese Traurigkeit in Form von Finsternis vor. Visualisieren Sie, daß Ihr ganzer Körper und Geist von absoluter Finsternis angefüllt wird. Empfinden Sie die Traurigkeit, ohne sich davon überwältigen zu lassen. Rufen Sie dann heilendes Licht zu Hilfe.
Sie könnten sich vorstellen, daß das Licht aus Ihrer Kraftquelle kommt. Das Licht könnte aus Ihrem Inneren hervorstrahlen, vor Ihnen aufscheinen oder von oben kommen – jeweils an oder von der Stelle, die Ihrem Gefühl nach richtig ist. Sehen Sie, wie seine Strahlen – hell, warm und freudespendend wie hundert Sonnen – alles in ihr Licht tauchen, auch Sie berühren und augenblicklich die Finsternis vertreiben. Geradeso wie eine schöne Blume unter

der Berührung des Sonnenlichts aufblüht, erblüht Ihr ganzer Körper und Geist unter freudespendendem Licht.
Das warme Licht füllt Ihren ganzen Körper und durchdringt dabei jede einzelne Zelle und jeden Partikel bis hinunter zu den Atomen. Sie können sich eine der Zellen vorstellen, als ein ganzes Universum, durchflutet von Licht. Die Zelle sprüht vor Licht oder leuchtet in farbigen Strahlen. Oder das heilende Licht verwandelt die Zelle in ein schönes Bild oder Gebilde nach Ihrer Wahl.
Stellen Sie sich dann vor, daß das Licht über Ihren Körper hinaus erstrahlt und dabei die ganze Welt erhellt. Spüren Sie, welche Beschaffenheit das heilende Licht hat – es ist unkörperlich, subtil, lumineszierend, durchdringend, weich und grenzenlos. Licht ist keine greifbare Realität, hat mithin nichts an sich, das man festhalten könnte. Nichts, das Druck oder Streß verursachen könnte. Alles daran ist leicht und immateriell.
Haben Sie festes Vertrauen, daß die Finsternis der Traurigkeit für immer völlig verschwunden ist und daß ein wunderbares, Gesundheit schenkendes Licht das gesamte Dasein durchdringt. Die Welt und Sie und das Licht sind eins geworden. Wiederholen Sie diese Übung mit kurzen Unterbrechungen immer wieder; und entspannen Sie sich schließlich jeweils in dem, was sie gerade empfinden, ohne auf Bilder angewiesen zu sein.
Sie können diese Übung auf Ihr tägliches Leben ausdehnen. Wenn Sie das Licht anmachen oder das Licht der Sonne oder des Mondes sehen, dann sehen Sie im Licht das, was die Finsternis durchdringt und die Kraft zur Gesundung bringt.

3. Die Tränen des Kummers trocknen

Wenn Sie ständig frieren oder frösteln, kann der unbedeutendste Zwischenfall oder die leiseste negative Stimmung bei Ihnen letztlich die Empfindung auslösen, als sei Ihr ganzer Körper von den Tränen der Traurigkeit durchtränkt.
Kreislaufprobleme, Bewegungsmangel und ernährungsbedingte oder chemische Stoffwechselstörungen können bewirken, daß wir

frieren. Auch Probleme bei der Arbeit oder in unseren Beziehungen oder selbst so etwas Profanes wie das Wetter können der Anlaß dafür sein. Wir sollten also diese Ursachen oder Gründe jeweils klar erkennen und sie wenn möglich praktisch und konkret bewältigen.

Wir sollten jedoch auch einsehen, daß unser Geist der Hauptverursacher von Traurigkeit ist und daß solche körperlichen Äußerungen wie das Frieren unsere Geistesverfassung widerspiegeln. Das wird uns helfen, selbst angesichts von Problemen eine offene, unbekümmerte Haltung zu entwickeln und so zu meditieren, daß uns warm wird.

Fühlen Sie gelassen Ihre Traurigkeit, und visualisieren Sie sie in Ihrem Körper als finstere Schatten oder Wolken, durchtränkt von Tränen. Visualisieren Sie an einem Punkt im Raum, der sich in erhöhter Position vor Ihnen befindet, Ihre Kraftquelle als das Zentrum und die Essenz großer, lebenspendender Wärme. Sie könnten sich vorstellen, daß die Quelle sich in einen orangefarbenen sonnenartigen Licht- und Hitzeball oder vielleicht in eine Gottheit verwandelt.

Visualisieren Sie nach und nach, daß aus dem Bild kommende helle Strahlen Ihren Kopf berühren. Sehen und fühlen Sie die Helligkeit und die große Wärme. Fühlen Sie, daß die Kälte, die Finsternis und die Tränen sich nach und nach verflüchtigen, wie wenn ein Papierhandtuch in der Sonne getrocknet wird.

Führen Sie die gleiche Übung schrittweise für jeden Teil Ihres Körpers durch, von den Ohren bis zu den Zehen. Stellen Sie sich dann vor, daß Wärme, Licht und ein Gefühl der Zufriedenheit Ihren ganzen Körper erfüllen und dann außerhalb Ihres Körpers erstrahlen und Ihre unmittelbare Umgebung oder sogar das gesamte Universum wärmen. Meditieren Sie so immer wieder. Beschließen Sie die Meditation mit einem Gefühl der Offenheit.

4. Das Trugbild der Angst wegräumen

Wenn Sie ängstlich sind, dann visualisieren Sie Ihre Befürchtungen und Bedenken als flackernden düsteren Nebel oder finsteren Schatten in Ihrem Körper. Fühlen Sie den Nebel. Visualisieren Sie dann, daß ein heller gebündelter Strahl krafterfüllten segensreichen Lichts aus Ihrer Kraftquelle den düsteren Nebel berührt und ihn gänzlich aus Ihrem Körper vertreibt. Ihr ganzer Körper ist von der Kraft heilenden Lichts erfüllt. Ruhen Sie in der Wärme und der Kraft.

Sie können auch, vor Ihnen befindlich, ein mächtiges göttliches Wesen visualisieren, entweder in friedvoller oder in zornvoller Gestalt, ganz wie Sie wollen. Blicken Sie im Geiste die Gottheit direkt an, und sehen und fühlen Sie die erstaunliche Kraft, die aus ihr hervorlodert. Beten Sie dann zu dem göttlichen Wesen, und bitten Sie um seine Kraft, oder stellen Sie sich vor, daß sich die Gottheit in helles Licht verwandelt und sich anschließend in Sie hinein auflöst.

Empfinden Sie jetzt, wie das ist, wenn man keine Angst hat. Stellen Sie sich vor, daß Sie jetzt fähig sind, sich frei, ohne irgendeine noch verbleibende Spur von Angst durch die Welt oder sonstwo im Universum zu bewegen. Wiederholen Sie die Übung, und ruhen Sie in allen Kraft spendenden Empfindungen der Gelassenheit und Weite, die Ihnen diese Meditation vermittelt.

5. Das Gestrüpp der Sorgen wegräumen

Selbst wenn wir glücklich und gesund sind, hegen wir womöglich im Innersten dennoch Angst oder Besorgnis. Wenn wir diese Emotionen nicht umwandeln, dann können sie mit großer Heftigkeit zutage treten, sobald sich ihnen die Gelegenheit bietet.

Wenn Sie etwas Zeit dafür aufwenden, still nach innen zu schauen, erkennen sie möglicherweise einige vertraute Sorgen oder Befürchtungen. Fordern Sie sie freundlich auf, sich zu zeigen. Empfinden Sie alle unangenehmen Emotionen, die aufsteigen, und achten Sie jeweils besonders darauf, ob sie aus einer bestimmten

Region Ihres Körpers zu kommen scheinen. Visualisieren Sie ein Bild, das Ihrem Gefühl nach zu Ihren Sorgen paßt.
Vielleicht sind die Sorgen wie ein dunkles Licht, das aus einer Höhle kommt. Stellen Sie sich vor, daß dieses merkwürdige dunkle Licht, das in Ihnen verborgen war, irgendwie »feststeckte«, jetzt zutage tritt und mühelos erstrahlt. Alle Dunkelheit weicht aus Ihrem Körper und verschwindet vollständig.
Sie könnten aber auch folgendes Bild vor Augen haben: Ihre Kraftquelle berührt die Stelle, an der sich die Dunkelheit verbarg und löst diese auf. Empfinden Sie und vertrauen Sie darauf, daß Ihre Angewohnheit, sich Sorgen zu machen, verschwunden ist, und daß alle Besorgnisse, die möglicherweise außerhalb Ihres Gesichtskreises Wurzeln geschlagen haben, jetzt ein für allemal fort sind. Sie könnten sich sagen: »Ich hab' keine Sorgen! Es ist wundervoll, sich so frei zu fühlen.« Genießen Sie das herrliche, unbeschwerte Gefühl eines von Sorgen freien Geistes und Körpers.

6. Den Selbstschutzpanzer der Empfindlichkeit durchbrechen

Wenn wir unsere Angewohnheit, emotional empfindlich zu reagieren, aufgrund unseres Mangels an Selbstvertrauen stärker werden lassen, werden wir am Ende die meisten Situationen als Quelle von Angst, Gefahr und Kummer erleben. Um unsere empfindliche Mentalität zu heilen, ist es notwendig, die gewohnheitsmäßig vorhandene Selbsteingrenzung, Enge und Verletzlichkeit unseres Schutzpanzers zu durchbrechen.
Erkennen und akzeptieren Sie zunächst Ihre von Empfindlichkeit geprägten Regungen. Stellen Sie sich dann, ohne sich mit Bedenken und Befürchtungen aufzuhalten, selbst in einer subtilen Erscheinungsform vor – unkörperlich, durchscheinend und offen. Sie könnten sich denken, sie seien aus Licht zusammengesetzt oder immateriell wie ein im Spiegel reflektiertes Bild. Empfinden Sie, daß Sie nichts an sich haben, das geschützt werden müßte. Nichts kann Sie festhalten oder verletzen, und aller Schaden geht

geradewegs durch Sie hindurch und ist vorbei. Vertrauen Sie darauf, während Sie sich dies kontemplativ vergegenwärtigen, daß alle Gefühle der Verletzlichkeit, Empfindlichkeit und des Festhaltens an einem Selbst oder Ich verschwunden sind.

Da Sie sich über ein enges, vermeintlich stabiles »Ich« nicht mehr so viel Kopfzerbrechen zu machen brauchen, können Sie sich jetzt entspannen und Ihr Leben genießen. Sie können sich in voller Präsenz jeweils dem zuwenden, was der einzelne Augenblick bringt, und mit Vertrauen und Warmherzigkeit auf die Menschen reagieren, denen Sie begegnen.

Am Ende dieser Übung können Sie sich Ihrer Kraftquelle zuwenden und spüren, daß Sie von heilendem Licht erfüllt werden. Die Energie, die es Ihnen bringen kann, steigert die geistige Kraft und Offenheit.

7. Dem Hang zur Selbstkritik abhelfen

Sich einer Schuld bewußt zu sein ist nicht von vornherein etwas Schlechtes. Sind wir überheblich, dann kann ein gesundes Schuldgefühl unseren Egoismus verringern und uns davon abhalten, Fehler zu wiederholen. Doch viele von uns sind übermäßig selbstkritisch. Wir halten an Schuldgefühlen fest und bringen uns so um die Chance, Erfüllung und Freude zu erfahren.

Empfinden Sie wegen Ihres Schuldgefühls kein Schuldgefühl – dadurch fühlen Sie sich innerlich nur noch kälter und starrer. Seien Sie froh über Ihre Schuld, denn Demut ist positiv. Jede positive Anschauung kann spontan zu einer Inspiration und Heilung werden: genau in dem Moment, in dem wir unsere Einstellung ändern. Sehen Sie also Ihre Selbstkritik als eine Quelle der Warmherzigkeit an. Umgeben Sie sie in Ihrem Geist mit einer Empfindung von Weite und Wohlbehagen.

Lassen Sie dann das Schuldgefühl los, da es eine unnötige Last ist. Empfinden Sie es so, als habe es kein Gewicht, und lassen Sie es davonschweben wie eine Feder in einem sanften Luftzug.

Wenn Sie über Licht meditieren, wie in anderen Übungen geschildert, so kann dies hilfreich sein. Visualisieren Sie Ihre Selbstkritik oder ihr Schuldgefühl als Finsternis, finstere Wolken oder düsteren Nebel. Stellen Sie sich vor, daß aus Ihrer Kraftquelle helle Lichtstrahlen kommen, das Schuldgefühl berühren, es erwärmen und Ihnen die Empfindung vermitteln, es sei gegenstandslos. Das Licht erfüllt Ihren Körper, berührt dabei Ihr Herz und Ihren Geist und vertreibt alle Finsternis. Ohne Schuldgefühl können wir jetzt Freude, Licht und Wärme empfinden. Entspannen Sie sich bereitwillig in jeder positiven Empfindung, die in Ihnen aufsteigt. Wiederholen Sie diese Übung immer wieder, und üben Sie sich schließlich in offener Meditation.

8. Den zerstreuten Geist konzentrieren

Wenn der Geist zu empfindlich und auf sich selbst bezogen ist, meditieren wir, daß wir uns öffnen. Andererseits müssen wir für einen Geist, der ziellos und unkontrollierbar ist, Konzentration entwickeln.

Ist Ihr Geist zerstreut und flatterhaft wie ein Blatt im Wind, dann führen Sie eine der folgenden Übungen durch.

Stellen Sie sich vor, Ihr Körper sei gewaltig und schwer wie ein Berg aus Gold, Silber oder Kristall. Visualisieren Sie, er sei auf einer weiten goldenen Ebene fest verankert und bewege sich kein bißchen von der Stelle. Fühlen Sie die schwere, unveränderliche und unerschütterliche Beschaffenheit des Körpers und seines Fundaments. Lassen Sie Ihren eigenen Körper und Geist die Schwere spüren. Wiederholen Sie die Übung, und ruhen Sie in dem Gefühl der Schwere aus.

Oder visualisieren Sie eine Statue des Buddha, die so groß ist wie ein goldener Berg. Stellen Sie sich ihre Massivität, Stabilität, Erhabenheit und Unerschütterlichkeit vor. Wiederholen Sie die Übung, und ruhen Sie in der Empfindung von Erhabenheit und Stabilität aus.

Auch Achtsamkeit im täglichen Leben verleiht Konzentration und erdet uns. Machen Sie es sich beispielsweise beim Lesen zur

Gewohnheit, sich auf jedes einzelne Wort und seine Bedeutung zu konzentrieren, ohne an etwas anderes zu denken. Wenn Sie gerade nichts tun, ist es sehr hilfreich, sich auf die Atmung zu konzentrieren.

9. Umhertreibende Energien erden

Eine weitere Methode, zerstreute Energie zu erden, besteht darin, sich Licht vorzustellen, das stabilisierend wirkt. Wenn es den Emotionen und Gedanken an jeglicher Erdung mangelt, dann visualisieren Sie, daß heilendes Licht von Ihrer Kraftquelle aus durch Ihren ganzen Körper hinabströmt. Empfinden Sie von Kopf bis Fuß die stabilisierende Kraft dieses Lichts. Während es in die Fußsohlen gelangt, holt es Sie sicher auf den Erdboden zurück. Sie stehen barfuß auf einem sattgrünen Feld, glühend vor Leben und Wärme. Konzentrieren Sie sich auf die Empfindung, wie Ihre Fußsohlen die schwere, fruchtbare Erde berühren. Fühlen Sie, daß Ihre Rastlosigkeit verschwunden ist. Verweilen Sie in der wohltuenden Empfindung von Sicherheit und Festigkeit, während Sie an diesem schönen Fleck stehen. Seien Sie eins mit dieser Empfindung.

Hier noch ein einfaches Verfahren für den Fall, daß Sie von umhertreibenden Gefühlen, verrückten Gedanken oder von Besorgnissen geplagt werden. Richten Sie Ihre Aufmerksamkeit auf Ihre Fußsohlen, denn durch diese sind Sie mit der Erde verbunden. Auch eine sanfte, entspannt und achtsam durchgeführte Massage Ihrer Fußsohlen wird Sie in Ihren Körper zurückrufen und Sie erden.

10. Negative Erinnerungen mildern

Geraten Sie durch eine peinigende Erinnerung, die Sie ständig beschäftigt, aus dem Gleichgewicht, etwa durch einen negativen Zwischenfall bei der Arbeit, so sehen Sie zunächst in Ihrem Geist ein Bild der Situation oder der beteiligten Personen, aber ohne negatives Urteil oder Widerstand. Es kann dann hilfreich sein, zu visualisieren und zu fühlen, daß sich die Erinnerung in Form von Nebel, Wolken, Rauch oder einer Flamme in Ihrem Körper befindet. Läutern Sie die Erinnerung mit einer dafür geeigneten Heilenergie, wie etwa Licht, Wind oder linderndem Nektar. Verweilen Sie so lange in den tröstlichen Gefühlen, wie es Ihnen zusagt. Fühlen Sie, daß die Erinnerung nun entschärft ist und daß Sie nicht mehr an ihrem Stachel zu leiden brauchen, selbst wenn Sie sich des Zwischenfalls entsinnen. Verharren Sie so lange wie möglich bei diesem Gefühl des Befreitseins, und freuen Sie sich aufrichtig darüber.

11. Die Fesseln unerfreulicher Beziehungen durchtrennen

Wenn Sie das Gefühl haben, daß Sie durch eine schlechte Beziehung oder durch die Erinnerung an eine solche emotional verletzt oder verstört werden, dann ist es möglich, Ihre Bindung daran mit Hilfe von Meditation zu durchtrennen. Die nachfolgenden Übungen können auch Ihre Fesselung an zu sehr von Abhängigkeit bestimmte Beziehungen lösen, in denen Sie sich zu schwach fühlen, um auf eigenen Füßen zu stehen.

Das Problem oder die Erinnerung könnte mit jemandem aus Ihrer Arbeitssphäre oder vielleicht mit einer faszinierenden Person verknüpft sein, die früher Ihr Partner/Ihre Partnerin oder Ihr Gatte/Ihre Gattin war. Rufen Sie die negativen Gefühle wach, und visualisieren Sie, daß der oder die Betreffende sich in einiger Entfernung von Ihnen befindet und Sie an einem Seil gewaltsam überallhin mit sich zerrt. Sie haben nicht die Kraft stehenzubleiben und werden heftig hin und her geschleudert.

Beten Sie dann aus tiefstem Herzen zu Ihrer Kraftquelle um Befreiung. Visualisieren Sie diese Quelle deutlich, und stellen Sie sich vor, daß sie ein scharf gebündeltes, laserartiges Segenslicht aussendet, das direkt auf das Seil gerichtet ist. Durch seine Berührung zerreißt das Licht das Seil nicht nur, sondern verbrennt es vollständig, ohne irgendeine Spur davon übrigzulassen, wie wenn Papier in Flammen aufgeht.

Oder stellen Sie sich vor, daß Sie an einer Kette herumgezogen und -gezerrt werden. Während das Segenslicht die Kette berührt, wird sie aus den Händen der Person, von der Sie zu abhängig sind, weggezogen, wie Eisen, das von einem starken Magneten weggezogen wird. Visualisieren Sie dann, daß die Kette sich in beglückendes, gedämpftes Licht auflöst.
Genießen Sie in einer dieser beiden möglichen Visualisierungen die große Erleichterung, daß Sie von dieser für Sie schädlichen Beziehung befreit sind. Spüren Sie Ihre innere Stärke. Entspannen Sie sich in den positiven Gefühlen so lange, wie Sie mögen.
Auch wenn Sie mit der Person, die offenbar Schwierigkeiten verursacht, weiterhin Kontakt haben oder zusammenarbeiten müssen, kann die Übung dennoch sehr wirksam sein. Sie können sich aus der sklavischen Abhängigkeit von negativen Emotionen befreien, oder zumindest werden diese Sie künftig weniger beunruhigen. Wenn Sie fröhlicher sind und das Problem weniger ernst nehmen, kann sich die äußere Situation allmählich verbessern.

12. Sich auf andere im Licht von Heilung und Liebe beziehen
Wir können in schädliche Emotionen wie etwa Haß oder ein Verlangen nach Macht über jemanden hineingezogen werden, wenn wir in dem Gefühl verharren, daß die betreffende Person grausam und ungerecht gegen uns ist. Versuchen Sie, anstatt Abneigung und Wut zu hegen, Ihren Widersacher als an sich liebenswürdig und gut zu betrachten, selbst wenn Sie nicht meinen, daß er oder sie dies auch tatsächlich ist.
Im Buddhismus stellt man sich das gütigste und liebenswürdigste menschliche Geschöpf, das überhaupt denkbar ist, als ein »Mutterwesen« vor. Stellen Sie sich Ihren Feind als weibliches oder männliches »Mutterwesen« vor, das von seinem Weg abgekommen ist. Diese liebe Person ist blind vor Unwissenheit und Krankheit, muß unter den eigenen emotionalen Gebrechen große Qualen leiden. Sie gefährdet ihr eigenes Wohlergehen, indem sie höllische Welten schafft. Können Sie Geduld und Mitgefühl üben,

dann wird Ihr Geist stärker und in sich gefestigter werden. Also gibt Ihnen diese Person eine einmalige Gelegenheit. Sie ist wie ein Arbeitgeber, der Sie für Ihre Arbeit reich entlohnt. In eben dem Maß, in dem sie sich Ihnen gegenüber grausam verhält und dabei ihr eigenes spirituelles Wohlergehen gefährdet, sollten Sie ihr dankbar sein. Denn durch sie bekommen Sie die Chance, sich darin zu üben, das Ich loszulassen und spirituell wirklich vorwärtszukommen.

Visualisieren Sie, nachdem Sie diese mitfühlenden Empfindungen entwickelt haben, daß warme, weiße Wolken heilenden Lichts aus Ihrem Körper hervorkommen und Ihren Widersacher berühren. Durch die bloße Berührung des Lichts werden sein Körper, Herz und Geist von Glück erfüllt. Empfindungen des Friedens und der Freude, die er nie für möglich hielt, setzen ihn in Erstaunen. Überlassen Sie ihn der Freudenfeier dieser Empfindungen. Lassen Sie ihn darin zur Ruhe kommen. Spüren Sie dann, wie die Wärme des Mitgefühls auf andere ausstrahlt und sogar das ganze Universum in Wärme badet.

Sie könnten auch visualisieren, daß Licht aus Ihrer Kraftquelle Ihren Feind und Sie berührt, und daß Sie beide zu einem einzigen Lichtkörper verschmelzen.

Können Sie auf diese mitfühlende Weise meditieren, wird es leichter für Sie sein, Ihren emotionalen Schmerz zu lindern und in der Art, wie Sie sich auf andere beziehen, entspannter zu werden. Wenn Sie gelassen sind, werden Sie reale Probleme klug und sachlich bewältigen können, ohne aufgrund negativer Emotionen das rechte Augenmaß zu verlieren. Die Kraft des Mitgefühls wird Ihre Beziehung verbessern können und in Ihnen beiden die Energie des Friedens und der Freude hervorbringen.

13. Quälende Träume klären

Schlimme Träume sind ein natürliches Ventil für die Entladung mentaler Energie, also brauchen wir uns nicht darum zu kümmern – sie könnten eigentlich eher interessant als schreckenerre-

gend sein. Wenn wir jedoch intensiven Alpträumen ausgesetzt sind, die uns verfolgen und plagen, dann können wir sie klären, indem wir sie uns in der Meditation während des Wachzustands – oder mit der nötigen Erfahrung sogar während des Schlafs – erschließen.
Wir sollten uns daran erinnern, daß jeder Alptraum eine harmlose Schöpfung des Geistes ist. Und heilendes Licht kann jedes uns beunruhigende Bild in ein Bild des Friedens verwandeln.
Wenn Sie beispielsweise ständig davon träumen, Sie seien in einer Zelle eingekerkert, dann berühren Sie das Traumbild mit dem heilenden Licht aus Ihrer Kraftquelle, und sehen und fühlen Sie, wie das Gefängnis verschwindet.
Oder angenommen, irgend etwas jage Ihnen wiederholt in Ihren Träumen nach, dann könnten Sie stehenbleiben und es Sie einholen lassen, wenn Sie sich endlich bereit fühlen, ihm entgegenzutreten. Seien Sie weder aggressiv noch angsterfüllt, sondern berühren Sie es mit heilendem Licht, und wandeln Sie es in friedliche und erfreuliche Bilder um. Es wird womöglich vor Ihren Augen zu einem Bild des Friedens!

14. Neurotische Symptome besänftigen
Manche Menschen werden von Sinnestäuschungen, Vorzeichen oder Empfindungen paranormaler Art oder von schweren neurotischen Symptomen in Unruhe versetzt. Ihr Wachzustand gleicht einem furchtbaren Alptraum.
Genau wie wir mit schlimmen Träumen, die uns im Schlaf verfolgen, sanft und freundlich umgehen, ist auch bei sehr zerrüttenden neurotischen Störungen ein sanfter Umgang angebracht.
Bei solchen Störungen sollten wir uns nicht scheuen, Freunde oder erfahrene Ratgeber um Hilfe und Unterstützung zu bitten, sofern dies erforderlich zu sein scheint. Auch Heilmeditationen können helfen, die zugrunde liegende Ursache zu läutern.
Wir sollten unseren Verstand gebrauchen, um klar zu erkennen, daß diese störenden Erfahrungen selbst vom Standpunkt der kon-

ventionellen Wahrheit aus trügerisch – bloße Hirngespinste oder mentale Projektionen – sind. Dies allein kann schon unser Leiden leichter machen.

Wir können auch solche Seelenqualen als positiv ansehen, da sie uns auf die Notwendigkeit hinweisen, uns von dem zugrunde liegenden Leiden zu lösen und es zu heilen. Neurotische Symptome resultieren aus dem durch unser Festhalten bedingten Versuch des Geistes, eine tiefere emotionale oder spirituelle Wunde zu schützen, geradeso wie unsere Muskeln sich in einem Schutzreflex schmerzhaft um eine Verletzung oder Verstauchung im unteren Rückenbereich zusammenziehen. Unsere mentale Krise gibt uns die Chance, vollkommen zu genesen. Letztlich können wir dann gesünder und glücklicher sein als zuvor.

Lassen Sie sich von dem speziellen Symptom und den momentanen Erfordernissen leiten. Wenden Sie, wenn Sie können, irgendeine der bis hierher geschilderten Übungen an, die für Ihr jeweiliges Symptom geeignet ist. Fühlen Sie sich beispielsweise eingeschlossen, dann kann Meditation über Licht hilfreich sein.

Fühlen Sie sich manisch oder außer Kontrolle, dann ruhen Sie still aus, und achten Sie auf das angenehme Gefühl, einfach so, wie Sie sind, in Ihrem Körper zu sein. Jede Meditation, die uns beruhigt oder verankert, kann helfen.

Sind Sie äußerst verwirrt, dann ruhen Sie sich gelassen aus, in dem Bewußtsein, daß die Verwirrung mit Hilfe von Ruhe und Heilung vergehen wird. Selbst in diesem Geisteszustand könnten Sie in einem inspirierenden Gemälde oder Buch Trost finden. Richten Sie Ihre Aufmerksamkeit behutsam jeweils auf nur ein Wort, auch wenn das bedeutet, daß Sie dann nicht mehr als einen Satz oder Abschnitt lesen.

Empfinden Sie Ihre nervösen Symptome als lähmend oder niederdrückend, dann stellen Sie sich diese Empfindungen als ein gewaltiges Gewicht vor. Legen Sie dieses dann beiseite, damit Sie einen Spaziergang machen oder mit Freunden zusammensein können.

Manchmal ist es am besten, einfach entspannt in engem Kontakt mit den eigenen Gefühlen zu bleiben und sich ganz dem Fluß der Emotionen anzupassen, in dem Bewußtsein und Vertrauen darauf, daß man den Sturm heil überstehen kann. Ruhen Sie sich aus, und seien Sie still. Nehmen Sie Ihrem eigenen Wohlergehen gegenüber stets eine fürsorgliche Haltung ein.

15. Das Feuer aufbrausender Emotionen löschen

Wenn Sie eine hochexplosive Emotion, wie etwa heftiges Verlangen, Wut oder Eifersucht verspüren, dann rücken Sie einen Schritt weit von der Emotion ab, und beruhigen Sie sich dabei wenn nötig mit einigen langen, entspannten Atemzügen. Erkennen Sie die Explosivkraft und das Faszinierende der Emotion an, ohne sich von ihr überwältigen zu lassen. Visualisieren Sie jetzt die Emotion als blaue Flamme in Ihrem Körper. Spüren Sie das erregende Prickeln dieser Flamme.

Bieten Sie dann die feste Überzeugung auf, daß Sie Ihr Wohlergehen schützen müssen. Rufen Sie die Macht der Kraftquelle an. Stellen Sie sich vor, daß ein kühler Strom heilenden Nektars von der Kraftquelle herabfließt, in Ihren Körper eintritt, Sie von Kopf bis Fuß erfüllt und das zerstörerische Feuer löscht. Stellen Sie sich jede angenehme und heilende Empfindung vor, die Ihnen hilft, wie etwa Kühle oder ein tief befriedigendes Gefühl der Erquickung und Linderung. Empfinden Sie und vertrauen Sie darauf, daß das Feuer aus ist.

Freuen Sie sich, daß Sie genau in diesem Augenblick von zerstörerischen Emotionen gänzlich befreit sind. Behalten Sie diese Empfindung von Erleichterung und Weite noch mehrere Minuten lang oder so lange, wie Sie mögen, bei. Bringen Sie wenn möglich die innere Ruhe in eine Tätigkeit ein, die Ihre Aufmerksamkeit in Anspruch nehmen und Ihre heilsame Freude und Entspannung steigern wird.

16. Begierden und emotionale Gifte läutern

Eine weitere Meditation für Emotionen, die Ihnen schwer zu schaffen machen, insbesondere wenn diese sich so erdhaft oder massiv anfühlen, daß man sie fast schon mit Händen greifen zu können glaubt, besteht darin, sie als Schmutz und Verunreinigungen im Körper zu visualisieren. Fühlen Sie, daß die betreffende Emotion wie ein Gift ist, das Sie krank machen könnte, wenn Sie daran festhalten. Stellen Sie in Ihrem Geist eine feste Verbindung zu der Kraftquelle her, und beten Sie zu Ihr um Hilfe, oder bitten Sie sie darum. Visualisieren Sie dann, daß aus der Kraftquelle eine riesige, Weisheit symbolisierende, heilende Flamme auf Sie zukommt. Stellen Sie sich diese als großes, grell loderndes, aber wohltätiges Feuer vor.

Durch bloße Berührung wird der ganze emotionale Schmutz in Ihrem geistig-körperlichen Organismus zu Asche verbrannt. Dann fließt ein Strom heilenden Wassers, der Mitgefühl symbolisiert, in Sie hinein und spült die ganze Asche Ihres emotionalen Schmutzes fort. Schließlich weht ein starker, segenspendender Wind, der Kraft symbolisiert, die ganzen Verunreinigungen fort, ohne irgendeine Spur davon übrigzulassen. Empfinden Sie, daß Sie jetzt frei von negativen Emotionen sind.

Vertrauen Sie darauf, daß die Heilenergien Ihre ganzen emotionalen Spannungen gelöst haben. Ruhen Sie aus in dem Gefühl der in ihren Körper und Geist eingekehrten Erleichterung und Befreiung.

Sie können diese meditative Übung in das tägliche Leben hineintragen, indem Sie sich jedesmal, wenn Sie irgendeine Erscheinungsform von Feuer, Hitze, Wasser oder Wind sehen oder mit dieser in Berührung kommen, vorstellen, daß Ihre Beschwerden geheilt werden.

17. Schwierigkeiten mit Hilfe der Atmung auflösen

Angesichts so zahlreicher Heilmethoden übersehen wir manchmal ein Hilfsmittel, das uns ohne weiteres zugänglich ist – unsere

Atmung. Die Fähigkeit, positive Bilder zu visualisieren, ist ein sehr wirkungsvolles Werkzeug. Doch manche Menschen wollen Spannung möglicherweise auf eine andere, ihren speziellen Bedürfnissen entsprechende Art lösen.

Vielleicht haben Sie ja die Lektüre all der Ratschläge in diesem Buch langsam satt, und Sie brauchen etwas Leichtes! Also gut: Hier ist eine sehr einfache, wirksame Übung.

Wenn Sie unter Streß stehen oder irgendwelche emotionalen Schwierigkeiten haben, dann wenden Sie Ihre Aufmerksamkeit Ihrer Atmung zu, insbesondere Ihrer Ausatmung. Sorgen Sie dafür, daß Ein- und Ausatmung entspannt erfolgen, und richten Sie sich dabei nach Ihrer Ausatmung. Geben Sie sich ganz der Ausatmung hin; gehen Sie entspannt in ihr auf. Sie stellen möglicherweise fest, daß sie sehr entspannt und lang wird, aber wie immer sie sich gestaltet – lassen Sie einfach Ihr Gewahrsein mit ihr einhergehen. Verharren Sie so lange dabei, wie für Sie erforderlich. Das ist eine wirklich leichte Heilung. Jeder kann sie durchführen.

Heilung durch Klang und Laut

Visualisierung und die Atmungskontemplation sind zwei probate Heilungsmittel. Ein weiteres ist der Klang unserer eigenen Stimme.

Die Religionen haben zu allen Zeiten Ton und Klang als wundervolle Ausdrucksform der Spiritualität genutzt. Ebenso scheinen auch im übrigen kulturellen Leben Musik und Gesang spontan zur Verherrlichung unseres Menschseins zu erklingen.

Bestimmte Laute bewirken von Natur aus, daß wir uns offen und entspannt fühlen. In der Musiktheorie bewanderte Sängerinnen oder Sänger sind sich der erfreulichen Möglichkeiten bewußt, die der Gebrauch der »hellen« Vokale bietet – der gedehnt artikulierten Laute »a«, »e«, »i«, »o« und »u«. Man hat mir gesagt, die Songs in den traditionellen Broadway-Musicals seien so konzipiert, daß ein Gesangssolo jeweils auf eine Silbe endet, die einen dieser gedehnten, »hellen« Laute enthält. Die Sängerin oder der Sänger kann dann den Schlußton mit entspannter und offener Kehle halten, der Klang schwingt sich empor, und die daraus resultierende emotionale Befreiung führt letztlich dazu, daß sich jeder beglückt fühlt.

Wir können heilende Klänge in unsere Meditation und unser tägliches Leben einbringen. Vor sich hin singen, auf nicht weiter anspruchsvolle Weise psalmodieren – das ist einfach, und jeder von uns kann das; aber wenn man es achtsam ausführt, kann es ein höchst effektiver Heilfaktor sein. In den Übungen des Buddhismus werden bestimmte Worte und Laute bevorzugt. Aber vielleicht ziehen Sie es ja doch vor, Laute zu singen oder zu beten, die Ihnen etwas bedeuten: etwa die Ihrem Herkommen gemäßen Gottesnamen oder ein Wort wie *Amen, Shalom* (hebräisch für »Frieden«), *Frieden* oder die Silbenfolge OM AH HUNG.

1. Besänftigung durch den Laut der Offenheit

In buddhistischem Schrifttum gilt AH als der Ursprung aller Rede und eines jeden Lauts – als die Quelle der Offenheit. Das sanfte kunstlose Psalmodieren dieses Lauts ist eine besänftigende, offenherzige Meditation.

Lassen Sie den Laut natürlich mit Ihrem Atem kommen; die unumgänglichen Pausen ergeben sich dabei aus Ihrem Atemrhythmus. Genießen Sie den Klang Ihrer Stimme, und stellen Sie sich vor, die ganze Welt sei von friedvollem Klang erfüllt. Stellen Sie sich dann vor, daß der alles durchdringende Klang Ihnen mit kräftiger, aber liebevoller Stimme die folgende Botschaft übermittelt: »Alle Gefühle der Unvollkommenheit, alle Schuld, alle negativen Energien in dir sind vollständig geläutert! Jetzt bist du rein, gesund und vollkommen! Feiere, und freu dich von Herzen!« Spüren Sie, daß der Laut augenblicklich ein starkes

Gefühl von Wärme und Heilung wachruft, und überlassen Sie sich entspannt dieser Erfahrung. Verschmelzen Sie dann eine Zeitlang mit Ihrem Singsang. Seien Sie einfach eins mit dem Klang.

Sie können auch Verletzungen heilen, die durch negative Äußerungen verursacht wurden. Wenn Sie jemandem gegenüber, Ihrem Vater beispielsweise, Schuld oder Groll empfinden, dann stellen Sie sich vor, daß Sie inmitten des positiven Klangs immer wieder seine Stimme voller Güte und Aufrichtigkeit einige Worte sagen hören, etwa diese: »Ich bin dankbar und glücklich, dich als Sohn/Tochter zu haben. Wir haben beide Fehler, aber wer hat keine? Wir sollten einander verzeihen. Mein Kind, sei einfach ganz die Person, die du bist. Ich hab' dich lieb.« Empfinden Sie ruhig den Sinn dieser Worte und das Gefühl, das sie vermitteln. Dann können Sie Ihrem Vater durch den Klang Ihres Singsangs sagen: »Danke, daß du mir sagst, was du fühlst! Ich bin sehr glücklich, daß du mein Vater bist! Ich hab' dich lieb, Vater!« Empfinden Sie dann, daß all die Beziehungsprobleme, die Sie mit Ihrem Vater haben, verschwunden sind wie Nebel in der Sommersonne und daß Sie sich innerlich ruhig und ausgesöhnt fühlen.

Beziehungen ändern sich nicht immer über Nacht; aber wenn wir uns von ganzem Herzen in einer solchen Meditation üben, können wir unseren Groll dadurch läutern. Dies könnte schließlich zu einer einschneidenden Verbesserung führen.

Ein weiterer Gebrauch von Laut und Klang beinhaltet, daß wir uns ausdrücklich und hörbar ermutigen. Sagen Sie sich, sobald Probleme auftreten, daß alles völlig in Ordnung ist – auch mit den vorhandenen Unzulänglichkeiten. Wählen Sie die Worte, die zu Ihrer Mentalität und Ihren Bedürfnissen passen. Die Klangwirkung kann den positiven Effekt gewöhnlicher Worte oder Gebete vergrößern.

Manche von uns würden am liebsten gar keinen Laut von sich geben. Überempfindlichen Menschen bietet gerade das Ertönenlassen von Klängen eine ideale Möglichkeit, Empfindungen wie Angst und Besorgnis aufzulösen. Haben Sie Hemmungen, weil andere Sie hören könnten, dann suchen Sie sich einen abgelegenen Ort. Als ich in Tibet aufwuchs, psalmodierten die jungen Mönche gern an den Ufern tosender Flüsse. In der Großstadt könnten Sie in der Nähe einer belebten, lärmenden Straße psalmodieren oder singen, wo es niemand bemerken oder sich drum scheren wird. Bringen Sie sich langsam in Schwung, und lassen Sie mit Ihrem entspannt ausströmenden Atem ein anschwellendes AH oder irgendeinen anderen Laut, den Sie als natürlich empfinden, ertönen. Lassen Sie innerlich wirklich los: Es ist Ihr gutes Recht, ein Freudengeräusch von sich zu geben!

2. Heilung durch gesegneten Klang

Die Laute OM, AH und HUNG (mit gedehntem *u* und weichem *h* ausgesprochen) betrachtet man als die »Keimsilben« von Körper, Rede und Geist des Buddha, des voll erleuchteten Wesens. Aufgrund des universalen Charakters dieser Laute kann jeder aus ihnen Nutzen ziehen.

Diese drei Silben umfassen eine der wirkungsvollsten psalmodischen Tonfolgen im Buddhismus. Sie sind ihrem Wesen nach rein und archetypisch, nichts Ausgedachtes, frei von Begrifflichkeit, von Festhalten und von Starrheit. Lassen wir demnach diese Laute einfach erklingen, so können wir offener sein.

Für Buddhisten bergen diese Laute auch einen besonderen Sinn. Sie sind Ausdruck sämtlicher Qualitäten des Buddha: OM ist die unveränderliche Kraft und Schönheit der wahren Natur, die uns allen innewohnt – der Buddha-Körper; AH ist der unaufhörliche Ausdruck und die alles durchwaltende Energie der Wirklichkeit – die Buddha-Rede; HUNG ist die Offenheit des Wirklichen, Vollkommenen, ohne Anfang, von Veränderung unberührt – der Buddha-Geist. Diese schon seit langem in Heilverfahren verwendeten Laute sind all die Zeitalter hindurch von vielen Buddhas und erleuchteten Wesen gesegnet worden.

Jede einzelne Silbe repräsentiert besondere Heilungsqualitäten. Das gesungene OM bringt Frieden, Glückseligkeit, Klarheit, Fe-

stigkeit, Mut, Stabilität und Stärke; AH bringt Energie, Offenheit, Ausweitung und verleiht Autorität; HUNG ist mit Erleuchtung, Unendlichkeit, Essenz und Einssein verknüpft.
Sie können die drei Silben jeweils mit gleicher Betonung singen. Oder betonen Sie beim wiederholten Singen der Silben jeweils diejenige, die den von Ihnen besonders benötigten heilsamen Eigenschaften entspricht. Beispielsweise so:

OOOOOOOOOMMMM AHHHHHHHHHHHH HUUU-
UUUUNNNNNGGG
OOOOOOOOOOOOOOOOOOOMMMMMM AHHHHH
HUUUUNNNGGG
OOOOMM AHHHHHHHHHHHHHHHHHHHHHHHHHH
HUUUNNNGGG
OOOOMM AHHHHHHHH HUUUUUUUUUUUUUUUU-
UUUNNNNNGGG

Singen Sie die Silben jeweils so, wie Sie es als wohltuend empfinden – mit steigender und fallender Intonation oder in gleichbleibendem Ton, leise oder laut, in hoher oder tiefer Stimmlage, mit sanft erklingender oder mit donnernder Stimme.
Sie können mit diesen Lauten arbeiten, um belastende Gedanken, Empfindungen und Bilder umzuwandeln. Entwickeln Sie die Empfindung, in dem gesungenen Laut OM sei Traurigkeit oder eine quälende Emotion in Form von Wolken, Rauch oder Nebel enthalten. Lassen Sie beim Singen von AH die Probleme für immer los. Spüren Sie bei HUNG, wie die Heilwirkung von Frieden und Offenheit zum Tragen kommt.
Sie können mit diesen Silben (oder mit dem Laut AH allein) auch Ihre Kraftquelle wecken. Spüren Sie, daß der Klang alle Heilkräfte des Universums herbeibittet. Diese entstehen aus ihm, und auch die Kraftquelle kommt aus dem Klang hervor und ist selbst eine Verkörperung dieser Heilkräfte. Sehen und fühlen Sie, daß von dem Klang und dem Bild warmes, helles Licht ausstrahlt. Das

Licht füllt nach und nach Ihren Kopf und Ihren gesamten Körper. Erfreuen Sie sich, während Sie weiterhin psalmodieren, in aller Ruhe am Klang und am Licht, das jedem Teil von Körper und Geist Heilung bringt.

3. Die eigenen Emotionen still läutern

Psalmodisches Singen kann auch still erfolgen. Eine als »dreifaches Atmen« bezeichnete Übung beinhaltet, daß wir still die drei Keimsilben vor uns hin sprechen und uns dabei ganz auf unsere Atmung abstimmen. Das fördert Konzentration und Geisteskraft, läutert negative Emotionen und kann eine gute Vorbereitung auf jede andere Heilmeditation sein.

Sagen Sie beim dreifachen Atmen innerlich OM, während Sie einatmen. Sagen Sie AH, während Sie innehalten – in dem Moment, da der Atem gerade dazu ansetzt, in die andere Richtung zu fließen. Sagen Sie HUNG, während Sie ausatmen. Empfinden Sie, daß Sie in harmonischer Übereinstimmung mit dem Körper, der Rede und dem Geist des Buddha und sämtlicher Buddhas aller Zeiten atmen. Falls Ihnen eine weltliche Vorgehensweise mehr zusagt, dann würdigen Sie diese drei Silben als die universale Verkörperung von Kraft, Offenheit und Einssein.

Lassen Sie Ihren Atem und die Silben natürlich fließen. Geben Sie sich dem vollständig hin, so daß Ihre Atmung, die Silben und Ihr Geist eins werden. Lassen Sie schließlich Ihr stilles Psalmodieren sich in entspanntes Atmen auflösen, lassen Sie die Silben los, und gehen Sie auf in der Stille des Atmens.

Im Getöse des modernen Lebens ist es verlockend, auf lärmende Ablenkungen zurückzugreifen, die uns von dem, was wir wahrhaft sind, fortreißen. Vielleicht fürchten wir uns vor der Stille, so wie Kinder sich vor dem Dunkel fürchten. Indem wir uns ganz dem Psalmodieren oder Singen hingeben, das der Körper in inniger Verbindung mit dem Geist hervorbringt, lernen wir, Klang und Laut zu schätzen. Dann wird es leichter, Stille voll zu würdigen.

9
Physische Disharmonie heilen

Buddhisten glauben, daß Disharmonie zwischen Geist und Körper die letztendliche Ursache von Krankheit ist. Heilung durch Meditation schafft emotionale und gleichermaßen physische Harmonie, die hilft, potentiell schädliche Blockaden zu lösen, und den Körper sogar bis hin zur zellulären Ebene belebt und kräftigt.

Uralter tibetischer Heilkunde zufolge setzt sich der Körper aus den Elementen Wasser, Feuer, Luft/Wind und Erde, ferner aus Hitze und Kälte zusammen. Die moderne Wissenschaft hat uns ein komplexes und wundervolles Bild des Körpers gegeben, aber selbst heute bewähren sich die überlieferten Orientierungsmuster aus alten buddhistischen Schriften noch immer als Hilfsmittel, unsere inneren Schätze nutzbar zu machen.

Wir müßten uns auf ein intensives Studium der heilkundlichen Traditionen des Ostens einlassen, um all die fruchtbaren, Emotion, Körper und Geist betreffenden Einsichten zu verstehen. Doch für unsere Zwecke ist positive Einstellung der eigentliche Kern der Sache. Es kann zwar hilfreich sein zu bestimmen, ob ein Leiden heiß oder kalt ist, aber Menschen aus dem Westen haben im allgemeinen nur wenig Erfahrung damit.

Praktisch jeder meditative Ansatz, der bewirkt, daß wir uns gut und wohl fühlen, kann uns emotional wie auch physisch helfen. Die in Kapitel 7 geschilderte Übung, in der es um das Wachrufen der Heilenergie in unseren Zellen geht, könnte für physische Probleme besonders bedeutsam sein. Wir könnten jede Übung anwenden, die darauf abzielt, Energieblockaden auszuräumen. Oder wir könnten jederzeit Erfrischung und Erleichterung finden, indem wir einfach über unsere Kraftquelle meditieren.

Wenn Sie das Gefühl haben, womöglich sei ein bestimmtes emotionales Problem der eigentliche Grund für Ihre physischen Symptome, könnten Sie darüber meditieren, daß Sie sich davon lösen. Aber es ist nicht nötig, jeweils eine bestimmte, der Heilung bedürftige mentale Sperre haargenau zu identifizieren oder sich auf sie zu konzentrieren. Allein schon die einfache Absicht, emotionale Blockaden loszulassen, ist nützlich.

Eine entspannte und offene Meditation, die speziell auf ein einzelnes Problem gerichtet ist, kann andere Probleme auflösen und unsere Stimmung heben. Meditation kann eindrucksvolle körperliche Heilungen bewirken. Selbst wenn wir ein physisches Leiden nicht vertreiben können, kann Meditation unseren Geist befreien helfen, und das ist die Heilung, auf die es am meisten ankommt.

Licht, das physische Leiden heilt

Im tibetischen Buddhismus sind Visualisierungen von Licht das weitestverbreitete Mittel zur Heilung emotionaler Blockaden wie auch physischer Beschwerden.

Schaffen Sie sich eine entspannte Atmosphäre, ehe Sie mit einer Visualisierung beginnen, sei es, um sich von einer mentalen Blockade zu befreien oder gegen physische Leiden wie etwa einen Tumor oder Stauungen in den Arterien vorzugehen. Holen Sie ein paarmal tief Luft, oder stellen Sie sich eine Zeitlang ganz auf Ihre ruhige Atmung ein.

Wenn die Blockade kalt ist oder Sie sie als kalt empfinden, dann spüren Sie einfach ein paar Minuten lang ihre Eigenschaft – wie eisig, hart oder frostig-abgekühlt sie ist. Stellen Sie sich dann Ihre Kraftquelle vor: Sie befindet sich etwa auf Scheitelhöhe Ihnen gegenüber.

Lassen Sie eine wohltuende und offene Empfindung des Vertrauens in die Heilkraft des Geistes in sich aufsteigen. Rufen Sie jetzt ein feuriges Licht aus Ihrer Kraftquelle hervor. Ist Ihre Kraftquelle ein visualisiertes göttliches Wesen, dann könnte das feuerrote Licht den Augen, der Hand oder dem Körper des göttlichen Wesens entströmen.

Das warme rote Licht dringt in die Blockade ein. Wenn es eine kalte Blockade in Ihrem Kopf ist, dann fühlen Sie dort bei der Berührung des Lichts Wärme und Wohlbehagen. Stellen Sie sich vor, daß der eisige Block langsam schmilzt und sich völlig in Wasser auflöst. Das Wasser rinnt langsam durch den Körper hinunter, durch Ihren Hals, Ihre Brust, Ihren Bauch und Ihre Beine, und hinaus aus Ihren Fußsohlen, Zehen und den unteren Pforten, um dann ganz und gar im Boden zu verschwinden.

Mit warmen oder kühlen Blockaden können Sie auch folgendermaßen arbeiten: Wenn Ihre Krankheit mit Hitze verbunden ist, dann visualisieren Sie ein kühles weißes Licht, das aus der Kraftquelle kommt und Ihren Oberkörper umgibt. Es zieht Ihre ganze Krankheit an wie magnetisiertes Metall und tritt aus Ihrem Scheitelpunkt aus, um sich in den Himmel hinein aufzulösen. Wenn sich Ihre Krankheit kalt anfühlt, dann visualisieren Sie ein warmes rotes Licht aus der Kraftquelle, das Ihren Unterkörper umgibt. Es zieht die Krankheit an und tritt aus Ihren Füßen aus, um sich in die Erde hinein aufzulösen.

Wenn der Schmerz oder Blockadeherd sich stechend-scharf wie ein Stein, Stock, Nagel oder Messer anfühlt, so visualisieren Sie ihn zunächst in der dementsprechenden Form. Stellen Sie sich dann vor, daß durch die bloße Berührung mit dem Licht aus der Kraftquelle der nagelartige Schmerz augenblicklich aus dem Körper herausgezogen wird, so wie wenn man unvermutet einen Splitter oder Dorn herauszieht. Vertrauen Sie darauf, daß er vollständig entfernt, wirklich verschwunden ist und nicht die geringste Spur eines Schmerzes zurückbleibt. Ruhen Sie in dem Gefühl von Frieden und Erleichterung und in der Energie guter Gesundheit.

Wenn Sie einen Tumor haben, könnten Sie, nach kurzer innerer Ausrichtung auf seine Position und ungefähre Form, ein sehr helles, scharf gebündeltes, laserartiges Licht visualisieren, das aus Ihrer Kraftquelle kommt. Die bloße Berührung des Lichts zerschneidet die Krebswucherung in winzige Stücke, und diese zerfallen in ihre atomaren Bestandteile. Diese Partikel werden durch den Körper abwärts befördert und lösen sich in den Boden hinein auf, oder sie gehen ab, wenn Sie das nächste Mal urinieren oder den Darm entleeren.

Falls Ihre Arterien durch sogenannte Verkalkungen gefährlich verengt sind, dann erspüren Sie diese zunächst, um sie zu lokalisieren. Setzen Sie dann strahlend helles heilendes Licht aus der Kraftquelle ein, um all die schädlichen Ablagerungen zu verdünnen, zergehen zu lassen, auszuschwemmen und wegzuräumen. Fühlen Sie immer wieder, daß Ihre Arterien weit geöffnet und frei sind und daß Blut und Energie sie ohne eine Spur von Behinderung durcheilen.

Und so können wir, je nach Bedarf, heilendes Licht in den verschiedensten Formen visualisieren – als heißes Licht, warmes Licht, scharf gebündeltes Licht oder kühles Licht. Manche Menschen stellen sich auch besenartige Lichtstrahlen vor, die Krankheit wegfegen, oder wasserartige Lichtspritzer, die die Verunreinigungen des Körpers wegwaschen.

Benutzen Sie die Methode, die Ihrem Gefühl nach für Sie die beste ist. Wenn beispielsweise Ihre Nerven oder Muskeln starkem Druck ausgesetzt sind oder gequetscht werden, dann führen Sie die geeigneten herkömmlichen Bewegungsübungen oder die passende Therapie durch – mit der Empfindung, daß dabei wärmespendendes Licht Ihre Gelenke beweglich zu machen hilft, Druckbelastungen löst und alles beschädigte Gewebe heilt.

Wasser, das physische Leiden heilt

Wie Licht wird auch Wasser häufig als ein Bild empfohlen, mit dem man in der Meditation innere Gesundung und Läuterung wachrufen kann.

Stellen Sie sich Wasser als einen nektarartigen heilkräftigen Strom vor. Aus Ihrer Kraftquelle ergießt er sich durch Ihren Kopf hinunter und durchfließt Ihren Körper, beruhigt und reinigt dabei jeden einzelnen seiner Bestandteile und stellt insbesondere den Fluß und die Harmonie zwischen den Zellen wieder her, die von Krankheit befallen sind. Empfinden Sie und vertrauen Sie darauf, daß er Schmutz und schädliche Entgiftungsstoffe fortspült. Ihr Körper wird rein wie eine saubere, durchsichtige Flasche.

Wiederholen Sie die Übung immer wieder; sehen Sie dann, wie der Strom Ihren Körper füllt. Sie könnten sich vorstellen, daß er sogar Ihre Gewebe- und Blutzellen füllt und dabei Reinheit und Gesundheit bringt. Entspannen Sie sich schließlich in Ihren Empfindungen.

Sie könnten sich einen heilkräftigen Strom vorstellen, der heiß ist und dadurch kalte mentale oder physische Sperren, etwa Tumoren, verdünnt und abschmelzt – wie heißes Wasser, das man auf Eis gießt.

Oder stellen Sie sich, wenn die Blockade heiß zu sein scheint, wie etwa bei einer brennenden oder stechenden Empfindung, einen kühlen Strom aus Nektar oder Wasser vor, der die Flammenglut allmählich auslöscht. Spüren Sie die Kühle, während diese Sie durchfließt. Schließlich ist die Glut erloschen, und der Strom fließt langsam durch Ihren Körper; dabei spült er die Asche der Krankheit und alles Blockierende durch Ihre unteren Pforten, durch die Fußsohlen und die Zehen in den Boden fort. Empfinden Sie den Frieden und die Kühle.

Feuer, Luft und Erde als Mittel zur Heilung

Die Elemente Feuer, Luft/Wind und Erde spielen zwar bei der traditionellen Art des Heilens keine so herausragende Rolle wie Licht und Wasser, dennoch können sie sehr wirkungsvoll sein – je nach unseren Gefühlen und Erfordernissen.

Feuer: In Wellen erreicht Sie die heilende Energie des Feuers und umhüllt jede Zelle Ihres Körpers. Seine Glut strahlt Wärme, Heilkraft und Glück aus. Sie verbrennt und verzehrt alle Leiden, die mit Kälte, Mattigkeit oder Energiemangel einhergehen.

Luft: Reine Luft fegt solche Leiden hinweg wie Kreislauf- und Atemschwäche oder Stauungen und Giftstoffe in den Zellen Ihres Körpers. Die segensreiche Luft reinigt und verstärkt die gesunden Eigenschaften Ihrer Atmung und Ihres Kreislaufs und bringt jeder Zelle Ihres Körpers Gesundheit. Sie könnten sich vorstellen, daß dieser Wind wie schöne Musik in Ihnen erklingt. Wenn Sie ein Radio oder Tonbandgerät neben Ihrem Krankenbett haben, könnten Sie in der Weise vorgehen, daß Sie den tatsächlichen Klang der Musik so hören, als erschalle er in Ihrem Körper und gewähre Ihnen Entspannung und Gesundheit.

Erde: Wenn Krankheit Unsicherheit, Befürchtungen oder Panik bei uns auslöst, erinnern wir uns nicht nur an die Kraft, die unserem Geist innewohnt, sondern auch daran, wie zäh unser Körper ist. Empfinden Sie Ihren Körper als massiv und stark, und nehmen Sie sich einige Zeit, um sich über seine im wesentlichen erdartigen Eigenschaften aufrichtig zu freuen. Visualisieren Sie, daß Ihr gesamter Körper so unerschütterlich und regenerationsfähig ist wie die Erde – trotz der vorübergehenden, krankheitsbedingten Schwächezustände oder Erschütterungen. Führen Sie die Übung so detailliert durch, wie es Ihnen zusagt. Sehen Sie die Knochen, Muskeln, Nerven, Haut und chemischen Grundbausteine Ihres Körpers als stark an. Stellen Sie sich die Erde in Ihnen vor: Ihren Körper oder Ihre Zellen als so massiv wie ein Gebirge, gesund und regenerationsfähig wie Bäume, schön wie die gesamte Natur.

Heilung mit Hilfe von anderen erzielen

Spirituelle Meister dienen in Tibet anderen Menschen traditionell in zweifacher Hinsicht: Sie achten auf das Wohlergehen des Geistes und des Körpers. Um jemandem physische Heilung zu schenken, verlassen sich vollendete Meister auf die esoterischen Unterweisungen des tantrischen Buddhismus; diese umfassen Meditation, Mantra-Rezitation und die Verwendung von Substanzen wie Heilpflanzen und Heilkräutern.

Für die fortgeschrittensten Praxisformen des esoterischen Buddhismus würden Sie große meditative Erfahrung, Vertrautheit mit den tantrischen Quellen und die direkte Übertragung von seiten eines echten Meisters benötigen. Die gewöhnlichen Unterweisungen in den Schriften besagen jedoch klipp und klar, daß jeder mit Hilfe von Ritualen, die andere bei ihm durchführen, einen Heilerfolg erzielen kann.

Menschen aus dem Westen, die auf ihren Rationalismus stolz sind, verwerfen möglicherweise die Idee von Heilung durch die Mittlerinstanz eines Heilers. Sie sagen vielleicht: »Ach, das ist doch bloßer Hokuspokus.« Oder: »Ich glaub' nicht an Zauberei.« Und doch schenken Menschen, die sich selbst für durchaus modern und rational halten, häufig Humanmedizinern großen Glauben. Dieser weltliche »Glaube« hängt mit der modernen Behandlung zusammen, geht aber auch darüber hinaus – ein guter Arzt kann bei seinen Patienten eine positive Einstellung bewirken. Das setzt sehr intensive Kräfte frei, da es die inneren Hilfsquellen eines Kranken mobilisieren und das Immunsystem unterstützen kann, auf die konventionelle Behandlung gut anzusprechen.

Wir heilen uns selbst, aber andere können uns dabei helfen. Das ist die buddhistische Anschauung, und es entspricht auch dem gesunden Menschenverstand. Es ist also durchaus sinnvoll, sich bei der Wahl eines konventionellen Arztes jemanden zu suchen, der »gut mit Kranken umgehen« kann; jemanden, der (oder die) uns bei unserer Heilung in partnerschaftlicher Verbundenheit und Aufgeschlossenheit voranhelfen kann.

Der gesunde Menschenverstand sagt uns auch, daß wir uns über die heilende Liebe, die andere uns geben können, freuen sollten. Menschen, die fühlen, daß sie geliebt werden, sind leichter imstande, Krankheit zu bewältigen. Liebevoll umhegt gedeiht unser Geist wie eine Blume bei Sonnenschein. Emotionale Unterstützung durch Selbsthilfegruppen kann ebenfalls hilfreich sein. Selbst wenn wir in unserer Krankheit allein sind, können *wir* uns offen und unverkrampft lieben. Das kommt uns zu, und es ist wirkungsvoll.

Es ist auch möglich, durch Meditation zu erreichen, daß uns von anderen Heilung zuteil wird. Während viele von uns sich möglicherweise am wohlsten fühlen, wenn sie die Heilübungen ganz allein anwenden, kann manchen eine andere Person guttun, die als Heiler fungiert.

Die folgende, aus Quellen des tibetischen Buddhismus übernommene Methode kann sich sehr kräftigend auswirken, wenn wir dafür aufgeschlossen sind. Die Heilenergie liegt schon in uns, aber manchmal brauchen wir Hilfe von außen, um sie freizusetzen.

Zu dieser Übung müssen Sie und der Heiler/die Heilerin einander wohlgesinnt und beide für Meditation aufgeschlossen sein. Legen Sie sich gemeinsam mit geschlossenen Augen hin. Sowohl Sie als auch der Heiler/die Heilerin sollten ein paarmal tief Luft holen und dabei spüren, daß alle negativen Energien des Körpers und Geistes mit dem ausströmenden Atem ausgestoßen werden. Entspannen Sie sich dann eine Zeitlang in dem Empfinden von Ruhe und Weite, bevor Sie schweigend gemeinsam die Übung visualisieren.

Zu Heilungszwecken kommt das Licht generell durch die Hände

des Heilers/der Heilerin aus der Kraftquelle. Alternativ dazu könnte auch der Heiler/die Heilerin als die Kraftquelle visualisiert werden – von Ihnen und der betreffenden Person.
Der Heiler/die Heilerin hält die offenen Hände flach ausgestreckt, Handflächen nach unten, knapp oberhalb Ihrer Körpermitte oder aber an der Stelle der Schmerzen oder negativen Energien. Visualisieren Sie, daß heilendes Licht alle Krankheit, Traurigkeit und Sorge heraus- und wegzieht. Die Hände des Heilers/der Heilerin bewegen sich, Ihren Körper kaum berührend, zu Ihren Schultern und Ihre Arme hinunter. Sie sollten beide fest darauf vertrauen, daß alle Krankheit weggefegt wird, während der Heiler/die Heilerin mit den Händen eine Wegwerfbewegung macht, die die Krankheit durch Ihre Fingerspitzen hinausfegt.
Von der Stelle aus, wo die Krankheit sitzt, führt der Heiler/die Heilerin das Ganze nochmals langsam durch – aber dieses Mal in der anderen Richtung: Jetzt wird Ihre Krankheit durch Ihre Füße herausgeholt. Wiederholen Sie die Reinigung wieder so viele Male, wie dies Ihrem Gefühl nach notwendig und komfortabel ist.
Eine andere Vorgehensweise besteht darin, vom Heiler/der Heilerin die befallene Region mit einer oder mit beiden Handflächen in einer langsamen, im Uhrzeigersinn verlaufenden Bewegung sanft massieren zu lassen. Dabei sollten der Heiler/die Heilerin wie auch die Person, der die Heilung zuteil wird, visualisieren und empfinden, daß ein Lichtregen voller Heilenergien – große Wärme, Seligkeit und Freude – aus der Kraftquelle durch die Hand/Hände hindurchgelenkt wird wie durch ein Fenster flutende Sonnenstrahlen. Stellen Sie sich die Hände als ein Fenster zur Kraftquelle vor, das direkt warmes, helles und Gesundheit spendendes Licht weiterleitet. Aufgrund der warmen und hochherzigen Gefühle, die der Heiler/die Heilerin Ihnen gegenüber hegt, wird die Heilkraft vergrößert, so wie Licht durch ein Vergrößerungsglas gebündelt bzw. durch ein Prisma in die Spektralfarben zerlegt wird.
Sämtliche üblen Einwirkungen werden gereinigt, und dank der

zugeführten Heilenergien gedeihen die Zellen so, wie Blumen im Sonnenlicht erblühen. Wenn Sie den Eindruck haben, daß sich die Zellen dank der Heilenergie geöffnet haben und der ganze Körper von ihr durchdrungen ist, sollte der Heiler/die Heilerin die Hand/die Hände stillhalten, um die Energie zu stabilisieren. Sie können sich beide wohlig in den so hervorgebrachten Energien guter Gesundheit wärmen und schließlich in Offenheit ruhen.

Ähnliche Übungen könnten Bilder von laserartigem Licht verwenden, das Krankheit in Asche verwandelt, die weggefegt wird, oder von Nektarströmen, die Krankheit fortspülen und die schwachen Stellen des Körpers mit Gesundheit erfüllen.

Manche Menschen ziehen möglicherweise Nutzen daraus, wenn andere für sie beten, oder aus der Kraft heiliger Gegenstände oder Stätten. Wenn zu Ihrem Wohl eine spirituelle Praxis als Opfergabe dargebracht wird, dann versuchen Sie, eine physische Verbindung zu der Quelle herzustellen. Eine Geldspende beispielsweise kann – sofern sie ein Zeichen wirklicher Freigebigkeit ist – Ihnen helfen, sich offener zu fühlen. In allen Fällen ist es unbedingt erforderlich, daß man auf die Quelle der Heilung vertraut.

Als ich ungefähr fünfzehn war, arbeiteten viele Menschen etwa einen Monat lang, um mein Haus im Klosterareal umzubauen. Zwei Frauen, die beim Bauen halfen, waren sehr krank. Medizin half ihnen nicht. Sie hatten *Peken trethog*, eine Schleimflüssigkeitsstörung, die, insbesondere für die Älteren, eines der größten Gesundheitsprobleme in unserer Region war. Die Krankheit hindert Menschen daran, Nahrung zu schlucken oder zu verdauen, so daß sie langsam verhungern müssen. Ich machte für gewöhnlich einen Teig aus *Tsampa*, geröstetem Gerstenmehl und Butter, und gab ihnen davon, nachdem ich ihn mit Gebeten gesegnet hatte. Sie konnten ihn ohne Schwierigkeiten essen.

Bevor sie abreisten, nahmen sie eine große Menge des gesegneten *Tsampas* mit, den sie in kleinen Einzelrationen mit ihren Mahlzeiten vermischen wollten. Nach vielen Monaten waren sie vollständig geheilt. Von dieser Krankheit wurden viele befallen,

Mönche wie Laien; auch mein Großvater, der daran starb, als ich ungefähr vier war, und meine Großmutter, die entweder dank des gesegneten *Tsampas* überlebte, den ich ihr gab, oder dank der Medizin, die sie ihr ganzes Leben lang einnahm, soweit ich mich zurückerinnern kann. Sie entging dem Hungertod, aber sie wurde auch nie geheilt.

Zur Segnung des *Tsampas* visualisierte ich beim Kneten des Mehls und der Butter Guru Rinpoche vor mir oben am Himmel. Das Gebetsmantra sprechend, öffnete ich mich aus tiefstem Herzen voll inniger Hingebung und flehte seine heilenden Segnungen herab. Ich visualisierte, daß von Guru Rinpoche Heilenergien in Form von erstaunlichen warmen und beglückenden Lichterscheinungen oder manchmal in Form von Nektarströmen herunterkamen und mit dem Teig verschmolzen. Dann stellte ich mir mit fester Überzeugung vor, daß dem Teig die Segenskraft verliehen sei, die Schleimstörung zu heilen.

Der Teig konnte aufgrund der drei Heilungsprinzipien Heilung bewirken. Die beiden Frauen vertrauten voll auf meine Heilkraft. Sie waren karmisch aufgeschlossen, den Segen zu empfangen. Und meine Hingabe war innig genug, um die Heilkraft wirklich herabzuflehen.

Heilendes Gewahrsein physischer und energetischer Bewegungen

Legen Sie sich auf einer bequemen Matratze auf den Rücken, und verwenden Sie zur Unterstützung Kissen, um die Muskeln Ihres Körpers zu entspannen. Führen Sie dann langsam und ruhig die folgenden Übungen durch, und nehmen Sie sich für jeden einzelnen Schritt ein bis zwei Minuten Zeit.

1. Machen Sie ein bis zwei tiefe Atemzüge, lassen Sie dabei mit Ihrem ausströmenden Atem all Ihren Streß und all Ihre Sorgen los, und entspannen Sie Körper und Geist.
2. Seien Sie Ihres gesamten Körpers gewahr, und spüren Sie ihn. Spüren Sie die Ruhe, die infolge der Entspannung Ihren ganzen Körper durchdringt.
3. Gewahren Sie Ihren auf der Matratze aufliegenden Rücken, und fühlen Sie, wie die Schwerkraft Sie sachte zur Erde hinzieht. Das wird Ihren umhertreibenden Energien und flatterigen Gedanken helfen, zur Ruhe zu kommen.
4. Gewahren Sie mit einer Empfindung von Grenzenlosigkeit Ihre Atmung: nicht nur die Luft in Ihrer Lunge, sondern die Atmung in jeder einzelnen Zelle Ihres Körpers, von Ihrem Scheitelpunkt bis zu den Fußsohlen. Während die Zellen atmen, dehnen und kontrahieren sie sich in einer natürlichen, ruhigen, offenen und stetigen Bewegung.
5. Spüren Sie die Bewegung und Energie in jedem Bestandteil Ihres Körpers: den Arterien, Venen, Nerven, Muskeln, dem Blut, den Organen, dem Gehirn, Rückgrat, den Knochen und der Haut – und insbesondere in dem Teil, der geheilt werden muß.

Erfreuen Sie sich dann, im Gewahrsein dieser ruhigen Energie, ungefähr zehn bis zwanzig Minuten an der folgenden Übung: Bewegen Sie sehr langsam und natürlich den Teil, den Sie heilen müssen, vor und zurück, auf und ab oder hin und her. Sie könnten Ihn ein bis zwei Minuten lang in die eine Richtung und dann ein bis zwei Minuten in die andere Richtung bewegen. Es ist wichtig, daß man während dieser Bewegung ruhig, einsgerichtet und vollständig der Bewegungsströmung gewahr ist. Gewahren Sie, wie noch die winzigste Bewegung in diesem einen Teil Ihres Körpers sich dem ganzen übrigen Körper spürbar – einer Reihe von Wellen vergleichbar – mitteilt. Gewahren Sie das sachte Zirkulieren von inniger Ruhe und Beglückung aufgrund der Bewegungen.

Bisweilen müssen Sie nicht einmal eine reale physische Bewegung einleiten. Sie können sich einfach die Bewegung vorstellen oder sich vorstellen, daß sich Ihre Energie bewegt, und dabei die Empfindungen bewußt wahrnehmen.

Im Anschluß an diese Übung könnten Sie ein paar Minuten lang mit der folgenden Übung fortfahren:

Stellen Sie sich vor und empfinden Sie, daß sich ein Regen segensreicher Lichter (oder ein Strom segensreichen Nektars) aus der Kraftquelle in Ihren Körper ergießt, so daß Ihr Körper und insbesondere der Teil, der geheilt werden muß, damit erfüllt wird. Spüren Sie, daß die von dem segensreichen Licht (oder Nektar) kommende Wärme- und Glücksgefühlsenergie vergrößert wird wie ein Feuer, auf das man Öl gießt, und gewahren Sie die Wellen beglückender Wärme, die dies in Ihrem Körper hervorruft.

Beenden Sie diese Übung, indem Sie sich im Zustand des Gewahrseins der Einheit und Offenheit von Körper und Geist entspannen, ohne festzuhalten oder begriffliche Unterscheidungen vorzunehmen.

Diese Übung erdet Ihren umhertreibenden Geist und Ihre unkoordinierten Energien. Sie fördert positive Wahrnehmungen und gesunde Energien. Und sie erweckt das Gewahrsein von Kraft, Frieden und Freude, den heilenden Qualitäten Ihres Geistes und Körpers.

Nachdem Sie darin eine gewisse Gewandtheit erworben haben, könnten Sie versuchen, dieses Gewahrsein der Heilenergie auf Ihre sonstigen Alltagsaktivitäten anzuwenden: wenn Sie denken, empfinden, gehen, schauen, stehen, sitzen, schlafen, sprechen und arbeiten.

10
Mit der Energie der Natur heilen

Der wirkliche Ursprung und das letzte Ziel spirituellen Erwachens liegt im Geist, nicht in der Natur. Trotzdem kann die Natur eine wahre Wohltat für uns sein. Können wir uns der Natur erfreuen, so gibt uns das eine umgehende und direkte Möglichkeit, aus uns und aus dem, was uns gemeinhin wichtig erscheint, herauszukommen. Es kostet keinen von uns große Mühe, sich der Natur zu öffnen. Wir brauchen nur unsere Augen und Sinne zu öffnen – und schon kann uns die unverfälschte Schönheit der natürlichen Welt näher an das heranführen, was wir in Wahrheit sind. Wenn das Gewahrsein sich öffnet, werden wir zur wahren Natur unseres Geistes geführt.

Ich wurde der wohltuenden Kraft der Natur in sehr jungen Jahren in Tibet gewahr. Der durch die Bäume und Täler wehende Wind war wie Musik, die Flüsse hatten ihr eigenes Lied. Selbst die völlige Stille schien einer Art Musik zu gleichen. Wir alle können nährende Kraft und Wärme schöpfen aus der majestätischen, väterlichen Macht des Gebirges, dem freigebigen Licht von Sonne und Mond oder der unermeßlichen Erscheinung des Ozeans. Selbst wenn wir in einer übervölkerten Großstadt oder Vorstadt wohnen, ist die Natur zugegen in einem Blatt auf dem Gehsteig oder der Nässe auf einer Hecke nach einem Regenschauer. Wo immer wir sind – über allem ist die immer-duldsame mütterliche Offenheit des Himmels und des Weltraums.

Selbstverständlich brauchen wir die Natur mit überhaupt nichts zu vergleichen. Die Natur kann uns beruhigen und wärmen, aber letztendlich entzieht sie sich allen Metaphern und Begriffen. Wir gebrauchen Worte, um sie zu beschreiben, aber das reinste Erleben von Natur besteht darin, ihrer einfach gewahr zu sein, wie sie ist. Die Natur ist frei von Beschränkungen, Etiketten, Bedrängnissen oder Belastungen. Indem wir die Natur aufgeschlossen, mit schlichtem, ungekünsteltem Gewahrsein genießen, können wir die Mauern unserer im Geist vorgenommenen Unterscheidungen und Festlegungen aufweichen.

Manchmal könnten wir uns wohl inmitten der Unermeßlichkeit der Natur einsam und verlassen fühlen. Das bedeutet nur, daß unser kleines »Ich« genötigt wird, sich seiner selbst zu erinnern. Anstatt uns deswegen zu beunruhigen, können wir mit unseren Empfindungen sanft umgehen. Tatsächlich kann uns diese Verlassenheit froh machen. Sind wir in unserer Einsamkeit entspannt, dann kann dies ein Erwachen sein. Die Natur kann uns in vielerlei Hinsicht helfen, die starre Festigkeit des Ich zu lösen.

Dem Buddhismus zufolge setzt sich die physische Welt, unser Körper inbegriffen, aus den Elementen Erde, Wasser, Feuer, Luft/Wind und Raum zusammen. Das nachdenkliche Betrachten der positiven Eigenschaften dieser Elemente in der Natur, sei es nun am Beispiel eines Baumes, einer Blume oder des Ozeans, ist eine natürliche Art der Heilung.

Erde

Mutter Erde duldet majestätisch alles, Gutes oder Schlechtes, Starkes oder Schwaches. Die Erde ist für alles und jeden vorhanden, in den Zeiten des Gedeihens und ebenso denen der Unfruchtbarkeit. Die Erde ist friedvoll, ob nun die Sonne scheint oder ein Sturm tobt, unveränderlich bei Tag oder Nacht. Sie ist unsere feste Grundlage – unser Zuhause.

Sitzen Sie oder liegen Sie ausgestreckt auf dem Rücken auf der bloßen Erde, dem blanken Sand oder Gestein, achtsam und voller Respekt. Berühren Sie den Boden mit den Händen oder Füßen. Spüren Sie seine Festigkeit, Stärke und sein majestätisches Wesen. Indem Sie über seine starke, stabile Beschaffenheit nachsin-

nen und sie empfinden, nimmt Ihr Geist spontan ebendiese Eigenschaften an.
Stellen Sie sich vor, daß all die ungesunden Energien in Ihrem Körper, die Sie bekümmern, verunsichern und unproduktiv werden lassen, beseitigt sind. Werden Sie eins mit der grenzenlosen Kraft der Erde. Seien Sie dankbar für diese heilende Energie, für die Duldsamkeit und Mildtätigkeit der Erde, die uns trägt und erhält.
Sich auf die wesentliche Eigenart der Erde, ihre Stärke und Festigkeit, zu konzentrieren, ist für Menschen nützlich, die einen hektischen, verträumten, umhertreibenden oder schwachen Geist haben oder denen gesunder Menschenverstand, Konzentration, Disziplin oder eine solide Orientierung fehlt.

Wasser

Betrachten Sie kontemplativ das ruhige, kühle, reinigende, verbindende und harmonisierende Wesen des Wassers. Genießen Sie freudig das Strömen eines Flusses, das gleichzeitig beharrlich, stark und immerzu harmonisierend und verbindend ist. Genießen Sie am Ozean freudig die Unermeßlichkeit; lassen Sie Ihre Sinne durchdrungen sein von der kräftigenden Luft und dem Geräusch und Anblick der unaufhörlich rollenden Wogen. Beobachten Sie das Spiel der Wellen, fühlen Sie die Energie, die Schönheit des Steigens, Aufwogens und Fallens.
Kosten Sie beim Wassertrinken voll die Befriedigung aus, Ihren Durst zu löschen. Spüren Sie beim Berühren von Wasser dessen Reinheit. Spüren Sie beim Baden oder Schwimmen sein wohltuendes Wesen. Geben Sie sich der Empfindung hin, als würden gerade all Ihre Probleme geläutert und bereinigt werden. Fühlen Sie, wenn es regnet, das wohltuende Wesen des Regens. Haben Sie den Eindruck, der Regen nähre Leben und Wachstum in Ihnen. Wenn Sie beschaulich an einem stillen See oder fließenden Strom

sitzen, konzentriert sich Ihr Geist ganz natürlich in Gelassenheit und Klarheit. Wasser fördert aufgrund seiner Reinheit ein Gefühl der Ehrfurcht in uns. Können Sie nicht in der Nähe eines stehenden Gewässers sein, das Sie inspiriert, dann kann die Visualisation, an einem solchen Schauplatz zu sitzen, Ihren Geist mit friedvollen Empfindungen erfüllen.
Für Menschen, denen es Mühe macht, konsequent zu sein, ihr Leben in einen übergreifenden Zusammenhang zu stellen oder Pläne zu verwirklichen, kann es hilfreich sein, über die beharrliche, ruhige, fließende Wasserenergie nachzusinnen – über ihre wesentliche Eigenart, das Leben zu nähren und Dinge zusammenzuhalten.

Feuer

Feuer zerstört, aber es ist auch produktiv. Wärme und Licht ermöglichen dem Leben, zu wachsen, zu gedeihen, sich voll zu entwickeln und auszureifen.
Konzentrieren Sie sich in der Meditation auf die beeindruckende, kraftvolle, glühende Eigenart des Feuers. Freuen Sie sich im Alltagsleben über die Sonne – ihre Wärme, ihr Licht und ihre überall vorhandene Energie. Stellen Sie sich vor, daß sämtliche negativen oder unfruchtbaren Energien und Probleme in Ihrem Leben von heilendem Feuer umgewandelt oder weggebrannt werden.
Fühlen Sie, daß Ihr Geist und Körper von Wärme und glühender Energie erfüllt werden, die Ihre eigenen positiven Eigenschaften reifen lassen. Spüren Sie die Wärme, und seien Sie eins mit ihr. Stellen Sie sich vor, das ganze Universum sei von grenzenloser Feuerenergie erfüllt, und freuen Sie sich aufrichtig über deren Heilkraft.
Das Nachsinnen über die dem Feuer eigentümliche Heftigkeit und Hitze ist besonders für Menschen nützlich, denen die Inspiration

und Motivation fehlen, ihre Ziele zu verwirklichen und sich voll auf das Leben einzulassen.

Luft

Die Luft umhüllt uns sanft, und so läßt sie uns leben und atmen. Gewahren Sie die Luft in all ihren Erscheinungsformen, in ihrer reglosen Stille und in ihren fließenden, veränderlichen Eigenschaften.
Begrüßen Sie freudig die Kraft des starken Windes, als ob er Sie durch den Himmel trüge. Begrüßen Sie freudig die sanfte Liebkosung der leichten Brise auf Ihrem Gesicht und Ihrem Körper, als ob sie liebevoll jede Zelle und jedes Organ berührte. Konzentrieren Sie sich auf Ihre Atmung, und gewahren Sie sie in all ihren Bewegungsmomenten, als seien das Universum und Sie im friedvollen Kontinuum des Atmens eins geworden.
Sehen und fühlen Sie die erstaunliche Beschaffenheit der Luft, wie unglaublich leicht und alles-durchdringend sie ist. Stellen Sie sich vor, daß durch die Berührung heilender Luft alle negativen Energien und Probleme restlos von Ihrem Körper und Geist weggehoben oder weggeblasen werden. Stellen Sie sich vor, daß Sie von der alles-durchdringenden Energie und Leichtheit der Luft erfüllt sind.
Die der Luft eigentümliche Leichtheit und Bewegung zu verspüren – im Alltagsleben oder in Visualisierungsübungen – kann Menschen inspirieren, die sich begriffsstutzig, schwerfällig, gelangweilt, träge und schwunglos fühlen. Wer jedoch einen leicht erregbaren, schnellen Geist hat, muß bei Anwendung der heilenden Luftenergie mit Geschick und innerer Balance vorgehen.

Raum

Durch das Nachsinnen über die Offenheit des Raums, des einzigen nichtphysischen Elements, können wir die Offenheit unserer eigenen Natur erfahren.
Raum ist Leere und Unstofflichkeit. Raum stellt für alles übrige den Platz bereit, auch für die anderen physischen Elemente.
Schauen Sie hinaus zum tiefblauen Himmel, und empfinden Sie sein immaterielles, nichts-festhaltendes Wesen. Sehen und fühlen Sie seine Unermeßlichkeit und Grenzenlosigkeit – die Unendlichkeit des Himmels. Nehmen Sie in Ihrem sterblichen Körper bewußt Raum und Offenheit wahr – jenseits von Fragen oder ausgeklügelten Theorien, jenseits von Zeit oder Ort. Lassen Sie Ihre Gedanken und Sorgen los, und seien Sie eins mit dem Wesen des Himmels. Wir können beim Anschauen des Himmels großen Frieden empfinden, besonders an einem klaren Tag von einem Platz aus, wo man eine weite Aussicht hat. Aber jeder flüchtige Blick zum Himmel kann uns Frieden gewähren. Auch das Betrachten des Nachthimmels, insbesondere wenn er wolkenlos ist, wird einen meditativen Geisteszustand begünstigen.
Der grenzenlose Himmel hat überreichlich Platz für unser Leid. Üben Sie sich darin, Ihren Schmerz, Ihre Belastungen und Ihr Festhalten allesamt in den Raum loszulassen. Stellen Sie sich vor, daß alle Sorgen und negativen Gedanken dorthin verschwinden, wie Nebel oder Wolken, die sich spurlos auflösen. Seien Sie dankbar für jede Empfindung der Erleichterung oder des Friedens.

Bäume

Bäume können für den Geist eine bedeutende Quelle der Heilung sein. Der Buddha erfuhr die völlige Offenheit der Erleuchtung, während er unter dem Schutz eines Baumes saß.
Das kontemplative Betrachten der Schönheit von Bäumen ist eine

einfache Methode, uns selbst mit der Heilenergie der Natur zu verbinden. Denken Sie zunächst über die Eigenschaften eines Baums nach: seinen erstaunlichen Grundcharakter, der nach unserer Wahrnehmung tagein, tagaus unveränderlich bleibt und keiner Alterung zu unterliegen scheint; seine Stärke bei Wind, Unwetter oder Sonnenschein; seine Widerstandsfähigkeit gegen Kälte oder Hitze; seine Schönheit bei Schnee oder Regen; seine kraftvolle Lebendigkeit.

Betrachten Sie mit voller Aufmerksamkeit die Masse grüner Blätter, die womöglich mit Einzelblüten, Dolden, Früchten, Samenkapseln oder Nüssen geschmückt ist. Sie können sich auch ein einzelnes Blatt oder eine Nuß aus der Nähe ansehen und bewundern, welche erstaunliche Schönheit und Lebenskraft sich hier im kleinen auftut.

Die Wurzeln eines Baumes sind im Boden verankert. Würdigen Sie die einem Berg vergleichbare Stärke und Stabilität des Baumes. Würdigen Sie auch seine Beweglichkeit. Anmutig bewegen und wiegen sich seine Zweige bei Tag oder Nacht im Wind, wie in einem feierlichen Tanz, der sich jeder Benennung oder begrifflichen Festlegung entzieht. Werden Sie gewahr, wie stark, schön und prachtvoll ein Baum ist. Dies läßt in Ihnen spontan Empfindungen von Wärme und Stärke wachsen.

Sie können womöglich auch Heilenergie aus einem Baum schöpfen, indem Sie ruhig darunter oder nicht weit davon entfernt sitzen oder indem Sie Ihre Arme um seinen Stamm schlingen. Der Baum ist durch seine Wurzeln mit der Kraft der Erde und durch seine Blätter mit den über ihm befindlichen Mächten des Kosmos verbunden. Der Stamm ist eine lebende Brücke zwischen den Solarkräften oben und der Erde unten. Die nach außen gestreckten Zweige verkörpern das gebende und empfangende Wesen des Baumes.

Bitten Sie den Baum still darum, Sie die Energie seines Wesens erfahren zu lassen. Spüren Sie dann, während Sie sanft den Stamm berühren, daß Sie und der Baum nun in dieser natürlichen Energie verbunden sind, und empfinden Sie, wie Ihre eigene positive Energie in Ihnen ansteigt. Nehmen Sie jede heilende Energie, die Sie verspüren, aufmerksam zur Kenntnis, und freuen Sie sich über alle positiven Gefühle, die Sie empfinden. Ruhen Sie in diesen Gefühlen, und lassen Sie dabei alle Ideen und Gedanken sich in die Energie des Augenblicks auflösen. Geben Sie dem Baum als Gegenleistung Ihre dankbare Wertschätzung und Liebe.

Gestützt auf die Prinzipien dieser Übung, können Sie Heilenergien aus allen Hervorbringungen der Natur gewinnen. In unserer entspannten Betrachtung unserer Welt sollten wir für alles, was der Natur entstammt, ihre Kraft und Grenzenlosigkeit bezeugt, Wertschätzung entwickeln, ohne daß wir versuchen, es zu ergreifen oder uns seiner zu bemächtigen.

11 Tägliches Leben als Heilung

Eines der wichtigsten und wirksamsten Heilungsmittel besteht darin, jeden Schritt unseres täglichen Lebens in Heilübungen zu verwandeln. Trennen Sie Meditation und Leben nicht in separate Felder, sondern bringen Sie sie zusammen. Dadurch daß Sie in alles, was Sie tun, ein Gewahrsein von Weite einbringen, haben Gleichmut, Klarheit und Freude die Möglichkeit zu erblühen. Wenn wir die richtigen Gewohnheiten entwickeln, wird alles zu Heilung. Wir sollten daher beharrlich versuchen, eine angemessene Seh-, Denk- und Handlungsweise zu entwickeln.

Achtsamkeit ist der Schlüssel zur Umwandlung unseres täglichen Lebens. Lassen Sie Besorgnisse und gewohnheitsmäßige Abneigungen los, und seien Sie einfach in Einklang mit dem Strom ihrer Aktivitäten. Entwickeln Sie eine entspannte und offene Grundstimmung, ganz gleich, ob Sie mit dem Verstand denken oder mit dem Körper handeln. Wenn Sie gehen, stehen, sitzen oder sich hinlegen, so tun Sie es voller Hingabe. Wenn Sie sich eine Tabelle oder ein Gemälde ansehen, sich Musik anhören oder einer Person zuhören, so sehen oder hören Sie voller Hingabe. Seien Sie ganz bei dem, was Sie gerade tun. Das bringt Offenheit und Gewahrsein und lockert die Beengtheit des Ich.

Gehen Sie an Ihr Leben mit Herzenswärme und Freude heran. Der Kalender verzeichnet nur wenige Feiertage, aber auf die müssen wir nicht warten, um fröhlich und glücklich zu sein. Auch wenn Probleme auftreten oder schwierige Aufgaben zu bewältigen sind, wird eine offene Einstellung uns den Weg weisen.

Die Schriften des tibetischen Buddhismus bieten eine Vielzahl spezieller Methoden, mit denen wir unsere Alltagsverrichtungen in spirituelle Übungen verwandeln können. Wie immer müssen wir wissen, welcher Ratschlag unseren Bedürfnissen am besten entspricht.

Yukhog Chatralwa, ein großer Meister, mit dem ich als Dreizehn- oder Vierzehnjähriger Umgang hatte, gab mir eine Unterweisung, die alle Aspekte des Lebens in einer Kontemplationsübung vereint – der kontemplativen Schau einer Gottheit, was in unserem Fall jede beliebige Kraftquelle sein könnte:

> Visualisiert beim Sitzen den unvergleichlichen und gütigen kostbaren Meister [die Kraftquelle]
> auf eurem eigenen Scheitelpunkt, und
> empfangt immer wieder den Segen [das Segenslicht].
> Dies verbindet euren Geist mit dem verwirklichten Geist des Meisters.
> Seht beim Verrichten der täglichen Handlungen, daß alle sich zeigenden Formen die Formen des Meisters,
> alle Geräusche die melodischen Töne seiner Rede und
> all eure guten und schlechten Gedanken sein Weisheitsgeist sind.
> Dies ist die Unterweisung darüber, wie sich die phänomenalen Gegebenheiten als die inneren Qualitäten des Meisters erweisen.
> Visualisiert beim Essen den Meister in eurer Kehle, und
> bietet ihm den Nektar von Speise und Trank an.
> Dann werden Speise und Trank keine Befleckungen in euch hervorrufen, und
> die Mahlzeit wird zu einer sakralen Feier werden.
> Visualisiert ihn beim Schlafen im Mittelpunkt eures Herzens.
> Die strahlenden Energien seines Körpers erleuchten die Welt und alle Wesen.
> Verwandelt sie in Licht, und löst sie dann in euer Inneres hinein auf.
> Dies ist die Unterweisung darüber, wie man Schlaf und Träume in lichterfüllte Versenkung umwandelt.

Wenn ihr ins nächste Dasein [in den Tod] fortzieht,
dann verfallt nicht in zu viele Sorgen,
übt die Kontemplation über die Vereinigung eures
Gewahrseins
mit dem erleuchteten Geist des Meisters.

Erwachen

Das Aufwachen kann eine Zeitspanne inniger Wärme und großen Friedens sein. Körper und Geist leben im Schlaf ganz natürlich zusammen, und dann dämmert am Morgen unser Gewahrsein herauf.

Springen Sie nicht abrupt ins Getümmel Ihrer Verpflichtungen an diesem Tag, sondern nehmen Sie sich die Zeit, um die harmonische Verbundenheit von Körper und Geist zu erfahren. Fühlen Sie sich wohl und geborgen in der Empfindung von Entspanntheit und Offenheit.

Machen Sie ein bis zwei entspannte, tiefe Atemzüge, und lösen Sie alle Spannungen oder Unstimmigkeiten, die sich womöglich über Nacht angesammelt haben. Gönnen Sie sich ein paar Minuten, um bei Ihrem Körper und Ihren Empfindungen zu verweilen. Genießen Sie vom Kopf bis zu den Fußsohlen die natürliche Wärme des Körpers. Seien Sie einfach uneingeschränkt offen. Spüren Sie das Gefühl der Wärme und Offenheit, und seien Sie eins damit.

Diese Ausrichtung von Geist und Körper könnte auf ganz einfache Weise die Grundlage für Ihren restlichen Tagesablauf sein. Während Sie aufstehen, um Ihren Vormittag zu beginnen, können Sie denken: »Ich werde darauf achten, dieses Erwachen und diese Energie als Grundlage für die heute anfallenden Tätigkeiten zu verwenden.« Lassen Sie dann im Verlauf des Tages von Zeit zu Zeit die Wärme und Ruhe wieder aufleben, die Sie beim Erwachen empfanden, und Ihren Geist davon durchdringen, so wie der weite

Ozean unter seinen Wellen von Ruhe und Energie durchdrungen ist.

Selbst wenn Sie beim Erwachen irgendeine Art von emotionalem Schmerz verspüren, bietet sich mit dem Heraufdämmern des Gewahrseins ein günstiger Moment für die Heilung. Weil unser Gewahrsein beim Erwachen so offen ist, können wir unser Bewußtsein mit dem Schmerz verschmelzen lassen, und das Gefühl wird dann möglicherweise friedvoller.

Wenn Beklemmungen Sie bedrängen, während Sie Ihren Tag beginnen, dann gehen Sie sachte und behutsam zu Ihren Tätigkeiten über – die Stimmung kann sich dabei ändern. Oder Sie könnten eine Heilübung anwenden, um die blockierte Energie freizusetzen.

Sie können sich beim Aufwachen auch vorstellen, daß Sie gerade aus der Unwissenheit des Schlafs erwachen und Ihr geistiges Auge der Weisheit von Frieden, Freude, Licht und Gewahrsein öffnen. Dasselbe können Sie allen anderen Wesen wünschen.

Es ist schwer, nicht genau in dem Augenblick, in dem wir wach werden, sofort an unsere derzeit akuten gewöhnlichen weltlichen Sorgen, Wünsche und Emotionen zu denken. Wenn wir jedoch zu der Empfindung von Weite zurückkehren, statt uns an diese Emotionen zu klammern oder unserem Geist zu folgen, während er davonstürmt wie der Wind, werden wir nach und nach die Gewohnheit entwickeln, unwillkürlich mit dieser Einstellung aufzuwachen.

Verschiedene buddhistische Übungen fördern diese Einstellung. Eine von ihnen besteht darin, sich vorzustellen, man werde am Morgen von den freudigen Stimmen erleuchteter Wesen – von Buddhisten »Weisheitsgottheiten« genannt – oder den Klängen ihrer Musikinstrumente, Handtrommeln etwa – aus dem Schlaf der Unwissenheit geweckt. Eine weitere besteht darin, daß man von seiner Kraftquelle Segnungen empfängt.

Segnungen empfangen

Visualisieren Sie, bevor Sie spätabends einschlafen, daß die Kraftquelle in Ihrem Herzen oder über Ihnen während Ihres Schlafs Segenslicht ausstrahlt. Empfinden Sie gleich beim Erwachen, daß die Kraftquelle bereits über Ihnen zugegen ist.
Oder Sie können auch visualisieren, daß sie durch Ihren Körper aufsteigt und dann als Führerin und Beschützerin über Ihrem Scheitelpunkt sitzt. Genießen Sie die Wärme und Stärke ihrer Anwesenheit. Teilen Sie Ihre Empfindungen mit dem ganzen Universum, und nehmen Sie den Frieden und die Freude mit sich in den Tag hinein.

Waschen und Säubern

Stellen Sie sich, wenn Sie Ihr Gesicht oder Ihren Körper waschen oder Ihre Zähne putzen, vor, daß all die Verunreinigungen – die von Krankheiten, emotionalen Beschwerden und Spannungen herrühren – durch reines Wasser weggewaschen werden und daß Ihr ganzes Sein vor Heilenergie strahlt.
Wenn Sie sich angespannt fühlen, können Sie Hausarbeiten zur Heilung nutzen, geradeso wie es die in Kapitel 4 berichtete Geschichte von dem buddhistischen Patriarchen Lamchungpa schildert. Stellen Sie sich, wenn Sie Ihr Zimmer putzen, Ihre Wäsche waschen oder Ihren Müll wegschaffen, vor, daß auch Ihre emotionalen, mentalen oder physischen Verunreinigungen abgewischt oder weggeschafft werden wie der Staub und der Müll.

Atmen

Die Atmung ist der Faden, an dem das Leben hängt. Sie ist die innerste Lebenskraft, auf die jedes Wesen fortwährend angewie-

sen ist. Wenn wir die Atmung zur Stütze unserer spirituellen Heilung machen können, wird unsere Übungspraxis jeden Teil unseres Lebens durchdringen.
Holen Sie mit dem Vorsatz, sich von Sorgen oder Negativität zu lösen, ein paarmal langsam und tief Luft. Wenn Sie sich angespannt oder unter Druck fühlen, dann sorgen Sie dafür, daß Ihre Atmung vollständig entspannt ist. Freuen Sie sich über jedes positive Gefühl, auch über das kleinste Anzeichen einer Veränderung in Ihrer Stimmung oder Ihrer Empfindung von Offenheit. Wünschen Sie, daß alle Wesen Frieden und Erlösung vom Leid erfahren mögen.
Indem wir den ganzen Tag über immer wieder einmal unseres Atmens gewahr werden, kommen wir ganz zu uns. Bei jeglicher körperlichen Beanspruchung können Sie den mentalen und physischen Nutzen dadurch vergrößern, daß Sie im Zusammenspiel mit Ihren Körperbewegungen frei atmen und dabei die Empfindung der Gelöstheit und Energie der Atmung genießen.

Trinken und Essen

Es ist gesund, am frühen Morgen eine Tasse heißes Wasser zu trinken. Das reinigt das Verdauungssystem, erweitert das Gewebe und verbessert den Blut- und Energiekreislauf. Es ist wichtig, daß man einwandfreie und gesunde Nahrung zu sich nimmt und maßvoll trinkt. Nahrung sollte man nicht in dem vergeblichen Bemühen verzehren, emotionale Begierden zu sättigen, sondern in Übereinstimmung mit den tatsächlichen physischen Bedürfnissen.
Betrachten Sie die Kost, die Sie essen, als stärkend und nährend, und genießen Sie sie, indem Sie auf jeden Happen achten, den Sie zu sich nehmen. Versuchen Sie, den Vorgang des Essens und Trinkens mit wachen Sinnen wahrzunehmen – jedes einzelne Schlückchen, jeden einzelnen Bissen –, und verfolgen Sie den

Weg der Nahrung in Ihrem Körper so weit, wie Sie können. Spüren Sie, daß die Speise und der Trank nicht nur Ihren Hunger und Durst stillen, sondern auch Gesundheit in Körper und Geist hervorrufen. Wünschen Sie, daß sich alle Wesen derselben Erfahrung erfreuen mögen. Würdigen Sie den Genuß jedes kleinen Schlucks und Bissens, den Sie zu sich nehmen, und seien Sie dankbar dafür.

In mehreren buddhistischen Übungsformen ist die Nahrung das Heilungsmittel. Stellen Sie sich beispielsweise vor, daß Segenslicht aus der Kraftquelle die Nahrung in heilenden Nektar umwandelt. Genießen Sie sie dann als gesegnete Substanz, die Ihnen Freude und Stärke verleiht.

Oder denken Sie beim Genießen der Nahrung: »Diese Nahrung gibt mir die Kraft, mein eigenes Leben zu intensivieren und anderen zu dienen.«

Oder betrachten Sie die Nahrung als ein reines und wundervolles Geschenk, und bringen Sie sie der Kraftquelle dar. Visualisieren Sie, daß die Kraftquelle das Opfer erfreut annimmt und es zu Ihrem Wohl segnet. Genießen Sie dann die Nahrung in dem Bewußtsein, daß sie gesegnet ist. Indem Sie dies tun, verknüpfen Sie fromme Hingabe mit der Ausübung von Freigebigkeit und reiner Wahrnehmung.

Oder genießen Sie die Nahrung voller Mitgefühl für die unzähligen Wesen, die Ihren Körper in Gestalt von Bakterien bewohnen, mit der Gewißheit, daß sie diese ebenfalls stärken wird.

Oder visualisieren Sie sich selbst mittels reiner Wahrnehmung in Gestalt einer Gottheit oder sogar als Versammlung Hunderter von Gottheiten. Genießen Sie die Nahrung als eine gesegnete Opfergabe, ein kunstvolles Mittel der Weisheit, das die Verwirklichung von Frieden und Glückseligkeit bringt.

Gehen

Spazierengehen, diese äußerst einfache und gewöhnliche menschliche Tätigkeit, kann eine reine Freude sein. Ob wir nun gerade einen lässigen Bummel machen oder entschlossen auf irgendein Ziel zuschreiten – eine Einstellung der ruhigen Gelöstheit und Aufgeschlossenheit verwandelt das Gehen zu einer Schulung in der Weisheit der Achtsamkeit und Heilung.

Das Gehen ist zwar etwas ganz Natürliches; will man es – oder eine andere Handlung – jedoch in vollem Gewahrsein vollziehen, so kann dies einige Übung erfordern. Zunächst werden wir vielleicht nur schwer gewahr, daß das Gehen ein kontinuierlicher Ablauf ist, der viele voneinander abgrenzbare Einzelbewegungen und -aspekte umfaßt. Rücken Sie anfangs einen bestimmten Aspekt des Gehens, etwa die Bewegung jedes einzelnen Schritts, in den Brennpunkt der Konzentration. Öffnen Sie sich, während sich Achtsamkeit entwickelt, der kraftspendenden Energie Ihrer Umgebung: dem Boden, der Luft, den Geräuschen, Gerüchen und der Aussicht. Finden Sie Vergnügen an dem nahtlosen Zusammenspiel von Körper und Geist, und gehen Sie, gehen Sie, gehen Sie.

Um eine der vielen Gehübungen herauszugreifen: Sie können die Kraftquelle über Ihrer rechten Schulter visualisieren und sich vorstellen, daß Ihr Spaziergang Sie um dieses Bild des Friedens herumführt. Dieses Umschreiten können Sie als Geste Ihres Respekts ansehen.

Wenn Sie in ein Haus, ein Gebäude oder eine Stadt gehen, könnten Sie allen darin befindlichen Wesen Respekt erweisen, indem Sie denken: »Ich trete in die Welt leidender Wesen ein, um ihnen zu helfen.« Oder: »Ich trete in ein reines Buddha-Land ein.« Beim Verlassen jedes beliebigen Ortes könnten Sie denken: »Ich führe Wesen aus dem Leid heraus.« Oder: »Ich bin heilfroh, daß ich Gelegenheit hatte, diesen Wesen zu begegnen, die Buddhas sind.«

Sitzen und Stehen

Sitzen ist die hauptsächliche Körperhaltung für die Meditation; es ermöglicht dem Geist, sich mit der geringsten Beeinträchtigung zu entspannen und zu entwickeln. Wenn Sie gerade nicht meditieren, fördern eine einwandfreie Haltung und bequeme Stellung unsere Achtsamkeit im Alltag. Und wenn Sie gewahr werden, daß Sie ruhig und sicher sitzen, bewirkt dies einen geerdeten, stabilen Geisteszustand.

Öffnen Sie, wenn Sie stehen, Ihren Körper in einer einwandfreien, entspannten Haltung – als würde Sie eine imaginäre, an Ihrem Scheitelpunkt ziehende Schnur bequem aufrichten und so Ihr Rückgrat in die optimale Position bringen. Das hat den praktischen Vorteil, daß Sie weniger ermüden. Es ermöglicht Ihnen auch größere Aufgeschlossenheit im Umgang mit anderen Menschen. Wenn Sie im Supermarkt oder an einer Bushaltestelle anstehen müssen, dann versuchen Sie, Ihre Körperhaltung zu öffnen, anstatt sich zu langweilen oder frustriert zu sein. Das Öffnen Ihrer Haltung kann Ihnen zu freudiger Aufgeschlossenheit für den kostbaren Lebensmoment verhelfen, der sich entfaltet, während Sie warten.

Arbeiten

Arbeit zehrt den größten Teil unseres tagtäglichen Lebens auf. Von der Kindheit bis zum Ende des frühen Erwachsenenalters arbeiten wir Jahr für Jahr hart als Schüler. Dann sind wir damit beschäftigt, unsere Karriere zu verfolgen und unseren Lebensunterhalt zu verdienen. Schließlich treten wir in den Ruhestand und arbeiten hart, und zwar bloß, um am Leben zu bleiben, Körper und Geist zusammenzuhalten und die Langeweile und Isolation unseres Lebensabends beiseite zu schieben. Im weltlichen Leben bleibt für etwas anderes als Arbeit und Schlaf kaum Zeit.

Nutzen wir unser Berufsleben als Mittel zur Heilung, dann können wir unser Leben in eine emotionale und spirituelle Goldgrube umwandeln. Dies können wir erreichen, indem wir in jedweder Situation unseres Arbeitslebens im Inneren ein friedvolles Zentrum hegen und entwickeln.

Welche Tätigkeit wir auch verrichten – Büroarbeit, Gartenarbeit, Zimmermannsarbeit, Malerei oder Schriftstellerei – wir können in und mit der Arbeit unser friedvolles inneres Wesen zum Ausdruck bringen. Versuchen Sie eine Arbeit zu finden, die Sie von Natur aus interessiert; aber versuchen Sie auch, sich für jede Arbeit zu interessieren, die Sie verrichten.

Wenn die Arbeit gut läuft, dann genießen Sie sie, und führen Sie sie achtsam und hingebungsvoll aus. Wenn wir uns langweilen oder frustriert sind, dann können wir auch da Gelassenheit und Achtsamkeit ins Spiel bringen. Sehen Sie die ganze Arbeit als liebenswert an, oder entdecken Sie zumindest *etwas* Liebenswertes an ihr. Finden Sie Gefallen an den Menschen, mit denen Sie in Kontakt kommen, freuen Sie sich, und empfinden Sie Befriedigung darüber, wenn Probleme gelöst werden. Versuchen Sie, die Mühsal der Arbeit als positive Herausforderung und die negativen Erfahrungen als eine Übung in Duldsamkeit und im Loslassen zu betrachten. Haben wir das Gefühl, in einer bestimmten Situation festzusitzen, dann können wir uns sagen: »Es gibt sonst keinen Platz, an dem ich lieber wäre. Genau hier gefällt's mir.« Indem wir dies mit Überzeugung sagen, kann sich uns die grenzenlose Weite unserer wahren Natur erschließen.

Einstellungen wie das Mitgefühl und kunstvolle Mittel wie die Lichtmeditationen haben nichts mit überspannten Theorien zu tun. Wir können sie direkt in unsere Arbeit einbringen. Insbesondere die Einstellung der Offenheit, wie wir sie beim morgendlichen Aufwachen oder Empfangen von Segnungen erfahren, kann die Grundlage für unseren ganzen Arbeitstag werden. Durch unsere Offenheit kann jede Situation in spirituelle Erfahrung aufgehen, wie Schneeflocken, die in den Ozean fallen.

Schauen

Beim Schauen geschieht mehr als nur das passive Hereinnehmen der uns umgebenden Formen und Farben. Unsere Augen sind Fenster, durch die wir unsere mentalen Energien projizieren. Mit einem einzigen flüchtigen Blick können unsere Augen Güte und Freude mitteilen. Der Ausdruck in den Augen einer negativen Person kann andere Menschen mit Verbitterung und Kummer erfüllen.

Lassen Sie mit warmem und wohlwollendem Blick das Mitgefühl hervorleuchten. Auf diese Weise wird der Akt des Schauens ein Gebet, eine Meditation und eine Heilmethode. Schauen wir andere mit gütigem und fürsorglichem Blick an, dann brauchen wir keine weiteren Gebete oder mentalen Übungen. Sehen wir die Außenwelt mit Gelassenheit und Klarheit, wird unser inneres Sein diese positive Energie wie ein Spiegel reflektieren.

Reden

Nicht nur die Art, wie wir andere Menschen anschauen, auch unsere Worte und unser Tonfall können einen großen Einfluß auf unser eigenes Herz und die Herzen der Menschen in unserem Umfeld ausüben. Darum wird gütiges und fürsorgliches Sprechen zu Gebet. Unsere alltägliche Sprechstimme kann beruhigend, liebenswürdig, energisch und auch unverblümt sein, wenn es nötig ist. Wenn wir keinen Ton herausbringen und uns unfähig fühlen, mit anderen zu kommunizieren, können wir die Kraftquelle um Stärke bitten und uns vorstellen, daß unser Sprechvermögen geläutert wird. Lassen Sie den Klang Ihrer Stimme voller Zuversicht erschallen, so als käme er spontan aus der Kraftquelle.

Sprechen wir gewohnheitsmäßig, bevor wir denken, dann können dadurch andere und wir selbst alle möglichen Scherereien bekommen. Denken Sie erst, und sprechen Sie dann. Und lernen Sie zuhören. Benutzen Sie die jeweilige Unterhaltung nicht als bloße Gelegenheit, Ihre eigenen Programmpunkte durchzuziehen, so als handele es sich um eine vorher aufgezeichnete Sendung, sondern hören Sie sich aufgeschlossen an, was die andere Person zu sagen hat. Das scheint so einleuchtend zu sein, aber wie viele von uns halten sich wirklich daran? Wir können die Gabe des Zuhörens entwickeln – eine weitere Methode, uns vom Festhalten an einem Selbst oder Ich zu lösen.

Schlafen

In der fortgeschrittensten buddhistischen Schulung geht der Geist während des Schlafs in einem Zustand lichter Klarheit auf und manifestiert sich beim Erwachen als die transzendente Weisheit des Gewahrseins, die frei ist vom Festhalten an einem Selbst. Man braucht sehr viel spirituelle Erfahrung, um die Meditation in den Schlaf hinein auszudehnen, doch ist dies möglich, wenn man sich beharrlich und aufrichtig darin übt.

Auch wenn wir den Schlaf nicht in das klare Gewahrsein der Meditation verwandeln können, können uns einige einfache buddhistische Übungen beim Einschlafen wohltuende Gelöstheit schenken, und das ist an sich schon Heilung. Visualisieren Sie auf sehr friedvolle Weise Licht. Oder visualisieren Sie mit sanfter Hingabe, daß sich die Kraftquelle im Zentrum Ihres Körpers oder über Ihnen befindet und Ihren Körper mit einem Licht erhellt, das nach draußen in die Welt und das Universum ausstrahlt.

Wenn Sie Ihre Übungspraxis gerne über das Wachbewußtsein hinaus ausdehnen würden, dann fassen Sie den festen Vorsatz, daß Sie das klare Gewahrsein der Meditation in den Schlaf einbringen werden, und verweilen Sie auch dann noch bei der Visualisierung, wenn Ihr Geist langsam in den Schlafzustand hinüberzugleiten beginnt. Schließlich, wenn wir ständig üben, tritt dieses erleuchtete Gewahrsein möglicherweise spontan im Schlaf auf.

Wenn Sie mitten in der Nacht aufwachen, dann wiederholen Sie Ihre Meditation mit einer Empfindung der Offenheit. Eine gute Übung auch bei Schlaflosigkeit ist es, wenn Sie die Empfindung entwickeln, Sie seien ein Lichtkörper. Oder erden Sie Ihre zerstreuten Gedanken, indem Sie ein sanftes Gewahrsein in Ihre Füße oder in den Bereich gleich unterhalb Ihres Bauchnabels bringen, und verspüren Sie dort das Vorhandensein von Licht. Das entspannte Gewahrsein des Atmens ist ebenfalls sehr beruhigend und kann Sie sicher in den Schlaf zurückgeleiten.

Aus dem Traum erwachen

Eine weitere buddhistische Schulung beinhaltet die Kontemplation über Träume – Träume im Schlaf wie auch solche im Wachzustand. Normalerweise halten wir unsere nächtlichen Träume für Trugbilder, aber von größerer Weisheit zeugt es, wenn man das im Wachzustand erlebte Dasein als traumähnlich und letztendlich trugbildhaft einschätzt. Durch Kontemplation über diese Wahrheit lassen sich unsere alltäglichen Anhaftungen und Begierden aufweichen.

Über Träume nachzudenken und darüber, inwiefern das Leben ein Traum ist, kann einen Zugang zum Geist in der Schlafphase öffnen. Denken Sie zur Schlafenszeit immer wieder: »Ich werde meine Träume klar als Träume erkennen und nicht an ihnen hängen oder vor ihnen erschrecken, als seien sie wirklich.« Manche Meditierende sind fähig, ein rasch reagierendes Gewahrsein in den Schlaf hinüberzubringen. Während sie träumen, erkennen sie den Traum als Trugbild und können daher beispielsweise selig über einer Gefahr dahinfliegen oder einen Dämon in einen Buddha verwandeln.

Wir erkennen also Träume als Träume – und im Wachzustand wahrgenommene Erscheinungen erkennen wir ebenfalls als Träu-

me! Ein tiefes Verständnis dieser Perspektive löst unsere festsitzenden Sehnsüchte und Fixierungen.
Für Buddhisten gilt der Gleichmut, den diese Übung mit sich bringt, als ausgezeichnete Vorbereitung auf das wichtige Übergangsstadium zwischen Leben und Tod. Dies ist auch eine Schulung, die das Leid unseres im Wachzustand erlebten Daseins leichter macht. Selbstverständlich sollten wir unseren gesunden Menschenverstand und unser inneres Gleichgewicht bewahren. Ich erinnere mich an eine irregeleitete Person in Tibet, die nicht davor zurückschreckte, einige Rinder abzuschlachten, und sich damit rechtfertigte, sie habe Traum-Unterweisungen befolgt. Die gesunde Vorgehensweise besteht darin, der »Wirklichkeit« gegenüber eine spielerische Weisheit zu entwickeln. Wir sind für unsere Handlungen verantwortlich; das sagt uns das karmische Kausalgesetz. Gleichzeitig trifft aber auch zu, daß das Leben unbeständig, flüchtig und trügerisch ist. Große Nationen und Regime steigen auf und gehen unter; Menschen leben und sterben; Dinge sind da, und dann verschwinden sie.
Wir können in unserem eigenen Wach-Dasein mit unserer Wahrnehmung der auf uns einstürmenden »wirklichen« Gegebenheiten spielerischer umgehen. Stellen Sie sich vor, wie sie in hundert Jahren, oder schon in wenigen Monaten oder Tagen, aussehen werden. Große Triumphe und Tragödien mögen heute gewichtig und real erscheinen, aber schon nach ganz kurzer Zeit erhalten sie den Charakter interessanter Fabelgeschichten. Wir müssen uns demnach nicht zu ernst nehmen. Wir können uns entspannen und gleichzeitig auf dem richtigen Lebensweg vorankommen.

Eine einfache Übung

Möglicherweise fühlen wir uns gleich vom Aufwachen an durch Verpflichtungen gegenüber der Familie, den Freunden und der Arbeit derart in Beschlag genommen, daß es kaum möglich

scheint, dazwischen auch noch spirituelle Übungen unterzubringen. In diesem Fall könnte es schon besser sein, vor dem Aufstehen – ehe wir von der Hetze des täglichen Lebens abgelenkt werden – eine einfache Übung im Bett durchzuführen.
Das in diesem Kapitel geschilderte Erwachen in Offenheit ist eine besonders fruchtbare Übung. Der Geist ist bei sich, fühlt sich zu Hause in Empfindungen von Ruhe und Wärme. Seien Sie sich bewußt, daß Sie Ihre Empfindungen grenzenloser Weite auf jegliche Situation ausdehnen können.
Den Tag mit einer Morgenübung anzufangen erhöht die Wirkung heilender Energie – wie ein Morgen, der mit einem prächtigen Sonnenaufgang beginnt.

Drei wichtige Punkte

Auf welche Art lebt man am besten? Eine sehr gute Antwort auf diese Frage lautet: Wir sollten besonderen Nachdruck auf den gegenwärtigen Augenblick legen, einfach auf das unmittelbare Hier-und-Jetzt, den exakten Punkt, an dem wir leben und über den wir direkten und sofortigen Einfluß haben. Erfassen Sie also zuallererst genau diesen Zeitpunkt, und leben Sie verständig und gut in der Gegenwart, ohne Ihr Hauptaugenmerk in der Vergangenheit, Zukunft oder sonst irgendwo zu verlieren.
Zweitens sollten wir unsere Aufmerksamkeit auf unser eigenes Leben und auf jene richten, für die wir Verantwortung tragen. Indem wir uns praktisch und konkret mit den lebenden Wesen in unserem unmittelbaren Umkreis befassen, verfallen wir keinen nebelhaften Verallgemeinerungen und Traumwelten. Beginnen Sie jetzt, eine Quelle des Glücks für jene zu sein, die tagtäglich genau hier sind; zu ihnen zählen Angehörige, Freunde, Nachbarn – und Sie selbst.
Drittens sollten wir uns dem Wohl und Glück aller Wesen, insbesondere jener, mit denen wir zusammen sind, widmen. Dies ist die

Essenz der Spiritualität. Wie der Einsiedler dem König am Ende von Leo Tolstois Erzählung »Die drei Fragen« sagt:

> Bedenkt also: Nur ein einziger Zeitpunkt ist wichtig – der *jetzige*. Und wichtig ist er, weil er der einzige Zeitpunkt ist, da wir Einfluß haben über uns; und der wichtigste Mensch ist der, *mit dem Ihr zusammen seid*, denn keiner kann wissen, ob er jemals mit einem anderen Menschen zu tun haben wird oder nicht; und die wichtigste Beschäftigung ist, *ihm Gutes zu tun*, denn allein zu diesem Zweck wurde der Mensch in dieses Leben geschickt.

Teil III

Buddhistische Meditationen: Der Weg zur Offenheit

12 Die Meditationen der Geistesruhe und der Einsicht

Die Heilübungen in diesem Buch sind dazu da, uns in unserem täglichen Leben glücklicher und friedvoller zu machen. Das ist ein durch und durch gutes, vielleicht aber ein beschränktes Ziel. Denn die Buddhisten glauben, daß die letztendliche Heilung darin liegt, über »mein« Glück hinauszugehen – die wahre Weisheit und Befreiung zu verwirklichen, die das Festhalten an Gedanken und Emotionen übersteigt. Die abschließenden Kapitel skizzieren einige grundlegende Meditationen, die uns offen dafür machen können, dies Wirklichkeit werden zu lassen.

Meditation zu beschreiben ist immer schwierig, weil Worte das tatsächliche Erleben des einzelnen nur annähernd wiedergeben können. Außerdem führt Verwirklichung über viele Stufen. Jeder, der meditiert, sogar jemand mit viel Erfahrung und Hingabe, macht leicht Umwege, weil er oder sie noch an diesem oder jenem festhält. Ebendeshalb kann es zu einem bestimmten Zeitpunkt sehr wichtig sein, sich mit großer Sorgfalt einen Meister auszusuchen, der einen anleitet.

Bei einigen weisen Menschen könnte jede Heilübung oder heilsame Erfahrung zur Erleuchtung führen. In Tibet gibt es Berichte von Anfängern in der buddhistischen Praxis, die über »vorbereitende Übungen« meditiert haben und dadurch die höchste Verwirklichung erfuhren.

Andere hingegen, die viel weiter gehende Übungen praktizieren und spirituelle Weisheit für sich beanspruchen, haben möglicherweise keinen Schimmer von der wahren Bedeutung der Unterweisungen.

Die Übungen der Geistesruhe und der Einsicht, die allen Schulen des Buddhismus gemeinsam sind, sind die wohlerprobten und bewährten Methoden, die letztendlich auf Offenheit und »Selbstlosigkeit« abzielen – auf die Freiheit vom Leid, das durch das Festhalten an einem Selbst oder Ich verursacht wird.

Obgleich diese Übungen zu höherer Verwirklichung zu führen vermögen, können sie jedem einzelnen nützen, unabhängig vom geistigen oder spirituellen Entwicklungsstand. Alle Meditationen in diesen abschließenden Kapiteln können zu »normaler« Heilung und »normalem« Glück verhelfen, geradeso wie die zuvor beschriebenen Heilübungen in manchen Fällen zu Verwirklichung führen könnten.

Für das Schulen des Geistes in ruhigem Verweilen, der Geistesruhe, ist zwar praktisch jedes beliebige Phänomen geeignet, dem wir unsere volle Aufmerksamkeit zuwenden, aber hier steht die Atmung im Mittelpunkt. Unsere Atmung ist ein einfaches Objekt der Aufmerksamkeit, das weder Farbe noch Form aufweist. Ferner ist unsere Atmung so eng mit Geist und Körper verflochten, daß wir durch das Gewahrwerden des Atmens ganz natürlich unsere Achtsamkeit festigen und uns so den Weg zum Einssein eröffnen können.

Viele Schulen des Buddhismus stützen sich neben der Atmungskontemplation auch auf wirkungsvolle Visualisierungsübungen. Aber ohne Zweifel enthält unsere einfache Atemmeditation den Keim der Erleuchtung. Ihr Schwerpunkt liegt auf Achtsamkeit und dem Gewahrsein der Atmung, dem Weg zu Geistesruhe und Einsicht.

Geistesruhe ist Stabilisierung des Geistes, Mittel zum Einssein, Klärung trüber Gewässer zur Offenheit. Einsicht ist Gewahrsein und Einssein, Offenheit an sich, ohne Begriffe, ohne Trennung zwischen einem »Ich« und dem Objekt der jeweiligen Erfahrung. Anfänger verbringen möglicherweise viele Monate oder gar Jahre damit, sich in Geistesruhe zu schulen, ehe sie in zufriedenstellender Weise Einsicht üben können; aber die Grenzen zwischen diesen beiden Meditationen können durchaus fließend sein. Also zerbrechen Sie sich nicht den Kopf über Definitionen. Sitzen Sie einfach in einwandfreier Haltung, und üben Sie das Gewahrsein der Atmung.

Besonders am Anfang kann sich uns der Eindruck aufdrängen, unser Geist gleiche einem durch und durch verwilderten, verwahrlosten Ort. Schon das leiseste Geräusch, der Anflug eines Gedankens oder einer plötzlichen Regung bringt ihn durcheinander. Den sprunghaften, ruhelosen Charakter des Geistes zu erkennen, ist der erste Schritt hin zu Konzentration. Indem Sie Ihren Geist zu Ihrer Atmung zurückbringen, kann er nach und nach stetiger werden.

Geistesruhe-Meditation

Sich auf einen Gegenstand konzentrieren, ohne sich dabei von irgend etwas beirren zu lassen, ist Übung von Geistesruhe. Dieses wird gern mit der Formulierung umschrieben, daß wir uns einsgerichtet konzentrieren. Das heißt, daß wir unser Gewahrsein nur auf dieses eine Objekt richten, in diesem Fall auf unsere Atmung. Wenden Sie Ihr Gewahrsein immer wieder behutsam, aber entschlossen Ihrer Atmung zu.

Viele Anfänger finden es hilfreich, sich auf den Atem an einer bestimmten Stelle zu konzentrieren, nämlich an der Nasenspitze oder über der Oberlippe, wo man den Atem spüren kann. Sie brauchen jedoch Ihre Atmung nicht auf diese Art zu lokalisieren, solange Sie sich entspannt und imstande fühlen, Ihre Aufmerksamkeit zu konzentrieren.

Ein weiterer nützlicher Trick besteht darin, die eigenen Atemzüge zu zählen. Zählen Sie im Geist »eins«, während Sie ausatmen, »zwei«, während Sie einatmen, und so weiter, bis »zehn«. Fahren Sie ohne Unterbrechung mit dem koordinierten Atmen und Zäh-

len von eins bis zehn fort, und wiederholen Sie den Vorgang so lange, wie Sie sich nicht beeinträchtigt fühlen.
Sorgt man dafür, daß der Unterleib entspannt ist, so kann einem das helfen, ruhig zu atmen. Manche Menschen neigen dazu, hoch oben in der Brust zu atmen, besonders wenn sie angespannt sind. Wenn wir natürlich atmen, wobei sich der Unterleib während des Einatmens leicht nach außen bewegt, wird der Atem voll und entspannt.
Wenn Sie sich bei Ihrer Konzentration auf die Atmung unbehaglich fühlen – als werde Ihr Atem kürzer oder beengter –, dann konzentrieren Sie sich eine Zeitlang mehr auf das Ausatmen. Das Ausatmen in den grenzenlosen Raum löst den Konzentrationsdruck. Im allgemeinen ist die Einatmung kürzer als die Ausatmung. Nach einiger Zeit wird die Dauer Ihrer Atemzüge ganz natürlich länger werden, aber Sie sollten dies in keiner Weise forcieren.
Wenden Sie nun, während Ihr Geist sich stabilisiert und Sie sich weniger abgelenkt fühlen, Ihr Gewahrsein der Einatmung und Ausatmung zu, ohne zu zählen. Seien Sie Ihrer Atemzüge gewahr – wie sie kommen, verweilen und vergehen. Dieses Üben von Geistesruhe macht es außerhalb der Meditation leichter, uns allem, was wir tun, mit entspannter Achtsamkeit zuzuwenden.
Gerade wenn wir das Gefühl haben, als dürften wir uns dafür beglückwünschen, daß wir uns so wundervoll in Geistesruhe üben, stellen wir möglicherweise plötzlich fest, daß wir beinahe schlafen. Schläfrigkeit ist ein natürliches Nebenprodukt der segensreichen Ruhe. Seien Sie nicht entmutigt. Aber wachen Sie unbedingt auf! Es kann recht mühsam sein, unseren verträumten, zerstreuten Geist zum Gewahrsein der Atmung zurückzubringen. Aber wir sollten, ohne dabei streng oder aggressiv zu sein, zu unserer Atmung zurückkommen. Dann können wir ruhig und klar sein.
Im Verlauf der Meditation sind verschiedene subtile und friedvolle Erfahrungen möglich. Sie fühlen sich vielleicht leicht wie eine

Feder. Ihr ganzer Körper ist vielleicht in ein wohliges Glücksgefühl getaucht, belebt von einer Empfindung, die der leisen, zärtlichen Berührung einer kühlen Brise gleicht. Manche Menschen sehen schöne Bilder vor ihrem geistigen Auge – Sterne, die Sonne und den Mond, Trauben von Juwelen, Blumengirlanden und so weiter. Wenn Sie etwas Derartiges erleben, dann nehmen Sie es als Zeichen dafür, daß Sie in der Konzentration Fortschritte machen. Ihre Meditation kann sehr erfreulich sein, aber versuchen Sie nicht, sich an Glücksgefühle zu klammern oder an ihnen festzuhalten. Der Versuch, solche glückseligen Erfahrungen an sich zu reißen, zu »verewigen« oder beliebig zu wiederholen, kann zum Hindernis für spirituelles Wachstum werden.

Einsichts-Meditation

Das jeweilige Objekt der Kontemplation in seiner wahren Natur genau so zu erfahren, wie es ist, dies ist Übung von Einsicht. Durch die Atmungskontemplation gewahren wir die Bewegungen und die subtile Natur der Atmung so, wie sie ist.

Werden Sie im Gewahrsein eins mit der Atmung. Im Einssein von Geist und Atmung gibt es kein Selbst, an dem man festhalten könnte. Diese einfache Vergegenwärtigung der wahren Natur der Atmung kann uns zu der Erkenntnis verhelfen, daß alle Phänomene in ihrer letztendlichen Natur frei sind von einem Selbst.

In der Geistesruhe-Meditation folgen wir der Atmung, müssen daher üben, uns auf »Atmung« zu konzentrieren. Wenn wir uns in Einsicht üben, verharren wir im Gewahrsein der Atmung, ohne über das diesbezügliche Warum oder Wozu oder irgendwelche anderen begrifflichen Vorstellungen nachzudenken, wie etwa die, daß wir »den Frieden der Atmung empfinden«.

Einsicht ist die im Einssein geübte Klarheit. Wir können zum Beispiel lange Atemzüge, kurze Atemzüge, Anfangsphasen, mittlere Phasen und Schlußphasen von Atemzügen oder die Ruhe des

Atmens gewahren. Unser Atmen kommt, geht und wandelt sich frei von Anhaftung oder Festhalten. Im Gewahrsein besteht keine Notwendigkeit, daß ein »Ich« über diese Vorgänge nachdenkt oder sich darüber äußert. Verharren Sie einfach im Gewahrsein des Einsseins.

Ein möglicher Zugang zur Einsichts-Meditation besteht darin, daß man mit der Atmungskontemplation beginnt und an irgendeinem Punkt die konzentrative Ausrichtung oder Technik fallenläßt. Meditationsobjekt ist dann jedes beliebige Objekt, das auftaucht, oder überhaupt kein Objekt. Wir könnten der Atmung gewahr sein, oder wir könnten einfach in dem Raum ausruhen, der sich möglicherweise zwischen den Gedanken aufzutun beginnt.

Lassen Sie bei diesem offenen Ausüben von Einsicht alles kommen und gehen, was im Geist auftaucht, ohne sich daran zu klammern. Da können alle möglichen Gedanken, Gefühle, Empfindungen, Bilder und Erfahrungen auftauchen. Schieben Sie sie nicht weg, und jagen Sie ihnen nicht nach. Eventuell spüren wir das Sich-Eindrängen eines »Ich«, das die Meditation beobachtet. Es besteht jedoch keine Notwendigkeit, dies als Eindrängen anzusehen: Lassen Sie es einfach aufsteigen und sich auflösen. Lassen Sie ohne Anhaften alles sein, wie es ist, ob positiv oder negativ. Die Stille zwischen den Gedanken ist unsere offene Geistesnatur. Die Gedanken sind so, wie sie auftauchen, absolut in Ordnung. Aber halten Sie nicht an ihnen fest.

Im Verlauf der Meditation wallen möglicherweise Wogen schmerzhafter Empfindungen in uns auf, aber während wir sie kommen lassen, ohne hastig danach zu greifen, können sie friedvoll werden. Unvollkommenheit stellt kein Problem dar, wenn wir offen sind; sie ist schon in Ordnung – gerade so, wie sie ist. Unter dem Gewahrsein von Einsicht sind Empfindungen weder angenehm noch unangenehm, sondern sie werden in Offenheit empfunden und demgemäß überschritten.

Das Üben der meditativen Entfaltung von Einsicht bringt uns die Möglichkeit, den flüchtigen Charakter, die Selbst-losigkeit der unendlich vielfältigen und vielgestaltigen Phänomene in der entscheidenden Phase ihres Entstehens und Sichauflösens zu gewahren. Eine derartige Erkenntnis zieht den Schleier mentaler Illusionen und emotionaler Fiktionen vom Antlitz der ursprünglichen Natur der Dinge, ihrem eigentlichen Sosein. Sehnsucht nach Lust oder Abscheu vor Schmerz, die im Festhalten an einem Ich verwurzelt sind, werden sich dann spontan auflösen wie Zeichnungen auf einer Wasseroberfläche.

In der Meditation ist es möglich, den Körper als weder rein noch unrein, sondern lediglich als unermeßliche Weite wahrzunehmen. Der Geist ist weder ewig noch nicht-existent, sondern lediglich reine Offenheit. Alle Phänomene haben weder eine eigenständige Identität, eine wahre Existenz, noch haben sie keine, sondern sie sind offen, friedvoll und liegen jenseits gedanklich-begrifflicher Konstruktionen.

Jeder kurze Einblick in die Offenheit kann uns in unserem Leben helfen. Verfügen wir nachgerade über ein gewisses Verständnis der Offenheit und über einige Erfahrung in ihr, dann tun wir gut daran, unsere Übung in der Meditation wie auch im Alltagsleben zu vertiefen und zu erweitern.

Vielleicht erwecken die Schilderungen der Einsichts-Meditation und der Offenheit den Eindruck, eine diesbezügliche Verwirklichung sei unerreichbar. Das zu denken könnte förderlich sein. Wir könnten dann die Idee fallenlassen, irgendwelche, auf bestimmte Weise geschilderte »Erfahrungen« zu sammeln, und an sich kann uns dies helfen, offen zu meditieren.

13 Die Heilmeditation frommer Hingabe

Alles ist eins hinsichtlich der Buddha-Natur: der Geist, die Erde und die Sterne, Zeit und Raum. Alles ist vollkommen hinsichtlich dieses Einsseins, auch das, was wir normalerweise als Unvollkommenheit ansehen. Die Buddha-Natur ist in allen lebenden Wesen und in den Gegebenheiten des Alltagslebens. Letztendlich ist Buddha jenseits von Bildern, Worten oder Begriffen, die ja Kreationen des dualistischen Geistes sind.

Ebendies ist die Auffassung der Buddhisten. Daher könnten manche Menschen aus dem Westen, die sich für den Buddhismus zu interessieren beginnen, enttäuscht sein, wenn sie dann von der Praxis frommer Hingabe erfahren. Sie sagen sinngemäß: »Genau das wollten wir hinter uns lassen – dieses Beten zu einer hohen Autorität außerhalb unserer selbst.« Was für eine merkwürdige Situation: vor frommer Hingabe davonzulaufen, nur um gleich um die Ecke auf Glauben und Gebet zu stoßen!

Ja, es trifft zu, daß das ganze Universum an der Buddha-Natur teilhat und daß der Frieden in uns liegt. Wozu also fromme Hingabe üben? Das ist eine der für uns verfügbaren Methoden, uns von der Idee eines Selbst oder Ich zu lösen. Glaube hilft uns, uns zu öffnen. Er besteht im Loslassen von Bedenken und Befürchtungen. Offen und aufnahmefähig sein ist eine Möglichkeit, die Hilfe zu erbitten, die wir benötigen.

Bestimmte Schulen des Buddhismus legen besonderen Wert auf den Akt des Sichverbeugens, der als Andachtsübung gilt. Dies ist eine einfache Methode, das Ich preiszugeben. Wir bekennen uns so zu dem Glauben, daß das Festhalten und der Versuch, alles unter Kontrolle zu haben, uns von Weisheit fortführen. Glaube ist auch außerhalb institutioneller Religion möglich. Beispielsweise legt das Zwölf-Stufen-Programm der Anonymen Alkoholiker besonderen Wert darauf, daß man das starre kleine »Ich« aufgibt, das Kontrolle auszuüben versucht. Das Programm bekennt sich dazu, daß man auf die Hilfe einer »höheren Macht« angewiesen ist, was immer auch der einzelne darunter versteht.

Im Buddhismus besteht fromme Hingabe im Entwickeln von Vertrauen auf Anleitung durch den Buddha; Vertrauen auf den Dharma, die Lehren des Buddhismus, als den Weg; und Vertrauen auf den Sangha, die buddhistische Gemeinschaft, als den Beistand auf der spirituellen Reise.

Fromme Hingabe bedeutet, um Stärke auf dem Weg zu bitten. Mit der Erfüllung unserer spirituellen Bedürfnisse wird es möglicherweise nicht immer so laufen, wie wir dies wünschen oder erwarten oder wie es unserem Fahrplan entspräche. Der Kernpunkt des Glaubens ist Offenheit; auf ebendiese Weise empfängt man Segnungen und lindert man Leid. Guru Padmasambhava zitierend, schreibt Paltrül Rinpoche:

> Ist dein Geist frei von Zweifeln, wird Gewünschtes erreicht werden.
> Erfüllt dich rückhaltlose vertrauensvolle Hingabe, werden Segnungen in dich Eingang finden.

Fromme Hingabe ist wie die Sonne: Sie läßt unser Festhalten am Ich schmelzen und unsere wahre Natur durchscheinen. Drigung Kyobpa Rinpoche zitierend, schreibt Paltrül Rinpoche:

> Vom schneeberggleichen Meister …
> wird ohne Berührung durch die Strahlen sonnengleicher Hingabe
> der stromgleiche Segen nicht fließen.
> Drum gebrauche deinen Geist im Üben von Hingabe.

Haben wir kein Vertrauen oder keine Hingabe, dann werden wir, selbst wenn der Buddha persönlich vor uns steht, kaum Vergünstigungen empfangen, denn unser Geist, der alleinige Schlüssel zu unserem spirituellen Wachstum, ist nicht darauf vorbereitet, die Gelegenheit zu nutzen. Deshalb sagt ein tibetisches Sprichwort:

> Von jedem, den man als Buddha ansieht,
> empfängt man die Segnungen wie von einem Buddha.
> Von jedem, den man als Narren ansieht,
> kommen die Auswirkungen wie von einem Narren.

Die Buddha-Natur ist also überall, aber es ist möglich, sich in frommer Hingabe zu schulen, indem man über den Buddha meditiert, der beispielsweise in Form einer Statue oder eines geistigen Bildes zugegen sein kann. Die Statue selbst wird unser Leben nicht verändern – unser Geist ist es, der sich durch den Akt frommer Hingabe öffnen kann. Darin besteht die Essenz kunstvoller Mittel. Spirituelle Objekte können uns inspirieren, aber der entscheidende Faktor ist nicht irgendein Objekt. Die Art, wie wir es sehen, nämlich positiv, und die Art, wie wir fühlen, nämlich voller Hingebung und Vertrauen – das ist es, was uns auf dem Pfad weiterhilft.

Sich auf ein spirituelles Objekt oder geistiges Bild zu stützen, ist eine Möglichkeit, uns selbst mit der Kraft der Freude zu begaben, die von dem uns allen innewohnenden Buddha herrührt.

Bis jetzt habe ich dargelegt, wie jeder über eine Kraftquelle eigener Wahl meditieren kann, etwa über die Sonne, den Mond oder ein beliebiges persönliches Bild. Aber hier werde ich nun eine Kraftquelle schildern, die spezifisch buddhistisch ist: eine Meditation, die Guru Rinpoche Padmasambhava geweiht ist, dem Begründer des tibetischen Buddhismus, der im 9. Jahrhundert gelebt hat und sämtliche Erleuchteten verkörpert – die Buddhas, göttlichen Wesen, Heiligen und Weisen.

Es gibt so viele spirituelle Leitfiguren, die uns eine inspirierende Kraftquelle sein können. Wir könnten beispielsweise über Buddha Shakyamuni meditieren, damit er uns hilft, Weisheit zu erlangen; oder über den Medizinbuddha zu Heilzwecken; oder über Tara, den Buddha in weiblicher Gestalt, zur Beschwichtigung aller Befürchtungen und Bedrohungen. Ich habe Guru Rinpoche wegen seines grenzenlosen Mitgefühls ausgewählt, das über die Jahrhunderte hin so vielen Menschen geholfen hat, die sich an ihn wandten, und weil ich mit meinen Meditationsübungen in seiner Überlieferungslinie stehe. Guru Rinpoches majestätische Gegenwart ist die Vajra-Manifestation absoluter Buddhaschaft, die überwältigende Stärke und Glückseligkeit des Universums, die allen Aufruhr beilegt.

Um zu dieser Meditation die nötige Hintergrundinformation zu liefern, werde ich ziemlich detailliert ausführen, wie wir das Bild von Guru Rinpoche visualisieren könnten. Jedes mit einem heiligen Bild verknüpfte ikonographische Detail birgt eine Unterweisung; und diese Zeichen, Symbole, Farben und Gebärden können in uns positive Empfindungen hervorrufen, die diese Unterweisungen widerspiegeln – eine nach der anderen, und auch so, wie sie als Teil eines Ganzen gesehen und empfunden werden.

Details können einem erfahrenen Meditierenden helfen, in der bewußten Wahrnehmung eines inneren Bildes, das reich ausgestattet und vielschichtig ist, ruhig zu verharren. Aber machen Sie sich keine Gedanken, wenn Ihnen Erfahrung und Geschick fehlen; visualisieren Sie einfach so viel, wie sie bequem und problemlos können. Was in der Meditation, zu der Sie im Folgenden angeleitet werden, wirklich zählt, sind die Empfindungen, die die Worte mitzuteilen versuchen. Benutzen Sie diese Empfindungen, um in Ihrem Geist ein Bild von Padmasambhava wachzurufen, das einfach, aber tiefempfunden ist. Wenn Sie bloß die Wärme und Anwesenheit von Padmasambhava spüren, kann allein das schon sehr heilsam sein.

Vergessen Sie auch nicht, daß künstlerische Darstellungen wie etwa diejenige im vorliegenden Buch als Hilfsmittel gemeint sind. Ein Bildnis oder eine Statue können Sie inspirieren, Sie etwas lehren oder als ein Ausgangspunkt für die Meditation hilfreich sein; aber fühlen Sie sich davon nicht eingeschränkt. Was bei der Visualisierung zählt, ist das Bild in Ihrem Geist und die Wärme und Offenheit, die sich durch fromme Hingabe einstellen.

Das majestätische Bild Padmasambhavas vergegenwärtigen

Wie eine Blume, die aus der Leerheit erblüht, steigt die majestätische Gegenwart Padmasambhavas aus dem Vorstellungsvermögen auf. In einer Aura schönen Lichts sitzt der strahlende und jugendliche Guru Rinpoche auf einer klaren, leuchtenden Mondscheibe, die sich über einer hellen, warmen Sonnenscheibe befindet. Der Mond und die Sonne ruhen unmittelbar über einer riesigen, wohlriechenden und süß duftenden Lotospflanze, die von Frische und Feuchtigkeit strotzt. Der Lotos hat Tausende leuchtend bunter Blütenblätter.

Die Sonne, der Mond und der Lotos sind Symbole von Padmasambhavas Geburt. Er wurde durch »unbefleckte Geburt« in der »Lotos-Buddha-Familie« aus der Vereinigung von Weisheit (Sonne) und Mitgefühl (Mond) geboren.

Guru Rinpoches Antlitz ist weiß, mit einer rötlichen Schattierung, immerwährend jugendlich und weise, jenseits des Einflußbereichs von Veränderung und Alterung. Sein freudvolles Lächeln ist jenseits von Leid. Sein klarer, unverwandter, liebevoller Blick bringt allumfassenden Segen und heilt unseren Geist in all seinen Regungen und Stimmungen und unseren Körper in jeder Zelle und jedem Atom.

Seine Gewänder strahlen Licht aus. Sein weißes Untergewand und seine rote Robe symbolisieren die Erleuchtung eines Bodhisatt-

Padmasambhava,
auch bekannt als
Guru Rinpoche

vas, der allen leidenden Wesen dieser Welt hilft. Sein blaues Obergewand symbolisiert die Vollkommenheit der nur Eingeweihten zugänglichen Fertigkeiten, und er trägt den Schal vollendeten Mönchtums. Sein Brokatumhang ist Symbol dafür, daß alle religiösen Schulungen im Hinblick auf universale Wahrheit eins sind. Dieser Umhang verweist auch, zusammen mit Guru Rinpoches Hut und Schuhen, auf dessen mystische Kräfte. Sie sind Geschenke von einem König des Reiches Sahora, der über seine Kräfte erstaunt war. Der König hatte ihn zum Tod durch Verbrennen verurteilt, aber Guru Rinpoche wandelte einfach das Feuer in ein Gewässer um, das man heute als den Rewalsar-See in Indien kennt.

Guru Rinpoche hält die Symbole der Lehren in Händen. Ein goldener Vajra in seiner Rechten symbolisiert unzerstörbare Geschicklichkeit und Kraft, das männliche Prinzip. In seiner Linken wiegt er eine Schädelschale, die als Behälter einer mit dem Nektar der Unsterblichkeit gefüllten Vase dient. Die Hirnschale symbolisiert die Vereinigung von Leerheit und Glückseligkeit, das weibliche Prinzip. Die Vase und der Nektar symbolisieren langes Leben und die zeitlose Wahrheit der Buddha-Natur.

Im Buddhismus sind Meister der esoterischen Praxisformen häufig spirituell mit einer Gefährtin verbunden. Die Weisheit der Weiblichkeit wird hier von einem Dreizack dargestellt, der neben Guru Rinpoches linkem innerem Unterarm senkrecht nach oben ragt. Die drei scharfen Spitzen des Dreizacks bezeichnen die drei wahren Wesenszüge des Geistes: Offenheit, Klarheit und die Kraft des Mitgefühls. Drei Köpfe schmücken den Dreizack; sie repräsentieren die drei Buddha-Körper: Der skelettierte Kopf ist die absolute Offenheit, das Bild des vollentwickelten Kopfes ist die reine Form des Buddha in ihrer eigentlichen Beschaffenheit, und der Kopf im Jugendstadium ist das unreine Buddha-Bild, wie es von Wesen mit gewöhnlichem Geist wahrgenommen wird.

Zu den weiteren Symbolen gehören die Haarlocken, die von dem Dreizack herabhängen. Diese gemahnen an die Praxis, auf Lei-

chenplätzen über die Auflösung des Körpers zu meditieren, und an die Befreiung, die aus dem klaren Erkennen der Wahrheit des Lebens und Sterbens erwächst.
In seiner grenzenlosen Weisheit weiß Guru Rinpoche über alles gleichzeitig Bescheid, was gerade im Universum geschieht, ohne dadurch von seiner absoluten, offenen Natur abgelenkt zu werden. Sein unendliches Mitgefühl ist aufgeschlossen für das ganze Universum und erreicht jedes einzelne Wesen, so wie eine Mutter ihr einziges Kind mit Liebe überschüttet.
Nun, da wir einige Vertrautheit mit diesem Bild gewonnen haben, folgt nun eine erweiterte Meditation, die Guru Rinpoche geweiht ist.

Sich an die Stärke und das Mitgefühl Padmasambhavas wenden

Visualisieren Sie, daß Sie an irgendeinem hochgelegenen Ort, etwa auf einem Berggipfel, sitzen und den unermeßlichen, klaren blauen Himmel anschauen. Genießen Sie den Anblick ein paar Minuten, und ruhen Sie dabei in der Offenheit. Die bildliche Vorstellung, daß Sie sich an einem Platz in großer Höhe befinden, hebt Ihren Geist über jeglichen Alltagswirrwar empor. Der offene Himmel macht Ihren Geist von dem gewöhnlich vorhandenen Gewimmel aus Bildern, Gedanken und Emotionen frei.
Stellen Sie sich aus dieser Offenheit heraus zunächst den Lotos-Sitz mit seinen wunderschönen Blütenblättern vor, dann die Sonnenscheibe und über ihr die Mondscheibe. Schließlich erscheint Guru Rinpoche im Strahlenglanz.
Empfinden Sie den grenzenlosen Frieden und die unendliche Wärme seiner liebevollen Göttlichkeit, und ruhen Sie eine Zeitlang behaglich in diesen Gefühlen. Lassen Sie zu, daß Hingabe

Ihr Herz erweicht. Geben Sie sich dem Bild, während Sie ihm Ihr Gewahrsein zuwenden, völlig anheim – nicht bloß als einer von Ihrem Geist hervorgebrachten Form, sondern als dem wirklichen, reinen und heilenden Guru.
Stellen Sie sich jetzt vor, daß die ganze Erde von allen möglichen Wesen mit hingebungsvollen Herzen, fröhlichen Gesichtern und freudigen Augen wimmelt. Alle schauen auf das liebevolle, schöne und mächtige Antlitz Guru Rinpoches, der Quelle aller Heilung. Stellen Sie sich vor, daß sie alle mit einer einzigen Stimme in donnerndem und lieblichem Wohlklang ein Mantra sprechen. Das Mantra ist ein Gebet an Guru Rinpoche, ein Mittel zur Heilung unserer Probleme, ein freudiger Ausdruck mentaler und physischer Energien, eine Verherrlichung des Zugegenseins dieser Gottheit, eine Meditation über reinen Klang, der für sich genommen das Wesen des Einsseins ist.
Stimmen Sie aus tiefstem Herzen das Mantra von Guru Rinpoche in einer der beiden folgenden Formen an:

In tibetisch abgewandeltem Sanskrit

OM AH HUNG BENDZAR GURU PEMA SIDDHI HUNG

Oder in Sanskrit

OM AH HUM VAJRA GURU PADMA SIDDHI HUM.

Übersetzen läßt sich dies mit: »Die Verkörperung von Körper, Rede und Geist der Buddhas, o Padma[sambhava], gewähre bitte alle Segnungen.«
Infolge der Gebete und der Offenheit gehen die Strahlen vielfarbigen Segenslichts von Guru Rinpoche aus und berühren Sie, bringen Ihnen Wärme und Offenheit im Körper und im Geist. Bei diesem Licht handelt es sich nicht bloß um schöne, reine Formen, sondern um die Energie des Friedens, der Wärme, Glückseligkeit

und Offenheit. Lassen Sie sich von dieser Empfindung ganz erfüllen, sie durch jede Pore und Pforte des Körpers dringen und dabei alle Sorge und Qual zerstreuen, wie Sonnenlicht die Dunkelheit zerstreut. Spüren Sie, daß Ihr ganzer Körper in Licht und Heilenergie umgewandelt wird.

Wiederholen Sie das Mantra viele Male, und geben Sie sich dabei ganz dem Klang anheim. Stellen Sie sich vor, daß Ihre Gebete den Geist aller Wesen für hingebungsvolle Freude aufgeschlossen haben und daß das Licht von Guru Rinpoche in alle Richtungen ausstrahlt und dabei all die Verwirrung, Traurigkeit und Pein zerstreut. Alle Wesen werden in einem gewaltigen Chor psalmodischen Singens befreit. Der Sprechgesang erfüllt das Universum, das in Klang, Licht und Freude eins wird.

Freuen Sie sich innig über diese Wärme und Offenheit. Lassen Sie alle Begriffe und Empfindungen in einen Ozean hingebungsvollen Friedens aufgehen, in dem es keine Unterscheidungen oder Abgrenzungen gibt, der jenseits von Schmerz und Erregung, Gut und Schlecht, Dies und Das, Du und Ich liegt, in dem vielmehr all und jedes ein und dasselbe sind.

Obwohl der höhere Zweck dieser Meditation spirituelle Verwirklichung ist, könnten Sie Guru Padmasambhava auch kontemplativ als Kraftquelle für die gewöhnliche Heilung emotionaler oder physischer Probleme betrachten, indem Sie visualisieren, daß irgendeine Form heilender Energie von dem Bild ausstrahlt, etwa laserartiges Licht. Oder stellen Sie sich vor, daß heilender Nektar aus Guru Rinpoches Vase in Sie einfließt und dabei zunächst all Ihr mentales, emotionales und physisches Leid fortspült, um dann Ihren ganzen Körper und Geist mit Frieden und Stärke zu erfüllen. Guru Rinpoche könnte auch in Meditationen die Energiequelle sein, in denen eine andere Person als Heiler für Sie agiert.

Wie immer sich Ihre Visualisation gestaltet – Sie können sie während einer einzelnen Sitzung so oft wiederholen, wie es Ihrem Gefühl nach angenehm ist. Bringen Sie, wenn Sie Ihre täglichen Hausarbeiten erledigen, die offene Empfindung der Meditation in

Ihr Leben ein. Sie können sogar das Mantra laut psalmodierend hersagen – oder still, wenn Sie unter Leuten sind.

In Offenheit meditieren

In höherer buddhistischer Sicht gehen Erscheinungen aus Leerheit hervor und lösen sich wieder in diese auf. Darum begannen wir diese hingebungsvolle Meditation über Guru Rinpoche, indem wir in den Zustand von Offenheit eintraten und dabei das zu Visualisierende wie das Spiegelbild in einem klaren Spiegel entstehen ließen.

Im Anschluß an die Geistesruhe, das Ruhen des Geistes auf dieser Bildlichkeit, verweilen wir dann zuletzt wieder in Offenheit und Einssein. Es ist ein Prozeß wie geboren werden, leben und sterben, eine gute Methode, das Kommen- und Gehenlassen, das Loslassen also, zu üben. Seien Sie am Ende der Meditation einfach immer in der Offenheit Ihres Geisteszustandes, ohne irgendeinen Einfluß darauf zu nehmen und ohne festzuhalten.

Je nach unserem Geisteszustand können wir womöglich immer länger im Raum der Offenheit ruhen. Wir können mit einer Visualisierung beginnen und dann jegliche Technik fallenlassen und einfach auf offene Weise meditieren. Dann kommt es nicht so sehr darauf an, worin die Meditationserfahrung besteht. Es ist vielleicht möglich, den Erfahrungsinhalt, die erfahrende Person und die Erfahrungsweisen allesamt in Einssein aufgehen zu lassen.

Versuchen Sie nicht, Offenheit zu gestalten oder sie als die eine oder andere Sache zu identifizieren oder ihr irgend etwas abzugewinnen. Lassen Sie die Dinge einfach in Ruhe. Auf ebendiese Weise finden Sie Ihren Mittelpunkt. Wenn Sie auf Ihre wahre Natur vertrauen, brauchen Sie nicht nach einem weiteren Mittelpunkt zu suchen. Seien Sie einfach offen und aller Gegebenheiten gewahr.

Solange wir der Möglichkeit von Leid ausgesetzt sind, kann Meditation uns Tiefe und Stärke geben. Da wir das Wesen der Offenheit realisieren, verschmilzt die Meditation mit dem Alltagsleben.

Sich auf äußere Quellen der Heilung zu stützen, ist hilfreich und sogar unbedingt erforderlich, solange wir von dualistischen Begriffen beherrscht und auf äußere Objekte angewiesen sind. Es ist jedoch wichtig, sich klarzumachen, daß die letztendliche Heilung das Angewiesensein auf äußere Kräfte überwindet. Sie schenkt uns ein so sicheres und stetiges Gewahrsein unserer friedvollen, offenen Natur, daß wir durch diesen Frieden und diese Offenheit alles erreichen können.

14
Die gewaltigen inneren Heilenergien wachrufen

Holen Sie ein- oder zweimal tief Luft, lösen Sie sich dabei von Ihrem ganzen Streß und all Ihren Sorgen, und genießen Sie die entspannten Empfindungen in Ihrem Körper und Geist. Führen Sie dann langsam und ruhig die folgenden Übungen durch, und nehmen Sie sich dabei für jeden Schritt ein oder zwei Minuten Zeit.

1. Wenn Sie am Morgen oder sonst irgendwann am Tag erwachen, dann empfinden Sie innige Hingabe an die Kraftquelle. (Es könnte der Buddha, Guru Rinpoche oder jede andere Kraftquelle sein.) Hingabe weckt Ihren Körper und Geist auf und bewirkt, daß sie erblühen. Hingabe bringt Wärme, Glückseligkeit, Stärke und Offenheit.
2. Visualisieren und empfinden Sie, daß Ihr Herz, das Zentrum Ihres Körpers, die Gestalt einer ganz erstaunlichen Blume aus Licht hat, die in der Wärme inniger Hingabe erblüht. Infolgedessen gehen aus diesem hingebungsvollen Blumenherzen Ihre Weisheit, Ihr Mitgefühl und Ihre Kraft – die Erleuchtungsqualitäten – in Gestalt der Kraftquelle hervor. Die Kraftquelle steigt in Gestalt eines von Hitze und Seligkeit erfüllten Lichtkörpers durch den Zentralkanal, einen aus klarem und reinem Licht gebildeten weiträumigen Kanal Ihres Körpers, empor. Dann ziert die Kraftquelle das unbefleckte und grenzenlose Firmament, als seien Tausende von Sonnen in Form eines einzigen Himmelskörpers aufgegangen.
3. Vertrauen Sie darauf, daß die Kraftquelle die Verkörperung von Weisheit, Mitgefühl und Kraft sämtlicher göttlichen We-

sen und der universalen Wahrheit ist. Spüren Sie, daß Ihr ganzer Körper und Geist von großer Wärme, seligem Behagen und unbegrenzter Energie erfüllt ist, da er sich in der unmittelbaren Nähe der Kraftquelle befindet.

4. Sehen Sie dann, daß die ganze Erde von verschiedenartigen Wesen wimmelt. Ihre Herzen sind von inniger Hingabe erfüllt, und ihre Gesichter erblühen in freudigem Lächeln. Ihre weit geöffneten Augen betrachten einsgerichtet und voller Staunen die Kraftquelle. Mit Ihnen gemeinsam geben sie allesamt der Kraft ihrer Hingabe in Gebeten Ausdruck und singen harmonisch mit jeweils verschiedenem Grundton und Nachhall wie ein großes Sinfonieorchester. Singen Sie das Gebet mit tiefer Feierlichkeit, die frei ist von Grenzen oder Einschränkungen.
5. Stellen Sie sich beim Singen der Gebete vor, daß die Gebete den mitfühlenden Geist der Kraftquelle herabgefleht haben. Aus der Kraftquelle kommen deren Weisheit, Mitgefühl und Kraft in Form mannigfaltiger Strahlen verschiedenfarbigen Segenslichts (oder in Form von Nektarströmen) zu Ihnen. Diese Lichtstrahlen berühren jede Pore Ihres Körpers. Empfinden Sie die Hitze ihrer bloßen Berührung. Empfinden Sie das wesenhaft Beseligende der Hitze. Und empfinden Sie die Kraft der beseligenden Hitze.
6. Dann dringen die Lichtstrahlen in Ihren Körper ein. Visualisieren und empfinden Sie, daß all Ihre negativen Gewohnheiten, mentalen Leiden, emotionalen Konflikte, Ihr Mangel an Erfüllung, Ihre ganze Angst sowie all Ihre physischen Krankheiten und Kreislaufstörungen oder Energieblockaden in Form von Finsternis in Ihrem Körper sind. Durch die bloße Berührung des Segenslichtes wird all die Finsternis vollständig, ohne den geringsten Rest, aus Ihrem Körper und Geist vertrieben. Ihr Körper wird von ganz erstaunlichem, hellem Licht erfüllt und verspürt dabei große Wärme, seliges Behagen und Stärke. Sehen und empfinden Sie dann, daß Ihr Körper in einen Segenslichtkörper umgewandelt wird. Empfinden Sie, daß sämt-

liche Zellen Ihres Körpers in die von Hitze, seligem Behagen und Kraft durchdrungenen Zellen aus Segenslicht umgewandelt werden.

7. Denken Sie dann an eine Zelle auf Ihrer Stirn (oder an eine beliebige andere Körperstelle). Die Zelle besteht aus hellem Segenslicht. Sie ist sehr, sehr groß und schön. Gehen Sie langsam in die Zelle hinein. Sie ist uferlos und unbegrenzt wie der Himmel. Empfinden Sie eine Zeitlang die ungeheure Größe der Zelle.
8. Sehen und empfinden Sie dann, daß Ihr Körper aus Milliarden ebensolcher riesigen, prächtigen, von seligem Behagen durchdrungenen Zellen besteht. Jede einzelne Zelle wird durch die Anwesenheit der Kraftquelle noch verschönert. Gewahren Sie das erstaunliche Schauspiel und die grandiose Energie Ihres wunderbaren Körpers. Sämtliche Zellen sind in Liebe und Harmonie miteinander verbunden. Empfinden Sie die Kraft dieser Milliarden von beseligten, durch die Kraftquellen noch verschönerten Zellen in Ihrem Körper.
9. Sämtliche Zellen der Kanäle, Organe und Muskeln Ihres Segenslichtkörpers atmen; offen und spontan wie die Wellen des Ozeans atmen sie Hitze und seliges Behagen. Spüren Sie die beseligende Wellenbewegung. Die Wellen liebkosen, entspannen und schmelzen jede verhärtete oder versteifte Stelle, jegliche Fixierung ungelöster Emotionen und nicht verheilter Wunden samt all ihren Spuren. Fühlen Sie die Energieaura. Fühlen Sie das Gefühl. Seien Sie eins mit dem Gefühl.
10. Dann könnten Sie OM, AH und HUNG singen und Ihre Intonation oder Klangbildung als die Heilbewegung einsetzen (siehe S. 175–176 bzw. S. 188–190), um Stärke und Offenheit zu entwickeln und sich mit ihnen zu vereinigen. Sie können laut, leise oder still für sich singen.

    Gewahren Sie, während Sie wiederholt langsam und kontinuierlich OM singen, wie die Tonwellen, den Wellen des Ozeans gleich, von den Stimmbändern aus Ihren ganzen Körper

durchschwingen und in jeder Zelle kräftig nachhallen. Erfreuen Sie sich an dem wunderbaren Gefühl von Kraft und Stärke, den Qualitäten des Buddha-Körpers.
Gewahren Sie in derselben Weise beim Singen von AH die öffnenden, lösenden und sich voll entfaltenden Energien, die Qualitäten der Buddha-Rede.
Gewahren Sie beim Singen von HUNG, wie Sie selbst in der Einheit von Kraft und Offenheit aufgehen, der unbegrenzten Kraft, den Qualitäten des Buddha-Geistes.

11. Im Sinne einer Heilung bringenden Bewegung (siehe S. 188 bis 190) könnten Sie auch bestimmte Handgebärden machen, um Stärke und Offenheit zu entwickeln und mit diesen Qualitäten eins zu werden.
Falten Sie (im Sitzen) äußerst langsam und kontinuierlich Ihre Finger auf Höhe Ihres Herzens zu Vajra-Fäusten, indem Sie die Daumenspitzen gegen die Wurzel der Ringfinger drücken und dann die übrigen Finger über den Daumen zur Faust abknicken, wobei die Zeigefinger und kleinen Finger leicht gestreckt bleiben und nach oben weisen. Kreuzen Sie die Beine, und legen Sie nach Möglichkeit die Füße jeweils an den Punkt, wo die Hüfte in den Oberschenkel übergeht. Gewahren Sie, wie die Bewegung, dem Strömen eines Flusses gleich, aus jeder Zelle Ihrer Hände durch Ihren Körper hindurch nachschwingt. Erfreuen Sie sich an dem wunderbaren Gefühl von Kraft und Stärke, den Qualitäten des Buddha-Körpers.
Machen Sie auf dieselbe Weise auf Höhe Ihres Herzens die Gebärde einer blühenden Blume. Halten Sie die Innenseite der Fäuste nach oben, und öffnen Sie die zur Faust abgeknickten Finger (einen nach dem anderen, wobei Sie mit dem kleinen Finger beginnen). Öffnen Sie dann Ihre Hände und Arme – und gewahren Sie das herrliche Gefühl des Sich-Öffnens, des Befreiens und Erblühens, die Qualitäten der Buddha-Rede.

Machen Sie eine kontemplative Gebärde, indem Sie Ihre Hände mit den Handflächen nach oben in den Schoß legen, wobei die rechte Hand über der linken liegt und sich die Daumen leicht berühren, und gewahren Sie, wie Sie selbst in der Einheit von Kraft und Offenheit aufgehen, der unbegrenzten Kraft, den Qualitäten des Buddha-Geistes.

Sie könnten diese Gebärden auch ausführen, während Sie OM, AH und HUNG singen.

12. Sie könnten rings um Ihren Körper eine erstaunlich weit ausgedehnte Aura aus hellem Segenslicht sehen, die von starker Energie erfüllt ist: eine Schutz-Aura, die alle negativen Einflüsse daran hindert einzudringen. Zugleich eine Aura der Transformation, die alles in ihrem Energiefeld Befindliche in Segenslicht umwandelt wie Schneeflocken, die in warmes Wasser fallen.

    Teilen Sie die Segnungen mit allen Mutterwesen.

15 Die heilende Mitgefühls-Meditation

Wenn wir Mitgefühl entwickeln, werden ganz natürlich weitere spirituelle Erfahrungen in uns aufsteigen. Mitgefühl ist die Wurzel aller förderlichen Verhaltensweisen. Es kann uns vom Anhaften an einem Ich befreien.

Wir alle sind zu enormem, verschwenderischem, großherzigem Mitgefühl fähig, und zwar aufgrund der Buddha-Natur, die immer in uns gegenwärtig ist. Mitgefühl öffnet unseren verschlossenen, starren Geist. Es beruhigt unser ungebärdiges Naturell und verwandelt unsere dumpfe, morbide, negative Wesensart. Es bringt uns aus der Dunkelheit, dem verborgenen, durch unser selbstsüchtiges und frustriertes Dasein geschaffenen Gefängnis, ins Tageslicht hinaus. Statt alle übrigen auszusaugen, um unser ungebärdiges Ego zu päppeln, können wir durch Mitgefühl für andere unser wahres Zentrum entdecken. Mitgefühl ist die heilsame Grundbeschaffenheit unseres Geistes, durch die wir Frieden finden können.

Auch wenn wir einsehen, daß Mitgefühl uns direkt auf den wahren Weg befördert – unser Anklammern an selbstsüchtige Anliegen konsequent und lange genug aufzugeben, um auf diese Weise anderen gegenüber Offenheit zu erfahren, kann uns schwerfallen. Die grundlegende Vorgehensweise im Buddhismus besteht darin, auf einfache Art zu beginnen und den Wirkungskreis unseres Mitgefühls nach außen zu öffnen.

Wir sollten also ein gesundes Gefühl ichbezogener Liebe empfinden, indem wir auf unsere wahren Erfordernisse und unser wirkliches Wohl achten, und Freude gutheißen, wenn sie in uns aufkommt. Wir sollten die uns Nahestehenden schätzen und uns um sie kümmern. So können wir konkret und unmittelbar erfahren, was eine warmherzige Einstellung ist, statt uns auf bloße Worte oder verschwommene Gefühle zu verlassen. Nach und nach können wir unser Üben von Mitgefühl weiter ausdehnen.

Mitgefühl hat nichts mit Sich-Sorgen-Machen zu tun. Es ist offenherzige Weisheit und fürsorgliche Hinwendung. Sich-Sorgen-Machen hingegen ist im Festhalten verwurzelt. Es untergräbt unsere Kraft und Fähigkeit, anderen zu helfen.

Häufig machen wir uns Sorgen, wenn wir uns um jemanden kümmern. Das ist die unvermeidliche Reaktionsweise der weltlichen Gesinnung. Seien Sie also wenn möglich fürsorglich, ohne sich jedoch Sorgen zu machen. Sollten trotzdem plötzlich Besorgnisse auftauchen, dann machen Sie sich keine Sorgen darüber, daß Sie sich sorgen. Sehen Sie das vielmehr als positiv an, mit dem Gedanken: »Ich mache mir Sorgen, weil ich diesen Menschen liebe. Fürsorgliche Hinwendung ist die beste Einstellung.« Indem Sie Ihre Besorgnis in diesem positiven Licht sehen und sich aufrichtig darüber freuen, wird der negative Einfluß in konstruktive Energie umgewandelt werden.

Wie können wir gegenüber unseren Feinden oder Menschen, die wir nicht mögen, Mitgefühl empfinden? Die wirksame Vorgehensweise besteht darin, sie als Mutterwesen anzusehen, die eigentlich freundlich, gütig und liebevoll sind – nur daß eben ihr wahres Wesen verdunkelt ist; oder vielleicht fällt es uns schwer, den Buddha in ihnen zu erkennen, weil unsere eigene Sicht getrübt ist.

In der Meditation können wir beginnen, die Mauern einzureißen, die uns von anderen trennen. Tsongkhapa sagt über Mitgefühl und Meditation:

> Das Kennzeichen des Mitgefühls ist der Gedanke: »Mögen alle Wesen von ihren Leiden befreit werden.« Verknüpft mit dem Vorsatz: »Ich werde sie zur Freiheit führen.« Das Mitgefühl gliedert sich in mehrere Stufen. Zunächst sollte man über

Personen meditieren, die man liebt, dann über Menschen, die einem gleichgültig sind, und schließlich über Feinde. Hat man das Mitgefühl, das Feinde und geliebte Personen als gleichwertig auffaßt, dann sollte man über sämtliche Wesen des Universums meditieren.

Ich werde jetzt eine mentale Übung beschreiben, in der man sich anschaulich und eindringlich die Qual anderer vergegenwärtigt. Manche ängstigen sich, daß das Meditieren über schreckliches Leid Geisteskrankheit hervorrufen könnte, aber eigentlich heilt es uns, weil wir uns eben dadurch vom Festhalten an unserem Ich lösen. Öffnen Sie also Ihr Herz, und lassen Sie zu, daß die Mitgefühlsempfindung aufsteigt.

Visualisieren Sie deutlich ein Wesen, das hilflos, verängstigt und gepeinigt ist und um Hilfe ruft, und versetzen Sie sich einfühlsam in seine Lage. Sie könnten das Vorstellungsbild einer Person verwenden, die unter schauderhaften Schmerzen alleine stirbt und sich, ohne Hoffnung auf ein Weiterleben, jede Sekunde an die Hoffnung, doch noch am Leben zu bleiben, klammert und dabei um Hilfe ruft und, zerfließend in einer Flut von Tränen, die Welt der Lebenden anstarrt. Oder Sie könnten jemanden visualisieren, der vor den angsterfüllten, weinenden Augen seiner hilflosen Lieben von rohen Henkershänden zu seiner Hinrichtung gezerrt wird. Oder sehen Sie ein harmloses, zahmes Tier, das unter dem Dröhnen fürchterlichen Gelächters mit scharfen Metzgermessern abgeschlachtet wird. Oder stellen Sie sich eine Person vor, die rettungslos in einem Brand, Hochwasser oder Erdbeben eingeschlossen ist und durch blutige Tränenschleier zum letzten Mal einen flüchtigen Blick auf die immer so zärtlich geliebte Welt wirft.

Machen Sie sich dann klar, daß dieses leidende Wesen niemand anderer als einer Ihrer beiden Eltern, Ihr eigenes Kind oder einer von Ihren Lieben ist. Denn Buddhisten glauben, alle Wesen seien während unserer so überaus zahlreichen früheren Leben ein oder das andere Mal unsere Lieben gewesen. Denken Sie dann: »Als diese Gestalt meine Mutter war, gab sie mir alle Liebe und Fürsorge, die ich brauchte; sie wärmte mein Herz mit ihrer Güte und opferte um meinetwillen ihr Glück und ihren Schlaf; sie dachte dabei immer an mich. Aber heute wird ihr keiner helfen, dieser Gefahr zu entrinnen. Sie hat keine Möglichkeit, die Weisheit und Stärke zu entwickeln, die sie in diesem letzten Moment braucht. Wie könnte ich, ihr einziges Kind, ihrer Qual und Angst gegenüber gleichgültig sein und all meine Energie für die albernen Zerstreuungen dieses Lebens vergeuden?« Entscheiden Sie sich nun für den Weg des Mitgefühls mit dem Gedanken: »Ich schwöre vor der ganzen Welt, daß ich von ebendiesem Augenblick an jede Minute meines Lebens meiner spirituellen Entwicklung widmen werde, um all meine leidenden Mutterwesen zu heilen.«

Sie könnten Ihre Schulung im Mitgefühl auch damit beginnen, daß Sie bei positiven Vorstellungsbildern verweilen. Denken Sie an die Güte und das Mitgefühl, die Ihnen einer Ihrer beiden Eltern, eine Person aus Ihrem Freundeskreis oder ein Mentor erwiesen hat, und rufen Sie das wundervolle Gefühl von Wärme wach, das Ihnen diese Erinnerungen schenken. Sagen Sie sich dann, daß Sie dieses große Geschenk des Mitgefühls an andere weitergeben werden, und schenken Sie es reichlich, wie Licht, das das ganze Erdenrund und Universum wärmt.

Oder Sie könnten Ihre eigene intensiv empfundene Pein und Angst dazu benutzen, Mitgefühl zu entwickeln. Die meisten von uns versuchen vergeblich, sich vor dem Leid zu verstecken, wenn es ihren Weg kreuzt, aber es kann eine Hilfsquelle von unschätzbarem Wert sein. Haben wir die richtige Einstellung, so fällt es uns durch den bitteren Geschmack des Leids leichter, den Schmerz anderer zu verstehen.

Das bewußte Erleben und Empfinden von Leid führt zu einem tiefen Verständnis von *Samsara*, unserer vergänglichen irdischen Existenz. Dies kann eine wirkungsvolle Energie erzeugen, nicht bloß Mitleid mit anderen oder Wohlergehenswünsche für sie, sondern die ernsthafte Bestrebung und Verpflichtung, die Verantwortung dafür zu übernehmen, alle Wesen aus der Feuergrube von Samsara zu befreien.

Indem wir ein tiefes Mitgefühl für all unsere Mutterwesen entwickeln, werden wir unseren Haß, unsere Eifersucht, unseren Neid und unsere heftige Begehrlichkeit loswerden. Mitgefühl läßt die Mauer dahinschmelzen, die Freund und Feind, mich und die anderen, Gut und Schlecht trennt. Es gewährt Raum für Freude und Frieden.

Asanga, der große altindische Philosoph des Mahayana, sann in einer Höhle zwölf Jahre lang über Maitreya, den Buddha der liebevollen Güte, nach. Doch er konnte bei sich nicht das kleinste Zeichen einer wirklichen inneren Kultivierung erkennen – bis zu dem Tag, an dem er die Höhle verließ und einen heulenden, verstörten Hund auf der Straße sterben sah. Während er versuchte, dem Geschöpf zu helfen, stieg plötzlich grenzenloses Mitgefühl in ihm auf, und der Hund verwandelte sich in den Ausstrahlungskörper Maitreyas. »Herr, Ihr habt wenig Mitgefühl«, jammerte Asanga. »Warum habt Ihr mir Euer Antlitz so lange nicht gezeigt?« Maitreya sagte: »Ich war immer bei dir, nie von dir getrennt. Aber du konntest mich aufgrund deiner eigenen geistigen Verdunkelungen nicht sehen. Das Mitgefühl hat sie alle geläutert.«

Während unser Mitgefühl wächst, fällt es uns zunehmend leichter, die mühseligen Anstrengungen unseres fortwährend scharf unterscheidenden Geistes fallenzulassen. In der Offenheit des Mitgefühls können wir unsere Verwirrungen in reine Wahrnehmung, die ursprüngliche Weisheit des Geistes, umwandeln. Die meisten von uns können sich nur schwer einen Begriff davon machen, wie man dauernde, völlige Offenheit Wirklichkeit werden läßt. Doch wenn wir Mitgefühl üben, werden unsere Verblendung, unser Anhaften und die von schlechtem Karma herrührenden Gewohnheiten allmählich zurückgehen.

Wenn wir Buddha werden, entsteht das Mitgefühl in uns spontan als die alles durchdringende, allgegenwärtige Kraft der Buddhaschaft. Wie Longchen Rabjampa sagt:

> Aus dem wahren Wesen [der Buddhaschaft]
> entsteht, sich überallhin ausdehnend, die Kraft des Mitgefühls
> und erwirkt durch ihr freies Kräftespiel das Wohlergehen anderer.

Den Buddha des Mitgefühls vergegenwärtigen, um unser Herz zu öffnen

Das Meditieren über jede für uns geeignete Kraftquelle kann uns – wie das Säen von Samenkörnern in fruchtbare Erde – helfen, uns dem Mitgefühl zu öffnen. Besonders wirkungsvoll ist es, sich kontemplativ auf ein göttliches Wesen als Bild unserer Inspiration auszurichten.

Die spezielle Übung, die ich beschreiben werde, wendet sich an Avalokiteshvara, den Buddha des Mitgefühls. Diese Visualisierung ähnelt in Methode und Gehalt anderen Übungen, die uns zur Offenheit führen können. Der Schlüssel liegt hier in unserer Absicht, unser Herz zu öffnen. Auch wenn es uns im Alltagsleben manchmal schwerfällt, Mitgefühl zu empfinden, ist allein schon die Absicht sehr heilsam.

Rufen Sie diese Visualisation einfach so detailliert wach, wie Sie dies bequem und problemlos können, und betrachten Sie dabei die vorgestellte Bildlichkeit mit entspannter, aber tiefempfundener Konzentration. Geben Sie sich der Meditation so hin, daß Gewahrsein und Bildlichkeit eins sind.

Stellen Sie sich vor, daß Sie sich an einem hochgelegenen Platz, auf einem Berggipfel etwa, befinden und den grenzenlosen Himmel anschauen. Holen Sie tief Luft, und verharren Sie in dieser Offenheit einfach so lange, wie Sie wollen; lösen Sie sich dabei von Ihrem ganzen Streß und all Ihren Sorgen.

Avalokiteshvara taucht aus dem offenen Himmel vor Ihnen auf, und zwar in der inspirierendsten, friedvollsten und hinreißendsten Gestalt, die Sie sich vorstellen können. Sein Körper ist weiß, strahlend vor Licht, wie ein Schnee- oder Kristallberg, den die Strahlen von abertausend Sonnen berühren.

Mit Seidenroben und Juwelen geschmückt, sitzt er auf einer Mondscheibe, die in der Mitte eines prächtigen Lotos ruht. Der Buddha hat eine stabile Sitzhaltung eingenommen, was den durch nichts zu erschütternden Zustand der Buddhaschaft symbolisiert. In dieser Meditation ist der Buddha mit vier Armen ausgestattet, die an jedes Wesen im Universum grenzenloses Mitgefühl austeilen. Seine unteren beiden Hände sind auf Höhe seines Herzens zusammengefaltet, in einer Gebärde, die das Einssein von Nirvana und Samsara symbolisiert – die Vereinigung der Erleuchtung mit dem Leid der Welt, die Vollkommenheit von allem, so wie es ist, weltliche Kämpfe und Vergänglichkeit mit eingeschlossen. In seinen gefalteten Händen hält er ein wunscherfüllendes Juwel, das die »kunstvollen Mittel« darstellt, die die Bedürfnisse aller Wesen verwirklichen, soweit diese dafür aufgeschlossen sind. Die obere rechte Hand des göttlichen Wesens hält einen kristallenen Rosenkranz, Symbol für die Beständigkeit seines allem und jedem geltenden Mitgefühls. Seine obere linke Hand hält einen weißen Lotos, Symbol für die Unbeflecktheit und Schrankenlosigkeit seines Wissens und seiner Weisheit.

Avalokiteshvaras Augen sind voll unendlicher Güte und Fürsorglichkeit und blicken jeden einzelnen unverwandt in unbedingter und unaufhörlicher Liebe an. Er ist sowohl jugendlich als auch alterslos, jenseits allen Leids, und sein freudiges, lächelndes Gesicht bringt jedem einzelnen Erlösung von Leid.

Entwickeln Sie in Ihrem Herzen das Empfinden, daß dies nicht bloß eine von Ihrem Geist hervorgebrachte Gestalt, sondern die wirkliche und reine Erscheinungsform des Mitgefühls-Buddha ist, der Verkörperung aller Buddhas und erleuchteten Wesen. Vertrauen Sie auf dieses Bild als Widerspiegelung der reinen Natur Ihres eigenen Geistes, die als der Buddha erschienen ist. Fühlen Sie dessen Gegenwart in Ihrem Herzen, Körper und Geist. Freuen Sie sich aufrichtig über die Segnungen, die er dem Ort bringt, an dem Sie leben, den Menschen, mit denen Sie zusammen sind, dem ganzen Universum.

Visualisieren Sie auf dem Boden vor Avalokiteshvara alle möglichen Wesen, die überglücklich sind, in der unmittelbaren Nähe des Buddha zu sein. Denken Sie nun mit einer Empfindung von Wärme, daß all die Wesen auf Erden gemeinsam mit Ihnen das folgende Mantra psalmodieren:

OM MANI PADME HUNG HRI

oder

OM MANI PADME HUNG.

Dies kann man übersetzen mit: »Buddha des Juwels und Lotos, wir rufen dich an.« Oder ausführlicher: »O Buddha, der du das Juwel und den Lotos des Mitgefühls und der Weisheit hältst, gewähre uns bitte deine Segnungen.«

Geben Sie sich völlig dem Klang des rezitierenden Singsangs hin; singen oder sprechen Sie das Mantra immer wieder, auf eine Weise, die Sie inspirierend finden. Und frischen Sie währenddessen Ihre Visualisation auf.

Stellen Sie sich mit Wärme und andächtiger Hingabe vor, daß alle Wesen überall mit weit offenen, freudigen Augen den Buddha ansehen. Der liebliche Klang des Mantra erfüllt das gesamte Universum mit einer Sinfonie, die jede Form, jeden Laut und jeden Begriff in eine Verherrlichung des Mitgefühls-Buddha umwandelt.

Avalokiteshvara

Hören Sie jetzt in Ihrem Geist die tröstende Stimme des Buddha, der immer wieder sagt: »All eure unheilvollen Handlungen und Gefühle sind gänzlich und vollständig geheilt. Ihr seid nun rein und vollkommen. Empfindet Glück und Frieden.« Lassen Sie diese Worte sich in Ihr Herz einsenken, nicht bloß als Worte, die kommen und gehen, sondern als eine wirkliche und tiefempfundene Kraftübertragung und Gnade.

Jetzt gehen lodernd heilende Lichtstrahlen von Avalokiteshvara aus, und während diese Sie berühren, öffnet sich Ihr Herz zur Gänze all den Mutterwesen, die die Gottheit umringen. Diese Lichter sind nicht bloß schöne, reine Formen, sondern die Energie von Frieden, Wärme, Seligkeit und Offenheit. Das vom Buddha kommende Licht fließt durch Sie hindurch zu allen Wesen und zerstreut dabei allen Schmerz und alles Leid. Lassen Sie ein Gefühl der Ruhe und Offenheit durch Sie hindurch sich ausbreiten. Empfinden Sie, daß die ganze Welt in universalem Mitgefühl eins geworden ist. Die eisartige Kälte und Härte Ihres ungezähmten Geistes schmilzt, und durch die Kraft des mitfühlenden Lichts des Buddha wird Ihr eigener Körper in reines Licht verwandelt. Das Licht des Buddha gleicht tausend Sonnen, aber nie schädigt es jemandes Augen: Vielmehr bringt es ein linderndes Gefühl des Friedens und der Erlösung. Während dieses grenzenlose Licht überallhin ausstrahlt, geht das Universum in Frieden und Einssein auf.

Empfinden Sie die Weite und Offenheit des Universums. Lassen Sie all Ihre Gedanken und Empfindungen sich in Avalokiteshvaras grenzenlosem Frieden und unendlicher Wärme auflösen: In seinem Mitgefühl gibt es keine Unterscheidung zwischen Schmerz und Lust, Gutem und Schlechtem, diesem und jenem, mir und den anderen. Alles und jedes ist ein und dasselbe in großem Frieden. Ruhen Sie in der Offenheit Ihres genesenden Geistes aus. Sie können dann diese Meditation immer wieder wiederholen, so oft, wie es Ihnen angenehm ist.

Diese Meditation kann man variieren, indem man andere Formen

von Heilenergie einsetzt, wie sie in diesem Buch zuvor besprochen wurden. Karma Chakme, der große Meister religiöser Praxis, verdichtet viele Übungen der allgemein zugänglichen und heiligen Schriften und ebenso der mystischen Lehren in einer Meditation über den Buddha des Mitgefühls, die man zur Heilung gewöhnlicher Krankheit anwenden kann.
Stellen Sie sich das göttliche Wesen über dem Kopf der kranken Person vor, die Sie selbst oder jemand anderes sein kann. Hier stellt man sich den Buddha des Mitgefühls zweiarmig vor: Die rechte Hand öffnet sich in einer Schutzgebärde nach außen, seine linke Hand hält in Höhe seines Herzens einen weißen Lotos. Zu den vielen Aspekten dieser wunderbaren Erscheinung zählt die sichtbare Gestalt seines Mantra – OM MANI PADME HUNG –, das sich als Silbenband kreisend um sein Herz bewegt. Herrliches Licht strahlt von dem Mantra aus.
Beten Sie zu dem Buddha des Mitgefühls, dem großen Bodhisattva, dem Garanten und Hort der Furchtlosigkeit. Bitten Sie darum, von Krankheit befreit zu sein, und vertrauen Sie darauf, daß dieses Gebet erhört wird.
Die weitere Meditation wird von Karma Chakme wie folgt beschrieben:

> Vom Körper des Buddha fließt ein Nektarstrom herab und wäscht die kranke Person von aller Krankheit und allen verderblichen Einflüssen rein, und dann erfüllt Glückseligkeitsnektar den Körper des oder der Betreffenden.
> Wiederhole dann das folgende Mantra so viele Male, wie du kannst: »OM MANI PADME HUNG SARVA SHANTING KURUYE SOHA.«*
> Dann löst sich der Buddha über dem Kopf der Person in Licht auf und verschmilzt mit der kranken Person.

* »O Buddha des Mitgefühls und der Weisheit, möge alles [all diese Krankheiten] befriedet werden.«

Vergessen Sie nicht, daß Sie immer das Empfinden und die Energie aus jeder von Ihnen durchgeführten Mitgefühls-Meditation in Ihr Alltagsleben einbringen können; dieser Segen steht uns immer zur Verfügung. Nehmen Sie alles zustimmend auf, was das Leben Ihnen bringt – es ist alles eine Gelegenheit, unsere wahre Natur zu verwirklichen.

Wenn Sie glücklich sind, dann empfinden Sie dies ganz als die Segensenergie des Buddha, ohne danach zu greifen. Und denken Sie, wenn Sie leiden: »Möge dieser Schmerz als Entlastungsmittel dienen und den Schmerz aller innig geliebten Mutterwesen lindern«, und betrachten Sie das Leid als eine positive Kraft – als die Quelle von spiritueller Inspiration und Bewußtheit, dem höchsten Ziel menschlichen Lebens.

Anhang

Schriftquellen zu diesem Buch

Die Probleme, mit denen wir uns auseinandersetzen müssen, treten hier und jetzt auf, aber sehr, sehr häufig wird uns der beste Rat für unsere Schwierigkeiten aus der Vergangenheit überliefert. Ich zitiere die großen spirituellen Meister der nahen und fernen Vergangenheit unter anderem deswegen so ausgiebig, weil ich diese weisen Stimmen mit ihren eigenen schönen und inspirierenden Worten sprechen lassen möchte.
Außerdem möchte ich dadurch die traditionell verbürgte Authentizität der grundlegenden Vorgehensweise dieses Buches belegen. Die Schriften sind überreich an Unterweisungen darüber, wie unser Geist Leid heilen kann. Aber nur ein kleiner Ausschnitt dieses Schrifttums läßt sich in den Kapiteln eines Buches wie des vorliegenden unterbringen. Ich dachte, daß Leser vielleicht gern einige Heilübungen so kennenlernen würden, wie sie in den Schriften dargeboten werden. Dieser Anhang stellt auch weitere Schriftquellen über den Geist und die Emotionen vor.

Heilen durch Visualisation

Die Schriften raten uns, Geist und Körper mit festem Glauben, innigem Gebet und dem Wachrufen mentaler Bilder zu heilen.
Der erste Schritt besteht darin, die mentale oder physische Krankheit – das, was die buddhistischen Schriften als das »zu verneinende Objekt« einstufen – eindeutig zu identifizieren. Negative Emotionen und Krankheit sind im Festhalten an einem Selbst verwurzelt, aber bevor wir sie befrieden können, ist es erforderlich, sie klar zu erkennen. Wie Shantideva sagt:

Ohne das vermeintlich Gegebene zu identifizieren,
wirst du dessen Nichtexistenz nicht klar erkennen.

Bevor wir also ein positives Bild visualisieren, müssen wir den Geist verstehen und die Quelle der Störung erfassen. Wie Zhabkarpa sagt:

Wenn du nicht ermittelst, worin die tatsächlichen
  Eigentümlichkeiten des Geistes bestehen,
wirst du nicht ins Schwarze treffen, ganz gleich,
  was für heilsame Übungen du betreibst.
Es ist so, als hätte man das Ziel in nächster Nähe,
schösse aber den Pfeil weit in die Ferne ab.
Es ist so, als hätte man den Dieb im eigenen Haus
und suchte draußen intensiv nach ihm.

Viele Texte empfehlen, die Krankheit in einer konkreten Form zu visualisieren, etwa als Schmutz. Sobald das negative Bild einmal wachgerufen ist, kann es mit Heilenergien wie etwa Nektar und Licht geläutert werden. Dri-me Öser beschreibt die folgende Visualisierung, in der Buddha Vajrasattva, die Verkörperung grenzenloser Wahrheit und Stärke, die Kraftquelle ist:

Stell dir vor, daß aus dem Körper des Buddha Lichtstrahlen und Ströme von Nektar in dich herabfluten. Die Verdunkelungen deines Körpers werden geläutert. ... Dein Körper ist so geheiligt wie der Vajra-Körper, der Körper des Buddha. Durch die Lichtstrahlen und Nektarströme aus der Rede des Buddha werden die Befleckungen deiner Rede geläutert. ... Deine Rede ist so geheiligt wie die Vajra-Rede. Durch das Licht und den Nektar aus dem Geist des Buddha werden die Verdunkelungen deines Geistes geläutert. ... Dein Geist ist so geheiligt wie der Vajra-Geist. Durch das Licht und den Nektar, die überall aus dem Buddha herabfluten, werden die Befleckungen

> des Festhaltens an Körper, Rede und Geist als einer individuellen, wirklich existierenden Wesenheit [»Ich«] geläutert. …
> Du hast die Segensgabe der Vajra-Weisheit empfangen.

In einem Zeremoniell zur Heilung stellt Do Khyentse eine Heilvisualisierung vor, bei der Rauch, Feuer, Luft, Wasser und Nektar eingesetzt werden:

> Die Hand der Gottheit [Kraftquelle] hält eine
> wunscherfüllende Schatzvase,
> der duftende Rauchwolken entweichen.
> Sie verbrennt all unsere Verunreinigungen,
> Mängel und Befleckungen.
> Der Nase der Gottheit entströmt Weisheitsluft,
> die all unsere Befleckungen, unsere ganze
> Niedergeschlagenheit und Getrübtheit wegbläst.
> Aus dem Mund der Gottheit kommen segensreicher Nebel,
> Gewölk
> und ein Regen aus Weisheitsnektar, die
> all unsere Krankheiten, dämonischen Beeinflussungen, Befleckungen, Disharmonie und Enttäuschungen fortspülen.
> Möge das Weisheitsfeuer all die Verunreinigungen
> verbrennen.
> Möge die Luft mit ihrer starken Kraft sie wegblasen.
> Möge der Nektar sie läutern.

Tsewang Chokdrub, ein berühmter Verfasser von Abhandlungen über Meditationstechnik aus dem 18. Jahrhundert, schrieb über die Notwendigkeit, den Geist auf die Heilung vorzubereiten – und zwar insbesondere durch Konzentration, die zu ruhigem und klarem Gewahrsein führt.

> Um also Abgestumpftheit zu vertreiben, solltest du deinen Geist energisch, zur Gänze und einsgerichtet auf Höhe des

Herzens halten und konzentrieren. Um Laxheit, Aufgeregtheit oder Wildheit des Geistes zu vertreiben, solltest du deinen Geist energisch, zur Gänze und einsgerichtet unterhalb des Nabels halten. Wenn deine Konzentration einsgerichtet und stark wird, wird es in deinem Geist weder Abgestumpftheit noch Aufgeregtheit geben.

Eine der eigentlichen Heilübungen, die Tsewang Chokdrub verordnete, schließt mit ein, daß wir uns als Buddha visualisieren und uns in unserem Herzen die Silbe HUNG vorstellen, die den erleuchteten Geist des Buddha symbolisiert:

Wollen Sie physische Krankheit heilen, so visualisieren Sie sich zunächst als die Gottheit, und sehen Sie sich als diese Gottheit an. Visualisieren Sie auf Höhe des Herzens eine dunkelblaue HUNG-Silbe in der Größe eines Getreidekorns. Ist das Wesen Ihrer Krankheit Hitze, dann visualisieren Sie, daß eine weiße HUNG-Silbe von der Größe eines Getreidekorns aus der dunkelblauen *Hung*-Silbe hervorsprießt und, indem sie jeden Teil Ihres Oberkörpers umkreist, die ganze Krankheit an sich zieht, wie ein Magnet bestimmte Metalle anzieht, und aus dem Scheitelpunkt austritt und im leeren Raum verschwindet. Atmen Sie dann aus. Ist das Wesen Ihrer Krankheit Kälte, dann visualisieren Sie, daß eine rote HUNG-Silbe aus dem dunkelblauen *HUNG* hervorsprießt und, indem sie jeden Teil Ihres Unterkörpers umkreist, die ganze mit Kälte verbundene Krankheit an sich zieht, aus den »unteren Pforten« austritt und tief in die Erde hinein verschwindet.

Haben Sie Schmerzen an einer bestimmten Stelle wie etwa dem Arm, dann visualisieren Sie eine schwarze HUNG-Silbe an der schmerzenden Stelle. Sie zieht allen Schmerz an sich und tritt aus Ihrer Fingerspitze oder aus Ihren Augen aus und verschwindet in den leeren Raum.

Tsewang Chokdrub beschreibt auch die Vorgehensweise, wie wir unser Bewußtsein im Einssein mit dem Leid aufgehen lassen. Er

Das tibetische
Schriftzeichen für
HUNG

spricht vom Sich-Auflösen ins Große Siegel und bezeichnet mit diesem buddhistischen Ausdruck die Offenheit.

Ganz gleich, welche Krankheit du gerade durchmachst oder aus welchen Ursachen und Bedingungen sie entstanden ist – all die Leiden, wie etwa Krankheit und Schmerz, die unserem trugbildhaften Körper widerfahren, treten aufgrund der Kette von Verblendungen auf. Diese Verkettung wird durch das Nicht-Erkennen der Wahrheit hervorgerufen, daß die Leiden allein durch unser Festhalten an einem Selbst entstanden sind. Dadurch wiederum können emotionale Beschwerden, Anhaftung und Haß in Kraft treten. Dann solltest du weiter analytisch vorgehen. Wenn du sagst: »Die Wurzel all dieser Qualen und Leiden ist das Festhalten an einem Selbst, und dies werde ich aufgeben«, dann wird der oder die hier [vermeintlich] Aufgebende sich als das erweisen, was an einem Selbst festhält. Folgende Methode, das Festhalten an einem Selbst aufzugeben, ist korrekt: Ganz gleich, welchen Schmerz oder welche Krankheit du gerade erleidest – versenke dich meditativ, ohne künstlich etwas herbeizuführen, in die Vereinigung oder das Einssein des Schmerzgeschmacks [d. h. dessen, der den Schmerz auskostet/erleidet] und des Schmerzes selbst, ohne [ein personales Ich, das diesen erleidet] zu akzeptieren, und ohne [den Schmerz] abzulehnen. Nachdem du deinen Geist energisch und einsgerichtet auf diese Vereinigung, die unbeschränkte Einheit und Offenheit ist, konzentriert hast, lösen sich sowohl der Schmerz wie auch die Auffassung von einem personalen Ich, das den Schmerz erleide, in die Weite des Großen Siegels auf, ohne daß das Akzeptieren eines Ich und das Ablehnen des Schmerzes noch irgendwie zum Tragen kämen oder sich unterscheiden ließen. Dies wird die Bindungen an das Festhalten an einem Selbst durchtrennen.

Gewahrsein von Körper, Geist und Phänomenen

Das bewußte Gewahren der Eigenschaften und des Wesens des eigenen Körpers, der eigenen Gefühle und Gedanken sowie der Phänomene ist der zentrale Brennpunkt/Gegenstand der für jedermann zugänglichen buddhistischen Meditationen, wie etwa der »Versenkung in der Vierfachen Achtsamkeit« und der »Geistesruhe und Einsicht«. Dabei gilt es, das Gewahrsein jedes im Geist auftauchenden Gedankens und Gefühls, jeder physisch vorhandenen Gegebenheit und aller konkret feststellbaren Momente offen, ohne begriffliches Festhalten oder einen emotionalen Konflikt aufrechtzuerhalten.
Das Gewahren der positiven und erfreulichen Eigenschaften und der wesenhaften Offenheit von Körper, Geist und Universum sind der Weg und das Ziel der »zwei Stufen« der esoterischen buddhistischen Geistesschulung.

Jede Zelle oder jedes Atom des Körpers und der Welt in ihrer Buddha-Qualität erkennen

In esoterischen buddhistischen Unterweisungen schult man sich darin, alle Aspekte des eigenen Körpers und Geistes sowie des Universums als unterschiedliche Buddha-Qualitäten und -Weisheiten zu erkennen. Auch in den für jedermann zugänglichen Unterweisungen vergegenwärtigen sich Buddhisten jedes Atom als die unendliche und grenzenlose Entfaltung reiner Buddha-Länder. Im *Bhadracharya-pranidhana* heißt es:

Möge ich in jedem einzelnen Atom
die vollkommene Anordnung aller reinen Länder der drei
Zeitalter erkennen.
Möge ich in die reinen Länder der Buddhas
[jedes einzelnen Atoms] aller zehn Richtungen eingehen.

Den Geist verstehen

Chandrakirti, ein großer buddhistischer Philosoph des Mittleren Weges aus dem 7. Jahrhundert, schreibt:

Die Wesen, die zuerst einem »Selbst« als dem »Ich«
und dann »Dingen« als dem »Meinigen« anhaften,
drehen sich im Kreislauf weltlichen Lebens wie ein
Bewässerungsrad.

Aber wie können wir als leidende Wesen das Festhalten an einem Selbst lockern? Obwohl wir dazu neigen, Erfahrungen für positiv oder negativ zu halten, kommt es nicht so sehr darauf an, ob Situationen gut oder schlecht sind, sondern vielmehr darauf, wie geschickt wir sie einschätzen und uns ihrer bedienen. Longchen Rabjam zitierend, leitet Paltrül Rinpoche uns zum Gebrauch kunstvoller Mittel zur Umwandlung unseres Lebens an.

Schaut euch bisweilen das Wesen von eigenständig
scheinenden harmonischen Umständen an.
Indem ihr sie als scheinbar eigenständig erkennt, treten sie
als die Stütze spiritueller Erfahrungen auf.
Schaut euch bisweilen die Erscheinungen negativer
Umstände an;
das ist sehr förderlich für das Zurückdrängen des Anhaftens
an die Verblendungen.
Schaut euch bisweilen Freunde und Lehrer an;

das inspiriert euch zu üben, indem ihr ihre guten und
schlechten Veranlagungen kennenlernt.
Schaut euch bisweilen die Wunder an, die die vier Elemente
im Raum entfalten;
das bringt die Erkenntnis, daß sich geistige Anstrengungen
in der wahren Natur des Geistes auflösen.
Schaut euch bisweilen die Beschaffenheit eures Landes,
eurer Wohnung und eurer Besitztümer an;
indem ihr sie als Trugbilder betrachtet, drängt ihr euer
Anhaften an diese trügerischen Erscheinungen zurück. ...
Kurz, taxiert die Eigenart oder Beschaffenheit der
Phänomene, die deren unterschiedlichen Vermögen
gemäß erscheint;
das zerstört die Anziehungskraft, die sie für euch haben,
wenn ihr sie – verblendet – für wirklich haltet.

Die meisten von uns betrachten Einsamkeit als eine negative Emotion, aber erfahrene Meditierende haben schon lange erkannt, daß uns dieses Gefühl bei einer entspannten Geistesverfassung helfen kann, starre Begriffe aufzulösen und zu tiefgreifenderer Kontemplation überzugehen. Paltrül Rinpoche schreibt:

Wenn wir uns an einem Ort aufhalten, wo ein Gefühl der Einsamkeit [oder Traurigkeit, Entrücktheit, Leere] aufkommt, dann entsteht in uns die kontemplative Versenkung. Wie der Erhabene Milarepa sagt:

In den Höhlen leerer Täler, wo es keine Menschen gibt,
gibt es keinen Zeitpunkt, zu dem das Gefühl der Einsamkeit
enden müßte,
gibt es keinen Zeitpunkt, zu dem man sich vom Geist der
andächtigen Hingabe
an den Guru und die Buddhas der drei Zeitalter trennen müßte.

Während wir den Geist zu verstehen beginnen, sehen wir ein, daß es nicht nötig ist, an Glückseligkeit, Traurigkeit oder irgendeinem anderen mentalen oder äußeren Phänomen festzuhalten. Nach buddhistischer Auffassung sind alle Phänomene bloße Widerspiegelungen und gedanklich-begriffliche Festlegungen des Geistes. Mipham Rinpoche schreibt:

> So ist alles und jedes ein magisches Schauspiel des Geistes.
> Wird etwas befreit, dann handelt es sich um die Befreiung des Geistes, und wird etwas geknechtet, dann handelt es sich um die Knechtung des Geistes.
> Getrennt vom Geist gibt es weder Befreiung noch Knechtung,
> weder Glück noch Leid und weder Buddha noch fühlende Wesen.

Auf der höchsten Verstehensebene finden wir Frieden in der Loslösung vom Festhalten, und unsere emotionalen Beschwerden lassen nach. Dann wird die Hetzjagd weltlicher Sehnsüchte enden. Shantideva schreibt:

> Wenn du klar erkannt hast
> daß es keinen Empfinder von Gefühlen gibt und
> daß es kein Gefühl gibt –
> wie sollte da deine Sehnsucht [die auf Fühlen zurückzuführen ist] nicht vergehen?

Emotionale Beschwerden

Unsere vom Festhalten geprägten Einstellungen verursachen unsere emotionalen Gebrechen. Den Schriften zufolge sind sechs Gebrechen äußerst lästig: Unwissenheit, Haß, Begierde, Geiz, Eifersucht und Dünkel.

Geduld wird als besonders wirksame innere Qualität herausgehoben. Sie ist eine Einstellung des ruhigen So-sein-Lassens: Mit ihr hält man nicht fest an einer Emotion oder einem Umstand, noch lehnt man diese ab, sondern man läßt zu, daß die Erscheinungen aufkommen und sich auflösen. Shantideva schreibt:

> Kein Übel kommt dem Haß gleich,
> und kein Verdienst kommt der Geduld gleich.
> Darum widme auf mannigfaltige Weise
> dein Leben dem Üben von Geduld.

Die buddhistischen Traktate und Diskurse über die rechte Einstellung räumen ein, daß die Auseinandersetzung mit den eigenen emotionalen Gebrechen den meisten von uns Mühe bereitet. Fang mit etwas Leichtem an, sagen die Schriften.

Wenn also jemand im Dornenverhau der Eifersucht herumkriecht, macht er einen ersten kleinen Schritt, indem er an jemanden denkt, der noch weniger Glück hat als er selbst, und ihm alles Gute wünscht. Dies kann die bislang steinern verhärtete Angewohnheit, nur für uns selbst Glück zu wollen, aufweichen und in uns den Keim dazu legen, über anderer Menschen Wohlergehen Freude zu empfinden.

Der erteilte Rat ist häufig ganz konkret und realistisch. Für das Auflösen der Knauserei des Geizes empfahl der Buddha, daß man anderen zunächst einmal irgendeine Kleinigkeit, etwa Gemüse, schenken sollte. Shantideva schreibt:

Der uns Vorangegangene [Buddha] macht die Menschen
anfangs mit dem Schenken von Dingen, etwa von Gemüse,
vertraut.
Nachdem sie sich schrittweise geschult haben,
werden sie später
imstande sein, sogar ihr eigenes Fleisch zu verschenken.

Buddhisten glauben an die Möglichkeit der Wiedergeburt und sind der Auffassung, Freigebigkeit schaffe gutes Karma, das in künftige Leben hineinreichen könne. Nagarjuna sagt uns, daß Besitz, den wir weder verschenken noch genießen können, eine Quelle des Leids ist:

Genießen von Besitz wird Glück in diesem Leben bringen.
Schenken von Besitz bringt Glück in künftigen Leben.
Besitz, der weder verschwendet wird, indem man ihn
genießt, noch indem man ihn verschenkt,
bringt nur Leid und kein Glück.

Sakya Pandita, der größte Gelehrte der Sakya-Schule des tibetischen Buddhismus, erklärt:

Das Beste am Besitz ist das Schenken,
Das Beste am Glück ist die Glückseligkeit des Geistes.

Starke emotionale Gebrechen wie etwa Begierde verstricken uns in Leid. Sehnsucht und Festhalten bringen uns von wahrer innerer Ruhe ab.
Wollen wir unser Anhaften lösen, so tun wir gut daran, tief über die Flüchtigkeit aller Erscheinungen nachzudenken. Ngagi Wangpo sagt:

Der Besitz dieses Lebens gleicht dem Honig von Bienen.
Obwohl sie ihn sammeln, werden andere ihn genießen.

Die Versammlungen von Angehörigen und Freunden
gleichen den Zusammenkünften von Gästen –
obwohl sie beieinander sind, wird jeder für sich seines
Weges gehen.
Das Leben ist vergänglich wie Tau auf Grashalmspitzen.
Obwohl wir hier sind, wird es bald soweit sein, daß wir
verschwinden.
Der Herr des Todes gleicht Spionen –
Tag und Nacht erspäht er eine Gelegenheit, uns zu packen.
Die Phänomene dieses Lebens sind so beschaffen, als wäre
man gerade dabei, aus einem Traum zu erwachen:
Sie sind flüchtig und kurz, und wir werden gehen und sie
alle zurücklassen.
Die karmischen Faktoren von Ursache und Wirkung werden
uns wie unser Schatten immer nachfolgen.
Daher folgen Menschen mit verständigem Sinn
gleich vom heutigen Tag an dem Pfad der Befreiung.

Im *Udanavarga* heißt es:

Möchtest du alles Glück besitzen,
dann entsage allen Begierden [nach Glück].
Indem du allen Begierden entsagst,
wirst du das höchste Glück genießen.
Solange du dich an begehrte Objekte klammerst,
wirst du zu keiner Befriedigung gelangen.
Also: Jeder, der sich dank Weisheit der Begierde enthält,
genießt Befriedigung.

Von allen emotionalen Gebrechen ist Unwissenheit das Hauptgift. In unsere Kämpfe verwickelt, tun wir uns schwer, unsere flüchtige, leidvolle Welt als das zu erfassen, was sie ist und unsere wahre Natur und die große Offenheit aller Erscheinungen klar zu erkennen. Weisheit liegt in allen kleinen Schritten, die wir unternehmen können, um uns von unserem Festhalten an einem »Selbst« zu lösen. Shantideva sagt:

> Also: Jeder, der Leiden befrieden möchte,
> sollte Weisheit entwickeln.

Im *Dharmapada* heißt es:

> Wenn du mit deiner Weisheit klar erkennst,
> daß alle phänomenalen Gegebenheiten ohne Selbst sind,
> wirst du nicht von Leid verletzt werden.
> Dies ist der vollkommene Pfad.

Glossar

Absolutes Licht: Longchenpa (49a–49b) zufolge sind die fünf »Gruppen« oder Daseinsfaktoren, die nach weltlicher Vorstellung Geist und Körper konstituieren, in der Buddhaschaft die fünf Buddha-Körper. Die fünf emotionalen Gebrechen sind die fünf uranfänglichen, immer schon vorhandenen Weisheiten; die fünf physischen Elemente sind das fünffache reine Licht und so fort.
Während sie in der Buddhaschaft in ihrer wahren Natur von Einssein oder Vereinigung, Frieden und Freude gegenwärtig sind, erkennt, ergreift und erfährt demgegenüber der weltlich verfaßte Geist sich und seine Objekte auf dualistische, emotionale und leidende Weise als die fünf Geist und Körper konstituierenden »Gruppen« oder Daseinsfaktoren, die fünf emotionalen Gebrechen und die fünf physischen Elemente und so fort.

AH: Mahayana-Schriften zufolge ist die »Keimsilbe« AH der Ursprung aller Laute, Äußerungen und Schriftzeichen; sie ist ungeboren, unerschaffen, von niemandem erdacht – reine, natürliche Offenheit. Sie bringt nichts Begriffliches zum Ausdruck, sondern manifestiert das ursprüngliche Wesen des Einsseins, die Leerheit.

Bardo: Buddhistischer Auffassung zufolge gelangt man unmittelbar nach dem Tod in den *Bardo*, einen Zwischenzustand, nach dem man in ein weiteres Leben hineingeboren wird. In der Übergangsphase des *Bardo* kann man, sofern man das geistige Rüstzeug dazu hat, die letztendliche Natur des Geistes / der Dinge verwirklichen, und sämtliche Erscheinungen können sich als Einssein erweisen. – Siehe Tsele (45–64) und Sogyal Rinpoche (274–286).

Buddha-Körper: Die verschiedenen Aspekte des Buddha. Die meisten Unterweisungen beschreiben drei Buddha-Körper: Der letztendliche oder *Wahrheitskörper* ist der in der Buddhaschaft verwirklichte Aspekt der völligen Leerheit oder Offenheit. Der *Genußkörper* ist die wirkliche oder reine Erscheinungsform des Buddha. In dieser sind sämtliche Buddha-Erscheinungen und die Erscheinungsmerkmale des reinen Landes unveränderlich und von der Buddhaschaft selbst untrennbar. Der *Emanationskörper* ist kein wirklicher oder reiner Buddha-Körper. Er ist eine Gestalt, die für die gewöhnlichen Wesen manifestiert wird, um ihnen – ihren Bedürfnissen und ihrer Auffassungsgabe gemäß – dienlich zu sein.

Esoterische Atemübungen: Im tibetischen Buddhismus gibt es zahlreiche esoterische (tantrische) Übungen zur Beeinflussung der Energie, der »Luft«, etwa die Lung *(rLung)*- oder die Tsalung *(rTsa rLung)*-Übung. In ihnen setzt man die Körperenergien als wirkungsvolles Mittel zur Erzeugung von Energie ein, die wiederum die Vereinigung von großem Entzücken und Offenheit, die letztendliche Wahrheit, wirklich herbeiführt. Das hat zur Folge, daß tantrisch Geschulte ständig von innerer Hitze erfüllt sind und keine Kleidung brauchen, um nicht auszukühlen, daß sie am Himmel fliegen wie Vögel, sich von Energie statt von grobstofflicher Kost ernähren, daß sie jugendlich bleiben und lange leben. Hierher gehört auch eine der besten Methoden, wie man seine Energien und seinen Geist verankert: Man konzentriert sie an einem bestimmten Punkt unterhalb des Nabels. Erläuterungen solcher Übungen findet der Leser in anderen Büchern.

*Festhalten an einem »Selbst«/»Ich«:** Die Vorstellung und dementsprechende Denkweise, der zufolge man sich selbst (»Ich«

* Im Original: *grasping at »self«*. Soweit im amerikanischen Original »self« im Kontext der zentralen buddhistischen Lehre vom »Nicht-Selbst«, von der »Selbst-losigkeit« alles Seienden, verwendet wird, wird es mit »Selbst« wiedergegeben. Soweit »self« im geläufigen Sinn lediglich das personale, psychische »Selbst«, das subjektiv seiner selbst bewußte »Ich«/»Ego« bezeichnet, wird »self« mit »Ich« übersetzt. (Anm. d. Übers.)

und »mein«) und andere Wesen oder Dinge (»ihn« oder »sie«, »dieses« oder »jenes«) so wahrnimmt, als handele es sich um wirklich existierende Wesenheiten oder Gegebenheiten, und nicht um bedingte Erscheinungen.

Fünf Farben: Jede Farbe hat ihre eigene einzigartige Heilkraft. Künkhyen Longchenpa schreibt (I.331b/2): »Insofern die Weisheit [die wahre Natur] unveränderlich ist, erscheint ihr Licht in der Farbe Grün. Insofern die Weisheit rein ist, erscheint ihr Licht weiß. Insofern die Weisheit Qualitäten verkörpert, erscheint ihr Licht gelb. Insofern die Weisheit Macht verkörpert, erscheint ihr Licht rot. Insofern die Weisheit alle [vier] Aktivitäten vollbringt, erscheint ihr Licht blau.«

Er schreibt (II.21b/2), die Interpretation *Rang Shars* zitierend: »Das Licht von weißer Farbe ist das [Licht der Aktivität oder Energie] des Friedens; das Licht von gelber Farbe ist das der Entwicklung; das Licht von roter Farbe ist das der Macht [die alles unter Kontrolle bringt]; das Licht von grüner Farbe ist das der Stärke [die die negativen Eigenschaften befreit]; und das Licht von blauer Farbe ist das Licht des Vollbringens aller [vier] Handlungen.«

Letztendliche Sphäre (Dharmadhatu): Shakya Chokden schreibt (306/5): »Die letztendliche Sphäre [der letztendliche Raum] ist die Weisheit des Buddha, die die Basis, den Weg und das Resultat durchdringt.« Er schreibt (307/5), daß man »letztendliche Sphäre« auch in einem dreifachen Kontext erläutern kann: »Im Kontext der Basis, Samsara, ist die letztendliche Sphäre gegenwärtig als die eigentliche, absolut reine Natur aller Erscheinungen. Im Kontext des Weges ist sie in den Edelmütigen, den auf einer hohen Stufe der Verwirklichung stehenden Weisen des Mahayana gegenwärtig: als der Entwicklungs- [oder Verwirklichungs-] Aspekt des Dharmakaya in Form zweifacher Reinheit [der Reinheit von plötzlich entstehenden Befleckungen und der seit uranfänglicher Zeit in ihrer wahren Natur fortbestehenden Reinheit]. Im Kontext des Resultats, auf der »Stufe« eines Buddha, ist sie gegenwärtig als die spontan zustandekommenden drei Buddha-Körper und Buddha-Aktivitäten.«

Licht: Gewöhnliches Licht wie etwa das Tageslicht wird als der reine Aspekt der grobstofflichen Elemente charakterisiert: Natsok Rangtrol (130a/3): »Das Reine« [der reine Aspekt] der grobstofflichen Elemente sind die Lichtstrahlen, wie etwa das Licht und die Strahlen der Sonne und die Lichtstrahlen eines Kristalls.«

Lichtkörper: Viele vollendete tibetische Dzogchen-Meister erlangen zum Zeitpunkt ihres Todes einen »Lichtkörper« oder »Regenbogenkörper« *(Jalü)*, in dem sie ihren sterblichen Körper zu einem reinen Lichtkörper auflösen und nur ihre Nägel und ihr Haar zurücklassen. Manche erlangen den »reinen Lichtkörper der großen Übertragung« *(Jalü Phowa chenpo)*, in dem sie ihren grobstofflichen Körper zu einem reinen Lichtkörper umwandeln und dabei überhaupt keine physischen Reste zurücklassen. – Siehe Longchen Rabjam (137).

Lotoshaltung: Dies ist eine der am weitesten verbreiteten östlichen Meditationshaltungen. Sie umfaßt folgende Punkte: (a) Man sitzt in der vollen Lotosstellung; (b) man legt die Hände in der Meditationsgebärde in den Schoß; (c) man hält das Rückgrat gerade; (d) man beugt den Nacken, indem man das Kinn leicht absenkt; (e) man winkelt die Arme ab wie Flügel oder ein Joch; (f) man senkt den nach vorn gerichteten Blick auf die Höhe der Nasenspitze ab, so daß er nur ein bis zwei Meter weit reicht; (g) man hebt die Zungenspitze an und legt sie an den Vordergaumen.

Mantra: Eine kraftgeladene esoterische Silbe oder Wortverbindung bzw. Folge von Wortverbindungen (in Sanskrit), bei der Rezitation die Verkörperung der absoluten Natur von Klang, Sprache, Äußerung und Kraft. Es ist auch der Ausdruck oder die Manifestation der ureigentümlichen Weisheit und Kraft einer Gottheit, eines Buddha oder des Buddha. Geschulte

Übende können es zur Meditation, als Gebet oder als Mittel spiritueller Äußerung oder Aktivität rezitieren.

Das Mantra von Guru Rinpoche

OM:	Keimsilbe des Buddha-Körpers
AH:	Keimsilbe der Buddha-Rede
HUM:	Keimsilbe des Buddha-Geistes
VAJRA:	Diamant (diamanten), Dharmakaya (absolute Natur des Buddha)
GURU:	Meister (Gedeihen), Sambhogakaya (reine Erscheinungsform des Buddha)
PADMA:	Lotos (Reinheit), Nirmanakaya (von gewöhnlichen Wesen wahrgenommener Buddha-Körper)
SIDDHI:	Verwirklichung gewöhnlicher und ungewöhnlicher Resultate
HUM:	Bitte gewähre; Möge es sein. (Demütige Bitte)

Das Mantra des Mitgefühls-Buddha: In kanonischen buddhistischen Texten hat das Mantra nur sechs Silben, aber in den meisten der entdeckten *(Terma-)* Texte hat es mit dem angefügten HRI, der Herzsilbe von Avalokiteshvara, sieben Silben. In diesem Mantra ist HRI die anzurufende Herzsilbe des Buddha, und die anderen sechs Silben sind das Mittel zu ihrer Anrufung.

OM:	A + O + M = OM; symbolisiert den Körper, die Rede und den Geist der Buddhas, die von Avalokiteshvara verkörpert werden.
MANI:	Juwel; symbolisiert die Erfüllung der Wünsche, die kunstvollen Mittel.
PADME:	Lotos; symbolisiert die unbefleckte Reinheit, Weisheit. Die Ausübung von kunstvollen Mitteln und Weisheit ist der spirituelle Weg des Buddhismus, und beider Vollendung besteht in den kunstvollen Mitteln und der Weisheit der Buddhaschaft.

HUNG: Vereinigung, Anrufung oder Einswerdung. Die Silbe repräsentiert die Vereinigung von kunstvollen Mitteln und Weisheit. Sie ruft den Buddha an, kunstvolle Mittel und Weisheit und sämtliche Segnungen zu verleihen. Oder aber HUNG läßt einen untrennbar mit dem (Körper, der Rede und dem Geist des) Buddha eins werden.

HRI: Herzsilbe; repräsentiert die Herzessenz des Mitgefühls-Buddha, die man anruft und mit der man eins wird.

Einfacher Wortsinn: »O Buddha, der du das Juwel und den Lotos [Mitgefühl und Weisheit] hältst, laß uns deine Segnungen zuteil werden.«

OM-AH-HUNG-Atmen: OM ist die unveränderliche Stärke und Schönheit der wahren Natur, die uns allen innewohnt – der Buddha-Körper; AH ist der unaufhörliche Ausdruck und die alles durchwaltende Energie der Wirklichkeit – die Buddha-Rede; HUNG ist die immer schon vorhandene Offenheit der Wirklichkeit in ihrer durch nichts zu erschütternden Vollkommenheit – der Buddha-Geist. Es gibt auch Übungen, in denen man mit OM einatmet, mit HUNG ausatmet und mit AH den Atem einbehält, oder mit OM ausatmet, mit AH einatmet und mit HUNG den Atem einbehält. – Siehe Dilgo Khyentse (71a/6).

Reines Land: Die Buddha-Formen und die Erscheinungsmerkmale des Landes, in dem Buddhas weilen. In der Buddhaschaft gibt es keine objektiven und subjektiven Unterschiede. Alles und jedes ist im Zustand des Einsseins gegenwärtig als Weisheit und die Kraft der Weisheit, voller Frieden, Freude und Schönheit. Für »Reines Land« sind auch die Ausdrücke »Buddha-Land« oder »Buddha-Bereich« gebräuchlich.

Terma: Versteckte Unterweisungstexte und Gegenstände, die mit

Hilfe erleuchteter Kraft entdeckt werden. – Siehe Tulku Thondup Rinpoche.

Tsa ba und grang ba: Der tibetischen Heilkunde zufolge sind alle physischen Krankheiten entweder mit heißer *(tsa ba)* oder kalter *(grang ba)* Temperatur verbunden. Der Oberkörper ist der Sitz von *Tsa ba*, und der Unterkörper ist der Sitz von *Grang ba.*

Vajra (»Diamant«): Symbolisiert die diamantene, unzerstörbare und unveränderliche Qualität. Wie das Kreuz im christlichen Glauben ist er das wichtigste Sinnbild des esoterischen (tantrischen) Buddhismus, des Vajrayana/»Diamantfahrzeugs«. Der Vajra gleicht auch einem Zepter, das Gottheiten in den Händen halten oder das in Zeremonien verwendet wird und die männliche Kraft repräsentiert.

Wahre Natur: Wird auch als Buddha-Natur, letztendliches Wesen, absolute Wahrheit, erleuchtete Natur oder Buddha-Geist bezeichnet.

Bibliographie: Quellenangaben mit Schlüssel zu Werksiglen*

Asanga: Theg Pa Ch'en Po rGyud Bla Ma von Asanga. Bd. PHI (Fol. 54a–73a), Sems Tsam, Tenjur. Dege Edition, Tibet.

Atisha: Byang Ch'ub Sems dPa'i Nor Bu'i Phreng Ba von Dipamkarashrijnana [Atisha, 982–1054]. Bd. KHI (Fol. 294b/7–295a/1), dBu Ma, Tenjur. Dege Edition.

Avatamska-Sutra: sPyod Yul Yongs Su Dag Pa. Kap. 16 (Fol. 210b/2–219b/5, Bd. KA) von *Sangs rGyas Phal Bo Ch'e* (Sanskr. *Avatamska-sutra*), Kajur. Dege Edition.

Bernie Siegel: Love, Medicine, and Miracles von Bernie S. Siegel, M.D. (Harper Perennial, 1990).

Badracharya-Pranidhana: 'Phags Pa bZang Po sPyod Pa'i sMon Lam Gyi rGyal Po (Sanskr. *Badracharya-pranidhana-raja*). Bd. WAM, gZungs 'Dus, Kajur. Dege Edition.

Bibel: The New Jerusalem Bible (Doubleday & Company, 1985).

Bill Moyers: Healing and the Mind von Bill Moyers (Doubleday, 1993).

Chandrakirti: dBu Ma La 'Jug Pa von Chandrakirti. Bd. A' (Fol. 201a–219a), dBu Ma, Tenjur. Dege Edition.

Chim Jampeyang: Ch'os mNgon Pa'i mDzod Kyi Tshig Leur Byas Pa'i 'Grel Ba mNgon Pa'i rGyan (Bl. 430) von Chim Jampeyang [mCh'ims Ch'en] (Sadu Gyurme, Indien).

* D. h. die von Tulku Thondup herangezogenen Quellen sind – *kursiv* gedruckt – nach Verfasser- (oder Herausgeber-) Namen bzw. Titeln so aufgegliedert, daß sich für jeden einzelnen Text eine Sigle/ein Buchstabenkürzel bilden läßt. (Anm. d. Übers.)

Dharmapada: Eine kanonische Schrift des Theravada-Buddhismus. Ins Tibetische übers. v. Gedun Chöpel (1905–1951). mKhas dBang dGe 'dun Ch'os 'Phel Kyi gSung rTsom Phyogs sGrigs, S. 253–340 (Sichuan Mirig Petrun Khang, China).

Dharmasamgiti. 'Phags Pa Ch'os Yang Dag Par sDud Pa (Sanskr. *Dharmasamgiti*). Bd. ZHA (Fol. 1a–99b), mDo sDe, Kajur. Dege Edition.

Dilgo Khyentse: dPal Ch'en 'Dus Pa'i Las Byang Gi dGongs Don Chung Zad bShad Pa Zab Don gSal Byed Rin Ch'en sNang Ba von Jigme Khyentse Öser [Dilgo Khyentse, 1910–1991] (Chöten Gonpa, Sikkim, Indien).

Dodrupchen: sKyid sDug Lam 'Khyer Gyi Man Ngag von Jigme Tenpe Nyima (1865–1926). Bd. KHA (Bl. 475–491), Gesammelte Schriften des Dritten Dodrupchen. (Lama Sangye, Indien). Englische Übersetzung: Siehe unten, *Enlightened Living*, S. 117–130.

Do Khyentse: Yang gSang Thugs Kyi Ch'a Lag Las bSang Khrus Zhi Ba Lha Ch'ab (Bl. 3) von Do Khyentse Yeshe Dorje (1800–1866) (Dodrupchen Rinpoche, Sikkim, Indien).

Dri-me Öser: Sems Nyid Ngal gSo'i dGe Ba gSum Gyi Don Khrid Byang Ch'ub Lam bZang (Bl. 53) von Dri-me Öser [Longchen Rabjam, 1308–1363] (Dodrupchen Rinpoche, Indien).

Enlightened Living: Enlightened Living, übers. v. Tulku Thondup, hrsg. v. Harold Talbott. (Shambala Publications, 1990).

Erster Dalai Lama: 'Dul Ba'i Gleng gZhi Rin Po Ch'e'i mDzod (Bl. 561) von Gedundrub, dem Ersten Dalai Lama (1391–1474) (Nechung & Lhakar, Indien, 1970).

Haivajra: Kyai rDo rJe Zhes Bya Ba rGyud Kyi rGyal Po (Sanskr. *Haivajra*). Bd. NGA (Fol. 1a–29a), Gyud. Dege Edition.

Herbert Benson: Beyond the Relaxation Response von Herbert Benson, M.D. (Berkeley Books, 1985).

Jigme Gyalwe Nyugu: 'Gro mGon Bla Ma Rin Po Ch'e'i sPyi'i mNgon rTogs rGyal Sras Lam bZang [Eine Autobiographie von Jigme Gyalwe Nyugu, 1765–1843]. Zit. nach einer Fotokopie, zur Verfügung gestellt v. Tulku Pema Wangyal Rinpoche. Englische Zusammenfassung in *Tulku Thondup*, s.u.

Jigme Lingpa: Rang Byung rDo rJe'i rNam Par Thar Pa Legs Byas Yong 'Dus sNye Ma (Bl. 251) (Eine Autobiographie von Jigme Lingpa). Bd. TA, Jigling Kabum (Dodrupchen Rinpoche, Indien). Englische Zusammenfassung in *Tulku Thondup*, s.u.

Karma Chakme: Ri Ch'os mTshams Kyi Zhal gDams (Bl. 299) von Karma Chakme (1613?–1678?) (Trashi Jong, Indien).

Khenpo Ngachung: Padma Las 'Brel rTsal Gyi rTogs Pa brJod Pa Ngo mTshar sGyu Ma'i Rol Gar (Bl. 147) (Eine Autobiographie von Khenpo Ngachung, 1879–1941) (Sonam T. Kazi, Indien, 1969). Englische Zusammenfassung in *Tulku Thondup*, s.u.

Khyentse Wangpo: Tshe dBang mDa' 'Phel Ma'i Ch'og bsGirgs 'Ch'i Med 'Byung Ba (Bl. 23) von Khyentse Wangpo (1820–1892). Bd. DZA, Rinchen Terdzö (Dilgo Khyentse Rinpoche, Indien).

Künkhyen Longchenpa: Theg mCh'og Rin Po Ch'e'i mDzod von Longchen Rabjam. Bde. 1 & 2 (Dodrupchen Rinpoche, Indien).

Lalitavistara: 'Phags Pa rGya Ch'er Rol Pa (Sanskr. *Lalitavistara*). Bd. KHA (Fol. 1a–216b), mDo sDe, Kajur. Dege Edition.

Leo Tolstoi: »The Three Questions« (S. 82–88), aus *Fables and Fairy Tales* von Leo Tolstoi, übers. v. Ann. Dunnigan (New American Library, A Signet Classic).

Longchenpa: Tshig Don Rin Po Ch'e'i mDzod (Bl. 243) von Ngagi Wangpo (Longchen Rabjam) (Dodrupchen Rinpoche, Indien).

Longchen Rabjam: The Practice of Dzogchen von Longchen Rabjam. Übersetzung mit Kommentar v. Tulku Thondup Rinpoche, hrsg. v. Harold Talbott (Snow Lion Publications, 1996).

Longchen Rabjampa: Ch'os dBying Rin Po Ch'e'i mDzod (Bl. 26) von Longchen Rabjam (Dodrupchen Rinpoche, Indien).

Mipham Rinpoche: Man Ngag Gud Du sBas Pa'i Upadesha Rin

Po Ch'e'i Za Ma Tog. Ausgewählte Schriften von Longchen Rabjam, Paltrul und Mipham. Manuskript.

Nagarjuna: Gyal Po La gTam Bya Ba Rin Po Ch'e'i Phreng Ba von Nagarjuna (2. Jh. übl. Zeitr.?). Bd. GE (Fol. 107a/1–126a/4), sPring Yig, Tenjur. Dege Edition.

Natsok Rangtrol: sNyan brGyud Kyi rGyab Ch'os Ch'en Mo Zab Don gNad Kyi Me Long von Natsok Rangtrol (Longchen Rabjam). Bd. VAM (Fol. 77a–247b), rGyab Ch'os von Zab Mo Yang Tig aus Yazhi (Sherab G. Lama, Delhi, 1975).

Ngagi Wangpo: Thar Pa La bsKul Ba'i Rabs von Ngag Gi dBang Po (Longchen Rabjam). Bd. 1 (S. 312–331), Sung Thorbu (Sangje Dorje, Indien, 1973)

Ngawang Palzang: rDzogs Pa Ch'en Po Klong Ch'en sNying Thig Gi sNgon 'Gro'i Khrid Yig Kun bZang Bla Ma'i Zhal Lung Gi Zin Bris (Bl. 205) von Ngawang Palzang (Khenpo Ngachung, 1879–1941). Xylographischer Druck.

Omraam Aïvanhov: A New Earth von Omraam Mikhaël Aïvanhov (Prosveta Editions, Frejus, 1982).

Paltrül Rinpoche: rDzogs Pa Ch'en Po Klong Ch'en sNying Thig Gi sNgon 'Gro'i Khrid Yig Kun bZang Bla Ma'i Zhal Lung (Bl. 307) von Ogyen Jigme Chökyi Wangpo (Paltrül Rinpoche, 1808–1887) (Ponlob Rinpoche, Sikkim, Indien).

Rahula: What the Buddha Taught von Walpola Rahula (Grove Press, 1980)

Raymond Moody: The Light Beyond von Raymond A. Moody jun. (Bantam Books, 1989).

Sakya Pandita: Legs Par bShad Pa Rin Po Ch'e'i gTer Zhes Bya Ba'i bsTan bChos (Bl. 39) von Kunga Gyaltsen (Sakya Pandita, 1181–1251). Xylographischer Druck aus Tibet.

Shakya Chokden: Ch'os Kyi dByings Su bsTod-Pa'i rNam bShad Ch'os Kyi dByings rNam Par Nges Pa. Bd. 7 (Bl. 303–346), Gesammelte Werke von gSer mDog Pan Chen Shakya mCh'og lDan (1428–1507) (Kunzang Tobgey, Indien, 1975).

Shantideva: Byang Ch'ub Sems dPa'i sPyod Pa La 'Jug Pa

(Sanskr. *Bodhicaryavatara*) von Shantideva (8. Jh. übl. Zeitr.). Bd. LA (Fol. 1a–40a), dBu Ma, Tenjur. Dege Edition. Englische Übersetzungen: *A Guide to the Bodhisattva's Way of Life* v. Stephen Batchelor; *Entering to the Path of Enlightenment* v. Marion Matics; *Meaningful to Behold*, mit Kommentar, v. Geshe Kelsang Gyatso.*

Shedgyud: bDud rTsi sNying Po Yan Lag brGyad Pa gSang Ba Man Ngag Gi rGyud Las Dum Bu gNyis Pa bShad Pa'i rGyud (Eines der Vier Tantras über Heilkunde), entdeckt von Trawa Ngonshe (1012–1090?) (Smanrtsis Spendzod, Leh, Indien, 1978).

Sogyal Rinpoche: The Tibetan Book of Living and Dying von Sogyal Rinpoche (Harper Collins, 1992).

Tsele: Mirror of Mindfulness, the Cycle of the Four Bardos von Tsele Natsok Rangtrol, übers. v. Erik Pema Kunsang (Shambala Publications, 1989).

Tsele Natsok Rangtrol: Dri Lan sKal bZang dGa' Byed (Bl. 81) von Gotsangpa [rTse Le] Natshog Rangtrol (1608–?). Xylographischer Druck von Shri Neu sTeng, Tibet.

Tsewang Chokdrub: gSang sNgags Nang Gi Lam Rim rGya Ch'er 'Grel Pa Sangs rGyas gNyis Pa'i dGongs rGyan (Bl. 456) von Gyurme Tsewang Chokdrub (1764–?) (Smanrtsis Spendzod, Leh, Indien, 1972).

Tsongkhapa: Byang Ch'ub Lam Rim Ch'e Ba (Bl. 523) von Nyamme Tsongkhapa Chenpo (1357–1419) (Bud Med Tshogs Pa, Kalimpong, Indien).

Tsultrim Lodrö: Yid bZhin Rin Po Ch'e'i mDzod von Tsultrim Lodrö (Longchen Rabjam) (Dodrupchen Rinpoche, Indien).

Tulku Thondup: Masters of Meditation and Miracles: The Longchen Nyingthig Lineage of Tibetan Buddhism von Tulku Thondup (Shambala Publications, 1996).

* Deutsche Übersetzung v. Ernst Steinkellner, *Eintritt in das Leben zur Erleuchtung*, Düsseldorf/Köln (Diederichs) 1981. (Anm. d. Übers.)

Tulku Thondup Rinpoche: Hidden Teachings of Tibet von Tulku Thondup Rinpoche, hrsg. v. Harold Talbott (Wisdom Publications, 1986).*

Udanavarga: Ch'ed Du brJod Pa'i Tshom (Sanskr. *Udanavarga*). Bd. SA (Fol. 209a–253b), mDo sDe, Kajur. Dege Edition.

Upanishad: Maitri-upanishad 3.2, in *A Sourcebook in Indian Philosophy*, hrsg. v. Sarvepalli Radhakrishnan u. Charles A. Moore (Princeton University Press, 1973).

Vasubandhu: Ch'os mNgon Pa'i mDzod von Vasubandhu (4. Jh. übl. Zeitr.?). Bd. KU (Fol. 1a–25a), mNgon Pa, Tenjur. Dege Edition.

Yukhok Chatralwa: rDo rJe'i mGur dByangs (Bl. 19) von Chöying Rangtrol (Yukhok Chatralwa, 1872–1950). Manuskript.

Zhabkarpa: A'od gSal rDzogs Pa Ch'en Po'i Khregs Ch'od lTa Ba'i Klu dByangs Sa Lam Myur Du bGrod Pa'i rTsal lDan mKa' lDing gShog rLabs (Bl. 35) von Tsogtrug Rangtrol (Zhabkarpa, 1781–1851) (Phuntsok Chökhorling, Indien).

Zurkharpa: Mes Po'i Zhal Lung (Ein Kommentar über die Vier Tantras der Heilkunde) von Zurkhar Lodrö Gyatso (1508–?), 4 Bde. (Smanrtsis Spendzod, Leh, Indien, 1980).

* Deutsche Ausgabe: *Die verborgenen Schätze Tibets*, übers. v. Gudrun Knausenberger, Zürich/München (Theseus) 1994. (Anm. d. Übers.)

Danksagung

Ich danke Harold Talbott, dem Herausgeber dieses Buches, für seine Umsicht, Sorgfalt und Ausdauer und Robert Garrett, der das Buch so meisterlich redigiert und dadurch einer breiten Leserschaft zugänglich gemacht hat. Mein Dank geht an Emily Hilburn Sell, die mit ihrem professionellen Know-how dem Buch seine jetzige äußere Form gegeben hat, und an Ian Baldwin für seine unschätzbare redaktionelle Unterstützung und unermüdliche sachkundige Beratung. Ich bedanke mich bei Daniel Goleman, der freundlicherweise das erhellende Vorwort zu dem Buch verfaßt hat.

Ich danke Lydia Segal, die mir auf vielen Etappen meines Forschens und Schreibens geholfen hat; Amy Hertz, Jonathan Miller und Brian Boland für ihre wertvollen Anregungen; David Dvore für Computerarbeiten; und der Privatbibliothek von Kyabje Dodrupchen Rinpoche im Mahasiddha-Nyingmapa-Tempel sowie der Lehman-Bibliothek der Columbia Universität für ihre unerläßlichen Quellentexte; und Victor und Ruby Lam, die mich in ihrer gemütlichen Wohnung haben arbeiten lassen.

Überaus dankbar bin ich Michael Baldwin, der durch seine unermüdliche Belehrung und unendliche Inspiration dafür sorgte, daß unseren Projekten der gedankliche und geistige Impuls nicht verlorenging; und ebenso den Mitgliedern und Gönnern von Buddhayana, deren überaus großzügige Förderung es mir ermöglichte, die letzten fünfzehn Jahre meiner Forschung und meinem Schreiben nachzugehen.

Schließlich bin ich Samuel Bercholz und den Mitarbeitern der Shambala Publications zu Dank verpflichtet, die für die Ergebnisse dieser Forschung mit großer Sorgfalt den idealen Informationsträger bereitgestellt haben; nicht zu vergessen Kendra Crossen, die mit ihrem überragenden herausgeberischen Geschick und ihrer Begeisterung dem Buch den letzten Schliff gegeben hat.

Literatur-hinweise zur deutschen Ausgabe

Tulku Thondup wendet sich mit seinem Buch an eine breite, nicht spezifisch buddhistische Leserschaft und beschränkt die zum Verständnis des tibetischen Buddhismus erforderlichen Erläuterungen und Informationen bewußt auf das Notwendige. Die nachstehenden Literaturhinweise sind daher für Leserinnen/Leser gedacht, die sich eingehender mit dem tibetischen Buddhismus vertraut machen wollen.

von Brück, Regina und Michael: *Die Welt des tibetischen Buddhismus. Eine Begegnung.* München 1996.

Dalai Lama: *Der Schlüssel zum Mittleren Weg. Weisheit und Methode im tibetischen Buddhismus.* Übers. v. Jürgen Manshardt. dharma edition. Hamburg 1991.

Dalai Lama: *Der Weg zur Freiheit. Zentrale tibetisch-buddhistische Lehren.* Übers. v. Peter Kobbe. Knaur Taschenbuch. München 1996.

Dalai Lama: *Den Geist erwecken, das Herz erleuchten. Zentrale tibetisch-buddhistische Lehren.* Übers. v. Peter Kobbe, Knaur Taschenbuch. München 1996.

Dalai Lama: *Der Friede beginnt in dir. Wie innere Haltung nach außen wirkt.* Unter Anleitung v. Khyentse Jigme Rinpoche übers. v. Corrina Chung u. Sabine v. Minden. Herder Taschenbuch. Freiburg/Basel/Wien 1996.

Dilgo Khyentse Rinpoche: *Die sieben tibetischen Geistesübungen. Das Herzstück buddhistischer Praxis.* Mit einem Vorwort des Dalai Lama. Übers. v. Sabine v. Minden. Bern/München/Wien 1996.

Geshe Tubten Ngawang: *Shamatha. Die Entfaltung geistiger Ruhe.* Übers. u. überarb. v. Christoph Spitz. dharma edition. Hamburg 1993.

Hopkins, Jeffrey: *Der tibetische Buddhismus. Sutra und Tantra.* Hrsg. v. Anne C. Klein. Übers. v. Rüdiger Majora. Diamant Weiße Reihe. Jägerndorf 1988.

Hopkins, Jeffrey u. Khetsün Sangpo: *Die Praxis des Tantra. Vorbereitung und Hinführung zur Großen Vollendung.* Übers. v. Matthias Dehne. München 1988.

Hopkins, Jeffrey u. Geshe Lhündub Söpa: *Der tibetische Buddhismus.* Mit einem Vorwort des Dalai Lama. Übers. v. Burkhard Quessel. Diederichs Gelbe Reihe. 8. Aufl. München 1995.

Hopkins, Jeffrey (Hrsg.): *Tantra in Tibet. Das Geheime Mantra des Tsong-ka-pa*, eingel. v. 14. Dalai Lama. Übers. v. Burkhard Quessel. Diederichs Gelbe Reihe. 5. Aufl. München 1994.

Karmapa Wangtschug Dordsche: *Mahamudra, Ozean des Wahren Sinnes.* 3 Teile/Bände. Übers. v. Henrik Havlat (mit Waltraut Sander, Teil II/III) Zürich/München 1990/92.

Das Tibetische Totenbuch. – Neu übers. u. kommentiert v. Robert F. Thurman. Mit einem Vorwort des Dalai Lama. Übers. v. Thomas Geist. Frankfurt am Main 1996.

Schumann, Hans Wolfgang: *Mahayana-Buddhismus. Das Große Fahrzeug über den Ozean des Leidens.* Diederichs Gelbe Reihe. Überarb. Neuausg. München 1995.

Nachschlagewerke

Erhard, Karl Franz u. Fischer-Schreiber, Ingrid: *Das Lexikon des Buddhismus.* 2. Aufl. Bern/München/Wien 1993.

Seegers, Manfred: *Buddhistische Grundbegriffe.* 2. Aufl. Sulzberg 1995.